INTELLIGENCE

New Industrial Thinking

智变

新工业思维

杨青峰◎著

電子工業出版社
Publishing House of Electronics Industry
北京 · BEIJING

内容简介

本书首次系统地提出了新工业思维，指出传统工业企业不能简单地用机器换人来应对新工业的挑战，而是需要从理解生产与用户的新关系、虚实时空、效用产品观、知识资本、个性化生产、智慧工厂、创客化的组织、自治管理、能力竞争优势九个方面全方位梳理新工业的思维逻辑，从而在新工业文明的生态中找准自己的位置，建立更有效、更有价值的新工业体系，进而在新工业文明的演化发展中保持正确的方向和姿态，取得先发优势。总之，这是一本疏通未来工业关键元素之间完整逻辑的新工业奠基之作，期待能够抛砖引玉，引起读者的共鸣和思考。

本书可供企事业单位的CEO、CIO、各级管理者、技术骨干，工业领域的创客，信息技术服务与网络服务领域的高管与从业者，高等院校工业或信息相关专业的教师和学生，以及研究智慧工业的相关研究机构、专家、学者、从业者阅读参考。

图书在版编目（CIP）数据

智变：新工业思维 / 杨青峰著. —北京：电子工业出版社，2016.6

ISBN 978-7-121-28887-6

Ⅰ. ①智… Ⅱ. ①杨… Ⅲ. ①工业经济－思维方法 Ⅳ. ①F4

中国版本图书馆CIP数据核字（2016）第112609号

责任编辑：徐蔷薇
特约编辑：田学清　赵海军
印　　刷：北京七彩京通数码快印有限公司
装　　订：北京七彩京通数码快印有限公司
出版发行：电子工业出版社
　　　　　北京市海淀区万寿路173信箱　　邮编：100036
开　　本：720×1000　1/16　印张：18　字数：288千字
版　　次：2016年6月第1版
印　　次：2017年7月第2次印刷
定　　价：69.00元

凡所购买电子工业出版社图书有缺损问题，请向购买书店调换。若书店售缺，请与本社发行部联系，联系及邮购电话：（010）88254888，88258888。

质量投诉请发邮件至zlts@phei.com.cn，盗版侵权举报请发邮件至dbqq@phei.com.cn。

本书咨询联系方式：xuye@phei.com.cn。

序

在全世界范围内，目前无疑正在发生着以新一代信息技术为代表的科技革命，以及以德国工业 4.0 战略的提出为标志的第四次产业革命。在这样的双重革命的影响下，人类的工作和生活正在发生着深刻的变化。从我的角度看来，这轮产业革命的本质就是智慧革命，从人类的有限智慧到以新一代信息技术为基础的无限智慧的跃升。借助于全新的智慧技术，人类开辟了新的活动空间，并使得知识与智慧的生产摆脱人力的自然束缚，从而实现知识和智慧的工业化大生产。知识和智慧的大生产与工业领域相融合，从而引发工业领域的深远的生产方式的变革。因此，第四次工业革命也可以称为智慧工业革命。

这场波澜壮阔的智慧工业革命是新一代信息技术所催生的数字网络空间与现代工业所筑就的物理空间在集成基础上的高度与深度融合，并创造出一个全新的智慧工业空间。这个虚实结合、相互映射的智慧空间也被称为信息物理融合系统。在这个系统当中，人与人之间的关系、生产者之间的关系、人与生产的关系都一定会发生根本性的变化，而人类也将通过驾驭这种基于信息物理系统的虚实时空获得前所未有的生产力。

针对这一轮科技和产业领域的双重革命，各个国家都在提出自己的对策，力图获得先发优势，能够引领工业的进程。为此，德国提出了工业 4.0 战略，美国提出了工业互联网，我国提出了“互联网+”行动计划和“中国制造 2025”战略。从国家的角度来看，这些对策都是从本国具体国情出发制定的，内容上各有优劣势。

但对具体的企业转型来说，如何实现智慧工业的转型，必须要有一套具体、可操作的办法。现在有很多企业规模很大，知识积累也很多，但具体到转型，就会面临很多方面的痛苦选择，许多东西放不下、舍不得，最终导致止步不前。问题在哪里？关键就在于思路没有打通，不知道未来会怎么样。很高兴看到青峰写的这本书，开篇就提出了智慧转型首先必须从思维转型开始，而且针对工业的用户、产品、生产、工厂、组织、管理、竞争等各个要素都提出了有针对性的分析和逻辑疏通，论证很扎实，从而让传统企业打消顾虑，使智慧转型路线更加清晰、合理和科学。

书中还提出了一系列非常独到的观点，读了都非常受启发。例如，“新工业要解决的问题就是人与人之间的价值传递”；“人人生产、人人用户”；“新工业的产品观应该是提供效用产品，实现核心产品需求、期望产品需求、潜在产品需求之间的一致或接近一致”；“知识资本是创新的原动力”；“个性化定制生产是一个产品的个性化空间问题，而不是要不要个性化的问题”；“不能仅仅站在企业私有资产的基础上定位智慧工厂，而是作为未来协同共享的基础资源来全新构造”；“工厂即资源、连接即生产、制造即服务”。还有很多非常有前瞻性的探讨，如“众造应对众需的全员创客化浪潮”；“大企业的碎片化”；“分工到分利的管理新思维”；“从规模竞争到能力竞争”。还有很多让人耳目一新的看法，这里就不再一一列举。这反映出作者从正在发生的双重革命出发，对未来新工业文明构建进行了全面而带有开创性的思考。正如书的封面上所提到的，这是一本疏通未来工业关键元素之间完整逻辑的新工业奠基之作，非常值得阅读和思考。

实施“互联网+”行动计划和“中国制造 2025”，任重而道远，思维应该走在行动前面。我相信，在失去前三次工业革命机遇的痛苦教训中，中国的企业一定会发愤图强，抓住这次技术与产业双重革命的交汇期，创新驱动，弯道与变道超车，实现跨越式的发展，为实现工业强国梦而努力奋斗。

杨海成

中国航天科技集团总工程师

国家制造强国战略咨询委员会委员

国家两化融合创新推进联盟理事长

推荐语

自蒸汽机发明起，无数影响人类文明的管理方法、技术、标准帮助人们开启了一个个工业的黄金时代。然而“工业 4.0”的概念，以及“中国制造 2025”的提出，让传统工业渐渐意识到——新时代不仅是 ERP 与 MES 联通，不仅是云端大数据的无限堆叠筛选，也不仅是智慧型机器人进驻工厂，而是工业生态圈全部交杂成一个庞大的漩涡，每个产品的供应者都在其中被不断地淘涤清洗。客户的需求也不再是 1900 年的有则买之，也不是 1960 年的优则买之，而是有了不同个性需求和独特定制的服务对象，这是前所未有的巨大挑战。

面对这样的新时代，思维理应走在技术和管理方法之前，本书作者通过新工业思维的建立和讨论，引导我们更加有效合理地转变思路，以此为纲来审视新的技术与方法。而这样的一个具有启迪精神的讨论，或许将深远影响中国制造在未来核心竞争中的地位。

——中航信集团公共信息服务部总经理　沈强

由机械化到数字化再到信息化，发展至今的互联网化、智能化，各种新概念和新技术真可谓层出不穷：工业 4.0、中国制造 2025、3D 打印、虚拟现实、机器人……我们这些过去几年在企业信息化阵地上“摧城拔寨”的传统企业信息化工作者一夜之间突然感觉自己的知识老化了、“OUT”了，跟不上这个时代飞速发展的步伐了；目前全球经济下行趋势明显，面对新技术的发展与挑战，传统工业企业转型升级和创新发展的任务非常艰难与痛苦，面临许多新课题亟须我们这些传统企业的信息化工作者探寻答案：传统企业与互联网+如何融合？传统工厂的机械化与数字化如何顺利升级到智能化甚至智慧化？如何通过大数据、物联网及智能终端改进我们的客户服务能力？在这个我们都深感困惑、纠结和迷茫的节骨眼上，杨青峰先生的这本新书可以说是正逢其时、雪中送炭，帮助我们厘清思路，逐步形成适合我们各自行业特点的智能化“新思维”。

——中国中纺集团信息部总经理　骆学农

新思维创造世界！《智变：新工业思维》一书创新性地提出九大新工业思维方法，力图让传统企业系统看清新工业的逻辑，让传统企业的智慧工业建设和互联网+转型更加有效。这无疑是对“中国制造业 2025”的巨大推动！在这个大众创造价值的微观时代，每一个网络节点都将触发创新，这个节点包括人、物、思想。传统高度一体化的组织和制度必将面临价值结构的解体，每一个节点都有可能开创一个独特的、具有自我代谢和进化能力的价值完满的小生态环境。从这一角度出发，去审视传统企业转型变革的方向，将会事半功倍。

——锦囊专家创始人&CEO　李圆

互联网+对传统工业企业带来的冲击已经无法避免，挑战已经摆在眼前，在新的时代变革来临之际，如何找到正确的思考路径，重要性不亚于适应变革本身。本书从方法论的角度，指导传统工业企业通过九个方面建立“新工业思维”，让企业在面对互联网+时能够做到从容应对，是未来智慧工业管理者的《孙子兵法》。

——网宿科技股份有限公司董事长　刘成彦

从谷歌 AlphaGo 完胜李世石那天起，智慧桂冠已经从人类快速蔓延到人类之外，将改变我们未知的世界，我们应该怎么办？从杨先生的新作《智变：新工业思维》中，我读到了智慧对新工业带来的方向调整、不同发展路径及对未来人们生活的改变与影响。我有感于杨先生的睿智与深思，用他个人的智慧为我们拨开迷雾，启发我们用智慧思维为各行业发展找到升华智变的阶梯。

——用友新道科技股份有限公司副总裁　刘全宝

前 言

就现在地球上活着的这一代人来说，从出生开始，所看到的工厂，就是轰隆隆的流水线，以及联排的厂房；所看到的商场，就是琳琅满目的商品和熙熙攘攘的人群。在很多时候，我们中的大多数人，包括我自己，一直认为这样的工业生产方式和产品销售方式到我们老去之前也会是这个样子。但是近年来的变化让我们逐渐意识到有些不对劲了，互联网上购物的人越来越多，商场的人越来越少，微信朋友圈的微商越来越多，滴滴打车好像一夜间就出现了，洗车、打扫卫生、做饭、买菜，几乎所有与我们生活相关的事都通过一个二维码在我们手机上占了一个位置。就在一瞬间，你会觉得我们现在熟悉的世界正在不停地摇晃，如同飓风来临，随着时间推移而愈加猛烈。

不仅仅是我们日常感受到的消费端的变化，生产端也在发生着巨大的变化。德国工业 4.0 战略的提出，让我们认识到一个全新描绘的智慧生产和智慧工厂，而中国发布的“互联网+”行动计划和“中国制造 2025”战略，从新技术与产业融合和智能制造两个维度提出了一个面向未来的全新智慧工业蓝图。一个基于互联网的、面向虚实时空的、智慧的、个性化生产和服务的全新工业体系已经跃然而出。虽然生产端的变化还没有消费端那么显性，但无疑变化已经开始。一个新时代已经开始，我们必须要应对这样的全新世界。

对于大多数传统企业而言，正面临着一个巨大的挑战。过去已经无法延续，新的蓝图也已经绘就，而在举步维艰的过去和宏伟蓝图之间，如何才能顺利到达？不变肯定会死，速变可能会速死，如何做才能让传统工业企业平稳地过渡到智慧工业的正确道路上，是摆在大家面前的问题。所有人都希望，在一个全新时代的开始，保持正确的方向和姿态，能够让我们在未来的新工业蓝图中找到属于我们自己的位置。甚至于我们每个人，也必须在新工业蓝图中找到属于我们自己的位置。现在有多种看起来很合理的观点，如传统企业与互联网思维的结合、传统企业智能化改造、工业大数据的运用、企业的服务化，但事实上，这些思考都是未来的一个侧面，不是对工业转型全面系统的思考。任何片面的思考不仅仅不能帮助传统企业，而且还有可能把传统企业带入歧途，机器换人就可能是这样的歧途。

我们不能否认机器换人的进步意义，但在机器换人之前，或者说在智慧工厂建设之前还有一堆问题等待我们回答。比如，满足什么样的用户需要？解决什么样的问题？生产什么样的产品？需要什么样的智慧生产？用什么样的智慧工厂支持生产？这些问题是有先后顺序的，我们绝对不能从最后一个问题开始回答。如果转型仅仅从机器换人和智慧工厂开始，产品生产出来就可能面临没有人购买的新困境。因此，打通这一系列问题的思维逻辑，要比一个智慧工厂建设重要得多。

传统企业和工业创客们也必须认识到，新工业的意义远大于机器换人，远大于建设一个智慧工厂。从第一次工业革命开始，传统工业有接近 250 年的历史，人们对传统工业的认识已经非常深刻，曾经产生过许多影响全世界的生产和管理的理论和方法。但今天来看，很多内容都已经过时了。如果还是按照传统的理论和方法建设我们的工业，即使工厂里布满了智能机器，这个工业仍然是传统的，仍然是将要淘汰的对象。智慧工业的核心之处，并不是新技术本身，而是在于对工业体系、工业生态的全面重构。这种重构涉及工业企业的所有元素，包括用户、产品、生产、工厂、管理、竞争力构造等各个方面。我们必须站在工业 4.0、互联网+、中国制造 2025 所描绘的智慧工业蓝图之上，对所有工业元素进行系统而全新的思考，并建立全新的观念。这个全新的观念就是本书想要讨论清楚的“新工业思维”。传统企业不能盲目地推进企业的智慧化，而是必须首先搞清楚为什么要智慧化和什么是最有效的智慧化。只有这样，智慧工业才是有价值的，有生命力的。

当然，智慧工业是关于未来时代的全新命题，没有谁能够简单回答它的一切问题。2013 年，笔者撰写了《信息化 2.0+：云计算时代的信息化体系》，核心讨论新一代信息技术对企业信息架构的影响。2014 年，笔者撰写了《智慧的维度：工业 4.0 时代的智慧制造》，重点讨论在德国工业 4.0 战略提出后，一个完整的智慧工业蓝图是什么样子的。本书要回答的问题就是：传统企业应该如何建立正确的思维，来落地实施智慧工业蓝图。这三本书是一个系列，从新技术到新工业蓝图，再到新思维的构建，力图全方位解读未来新工业的逻辑，大家可以连起来看，或许更有收获。现在，新工业只是起点，远未到终点，还有待我们更深入地探索和实践，笔者也将会把更多的思考带给大家。

目　录

第 1 章
Chapter 1
新工业文明正在到来

随着对互联网+、工业 4.0、中国制造 2025，以及未来工业趋势思考的越来越清晰，我们就会发现，传统工业根本就不是换了机器人就能解决升级的问题。升级的根本问题在于升级思维模式，在于站在全新时代的视野上对新工业的全新领悟。而那些走在前面的，看来如同未来怪兽一样的新工业生物正在蜂拥而至。它们从心里流淌的是新工业的血液，满满的新工业的思维，它们可能根本与机器人毫无关系，但却能够在新时代游刃有余。它们行走在横向世界和纵向世界，以迅猛之势对人类荣耀了约 250 年的传统工业企业进行摧枯拉朽般的致命攻击。也许某一天，一些规模庞大的传统工业企业轰然倒下，可能到最后也没有明白，不是它们不够努力，而是因为它们只属于过去的文明。文明演进的威力是巨大的，如果我们不能适应它，淘汰出局是唯一结局。

1.1 基石：从互联网到互联网+（智慧的大联结与大分发）

在德国工业 4.0 战略发布以后，中国也陆续发布“互联网+”行动计划和“中国制造 2025”战略。至此，一个面向未来的新工业蓝图已经基本绘就。

认识这个新工业蓝图，首先必须清晰地认识它能够成立的基石，那就是互联网。

1969 年，只能连接 4 台计算机的网络诞生。仅仅 50 年，网络演变为地球上连接一切的互联网。它不仅仅具有连接一切的宽度，而且还具有从底层通信到顶层智慧交互的纵深，如表 1-1 所示。现在，互联网正在吞噬着一切，从万物甚至到空气质量，都被连接到这一张大网上。到目前为止，人类对互联网的能量还远未探索清楚。但现在，我们每个人，以及将要发生的我们接触的每个物体都将被互联网连接在一起。人类通过互联网进入了一个全新的大连接时代，从而开始了一个全新的文明时期。没有基于大连接的智慧交互，就没有工业 4.0 所表达的新工业。所以，从根本上，新工业文明就是互联网演进发展的结果。

表 1-1　互联网是一个纵深网络

大　类	细　类	内　容
智能终端	物联网终端	传感器 嵌入式智能设备 RFID 二维码/条形码 智能汽车 ……
	互联网终端	智能手机 平板电脑 PC 智能电视 ……
网络通信	有线网络	三网融合 以太网 工业总线 ……
	无线网络	3G/4G/5G Wi-Fi NFC 蓝牙 ……

续表

大　类	细　类	内　容
互联网	万维网技术	HTML 5.0 ……
	Web 1.0	门户网站
	Web 2.0	即时通信 微博 微信 社区网络 ……
	Web 3.0	语义网络 ……
互联网应用	电子商务	在线购物 在线支付 ……
	互联网商业	云计算 自媒体 供应链管理 ……

现在，我们要这样理解互联网，**它不是一项技术，不是一个知名网站，更不是一个社交网络，而是一个智慧交互和智慧传递的大连接系统。它的终极价值就是要实现智慧在地球的各个角落间自由流淌，从而实现人类社会价值倍增式增长。**

2015年3月，在政府工作报告中正式提出："制定互联网+行动计划，推动移动互联网、云计算、大数据、物联网等与现代制造业结合"。至此，这一概念以官方正式文件的方式正式提出，标志着互联网正式演进到一个全新的互联网+阶段。不狭隘、不夸大地准确认识互联网+，是利用互联网推动产业革命的关键。互联网+是互联网的强化，也是互联网的延伸，主要有如下两层含义。

1. 传统互联网发展衍生的新业态

以云、大、物、移（云计算、大数据、物联网、移动互联网）为代表的互联网新业态。同时，从服务上，它们是互联网上的新模式；从技术上，它们是一组以互联网为基础的新技术。

2. 互联网新业态、新模式、新技术与传统产业的融合

由于互联网+在这个角度的含义边界很难界定，也导致了泛化解读的出现。我们必须知道，无论是互联网，还是互联网+，连一个面包也烤不出来，面包只能是面粉和鸡蛋，经过加工和烘烤而成，过度解读是没有意义的。从传统产业来看，互联网+就是一个产业变革的基石，永远不可能成为产业的本身。它的出现和发展加快了产业变革的进程，促使新业态、新模式的涌现。传统产业变革还需要产业技术与模式本身的革命性变化。例如，从互联网+的语境角度，工业 4.0 就是以互联网+为基石，提出的一套新工业的解决方案。工业 4.0 以实现个性化大规模生产为目标，以业务组件标准化为基因，以 CPS（信息物理融合）的实现为支撑，以打造智慧生产体系和智慧工厂为主题，重塑了工业体系。没有人会说：工业 4.0 就是互联网+，这种逻辑是说不通的。因此，互联网+的延伸含义就是：促进传统互联网，以及以云、大、物、移为代表的互联网新业态与传统行业的融合发展，把互联网新业态的基因融合到传统产业的基因中去，以期引发产业领域的全新变革。传统互联网、互联网+与产业变革的关系如图 1-1 所示。

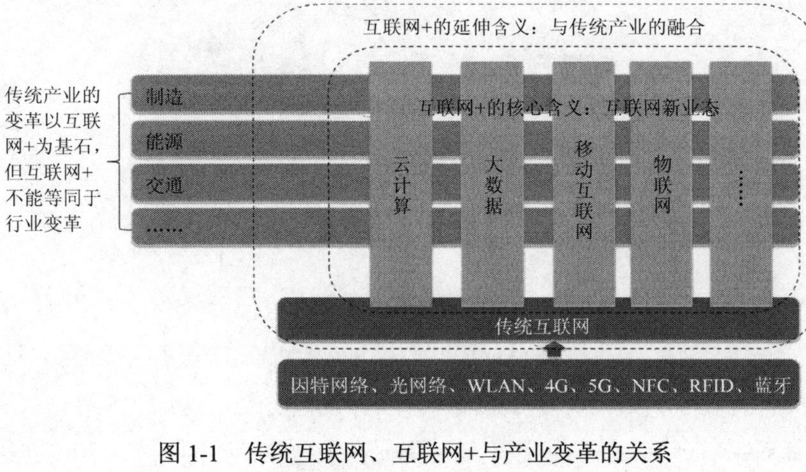

图 1-1　传统互联网、互联网+与产业变革的关系

互联网+与传统互联网比较来看，它的创造意义在于，它不再把互联网仅仅局限于大连接层面，而是实现了智慧的大连接与大分发。例如，云计算把计算资源变得可以连续切割并能够通过互联网按需分发。结合云计算，移动终端和物联网的每个节点把每个人的智慧，以及每个物体的智慧无缝地连接起来、汇聚起来，从而进入智慧大规模生产和大规模分发时代。智慧可以在人—人之间、人—物之间，物—物之间自由地流淌。由于这种自由流淌，我们可以汇聚智慧、分发智慧、共享智慧。在此基础上，智慧不再局限于有限的聪明人，也不再局限于有限的聪明机器，而是成为普适智慧，实现了人—人分享、人—人享有、人—物分享、人—物享有、物—物分享、物—物享有的全新智慧利用模式，如图 1-2 所示。**互联网+具有引发传统行业发生革命性变化的魔力的关键就在于，这种智慧大连接和大分发的机制的实现。也正是由于这种机制的产生，人类突破了从有限智慧到无限智慧的边界，从而给全社会带来根本性的改变。**

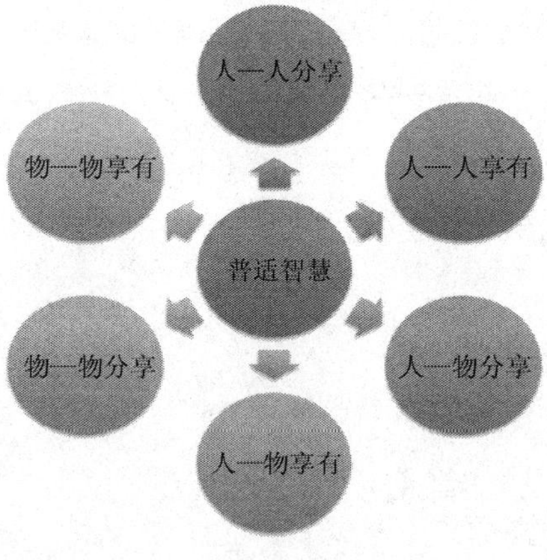

图 1-2　普适智慧

全社会化的智慧利用新机制正在建立过程中，但已经有一些案例能够证明这一点。例如，提供消费点评服务的手机应用把我们每个人的消费评价汇总起来，优化了大众消费服务的质量，也帮助服务企业优化了服务，从而产生了前所未有的价值。价值产生的关键就在于把移动终端每个人的智慧进行了汇聚和分发。还有一个例子就是大数据，大数据平台并不产生数据，数据来源是我们自己及每一台智慧设备，但大数据把个体智慧进行汇聚和分析，再把产生的新智慧分发给我们和设备使用，从而产生了全新的价值。现在，已经有一些工厂通过工业大数据平台把机器数据和人类的操作运行数据采集起来，经过汇聚和分析，分析结果用来对生产过程进行优化，从而显著地提高了效率和节省了成本。

从互联网到互联网+，从单一地实现人类的大连接升级到智慧本身的大连接和大分发，从而为新工业文明的出现和发展提供了一个坚实的基石。但是，传统企业一定要明白，互联网+只是基石，而不会是行业变革本身。这也是很多传统企业觉得互联网+理念很好，但似乎又觉得离自己比较远的原因。传统企业要积极吸收和融合互联网+，但关键还在于从新工业思维出发，要把未来工业的关键问题考虑清楚。

1.2　一直被忽视的横向世界和纵向世界

在物理的空间环境和时间次序限制下，我们的日程生活就是端到端的模式，从家到单位，单位到客户，然后再到单位和家。所以顺序都是从前到后，从起点到终点按顺序排开，这是一种端到端的模式。与人类的日常生活类似，传统的工业模式也是端到端地构建起来的。供—产—销就是原始的端到端，接着发展起来的供应链管理就是从供应商到客户的端到端，再进一步发展的从供应商的供应商到客户的客户全价值链的打通，也是端到端。符合常识往往是最成熟的。我们现有的工业生产模式、管理模式基本上在端到端角度理论最成熟，运行也最好。与生活常识不同，互联网不是一个端到端的线条，而是一个网络化的大连接世界，从而为横向世界和纵向世界的构造提供了可能，如图 1-3 所示。下面以社交网络为例，看看横向世界与纵向世界是如何构筑起来的。

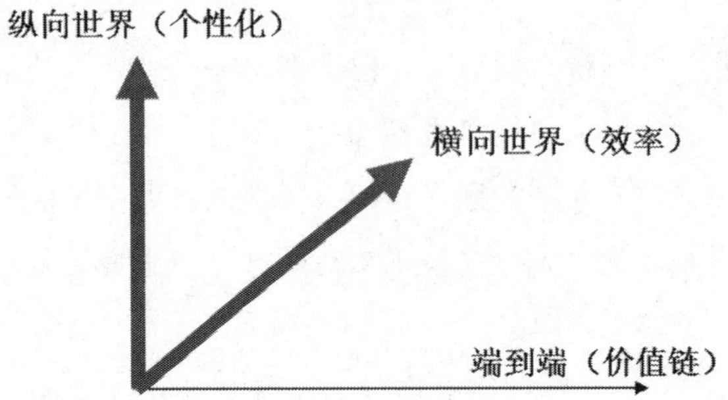

图 1-3　解构新工业的三个世界

社交网络出现以前，我们每个人的人际关系也是围绕端到端构建起来的，大多数人的朋友被限定在同学、同事、邻居、客户当中。不能说过去完全没有横向关系，也有，但主要是通过一些行业的会议、同事的介绍来建立横向联系的。互联网的出现，使人类之间的横向联系增强，而互联网+的发展，使纵向联系也建立起来。借助于互联网的直接和高效，人际间的横向世界和纵向世界被全面放大和加强。

互联网的出现，拉近了我们每个人的距离，世界变平了。只要我们愿意，我们就能够很方便地与世界上每一个人建立联系。我们能够找到同行，找到关注共同话题的人，一个横向的人际世界就产生了。在基于 PC 的传统互联网时代，这种人际间的联系主要以横向联系为主。我们并不能很方便地找到朋友的朋友，也就很难构建起纵向的人际关系世界。随着智能手机的普及和移动互联网的发展，在互联网+时代，我们开始发现一个能量巨大的纵向世界。以我们非常熟悉的微信为例，我们能够以朋友圈的方式构建一个全新的纵向交际世界。当然，每个人的朋友圈可以认为是一个横向世界，朋友圈的每个人可能是以端到端的价值关系建立起来的，但朋友圈之间的纵向传播的能量正在显露出来。比如，某一天小王在自己朋友圈发布了一条信息："万能的朋友圈，谁能帮我约见马云？"他的朋友圈中的小李就转发了这条信息，而在小李的朋友圈里正好有小张，小张的朋友圈中正好有马云，能够帮助小王见到马云。小王和小李，以及马云之间就建立了一个纵向的联系，如图 1-4 所示。

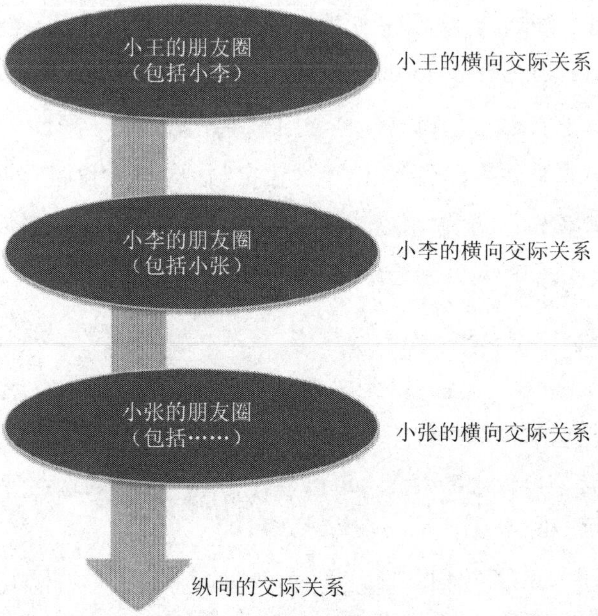

图 1-4　微信朋友圈的横向世界和纵向世界

从上面人际关系的例子我们就可以简单明了地认识到，以往一直被忽略的横向世界和纵向世界具有强大的威力。从这个角度来说，互联网的出现打通了我们横向世界的障碍，而互联网+的发展价值在于帮助我们构筑了一个纵向世界。社交网络的横向世界和纵向世界已经被大家习惯性地称为万能的，所带来的财富也是巨大而隐形的。

在工业和商业领域构筑横向世界和纵向世界的力量就意味着巨大的财富。传统的电子商务的意义就在于挖掘了横向世界的价值，把海量的商品摆在了一个横向的统一平面上，用户可以很轻松地选择到所需的商品。电子商务网站把商品的流通和销售环节进行了横向的集成，从而汇聚了海量的财富。阿里巴巴和京东商城的崛起，以及所汇聚的巨大财富正是横向世界的力量体现。而互联网正是这种横向世界力量的源泉，它能够把分布在世界各个角落的用户汇聚起来，因为它的快和便捷，最终形成巨大的财富流。

同样是电子商务，并不是说电子商务只能汇聚横向世界的力量。2014 年，一个叫作“必要”的网站创办，正在构筑一个纵向的网络世界。它由原百度公司市场总监毕胜创办，打造一种叫作 C2M（Customer to Manufactory）的用户直连制造模式。按照纵向的思路，打通用户手机端定制—平台—设计师—生产工厂之间的纵向联系，实现用户的个性化定制。从个性化定制的眼镜开始，逐渐覆盖到运动服饰、男装、鞋靴、箱包、女装等更多的纵向领域。从“必要”网站平台，我们就会看到一个正在开启的纵向世界的大门。

在德国工业 4.0 战略中提出了端到端集成、横向集成、纵向集成三大集成的概念。对大多数人来说，端到端的集成最好理解，横向集成稍微解读一下也能够理解，但纵向集成就比较难以理解。端到端最符合我们的常识，是价值的实现和传导过程。横向集成可以理解为生产的协同，主要价值在于提高效率。在工业 4.0 当中，纵向集成被描述为：在工厂内部实现产品、生产设备之间的集成，实现个性化的生产。工业 4.0 描绘了下一代工业的蓝图，但它的实现必须构筑在横向世界和纵向世界之上，尤其需要构造一个纵向世界，要不然就不能称之为工业 4.0。

传统企业必须要认识到端到端价值链世界、基于互联网的横向世界，以及基于互联网+的纵向世界，都是未来新工业的构成部分，没有谁比谁更重要。与传统观念相比，端到端是大多数企业已经拥有的，关键在于不能忽视横向世界和纵向世界，它们才是未来创造财富的关键。总体来说，**端到端的意义在于价值传递，横向世界的意义在于效率，而纵向世界的意义在于个性化，三者缺一不可。**

1.3 从工业 1.0 到工业 4.0 的演进

工业 1.0 到工业 4.0 一般是这样描述的：

第一次工业革命也称为蒸汽机革命，发生在 18 世纪 60 年代—19 世纪中期。世界上第一次出现了现代工业，并延续至今。

第二次工业革命也被称为电气革命，发生在 1870 年到 20 世纪中期。

第三次工业革命以计算机、原子能、空间技术和生物工程的发明和应用为主要标志，由于计算机的影响最为广阔，所以往往称为计算机革命，时间从 20 世纪中期到 2010 年左右。

第四次工业革命是以智慧生产工具在工业中的融合利用为标志，以生产方式和生产基础设施变革为起点，引发的工业领域的全方位变革，时间起点在 2010 年左右。

上述的描述虽然抓住了工业 1.0 到工业 4.0 的主要区别性标志，能够帮助我们理解工业发展过程的大致阶段，但对于我们理解工业化的演进规律是远远不够的。实质上，即便是在蒸汽机时代，工业 1.0 也是最先进的生产方式，也形成了一套机制来支持大机器生产的运行。每一次工业领域的大变革，都不是简单的生产工具的变革，而是包括生产模式、技术基础、成功基因的全方位变革。如表 1-2 所示，我们就能明白每一个工业发展阶段都是综合性的由渐变到突变的过程。在这个过程中，有技术因素的变迁，也有人类对生产方式的全新理解和设计。

表 1-2　工业 1.0 到工业 4.0 的演进

对比项	工业 1.0	工业 2.0	工业 3.0	工业 4.0
生产模式	大机器非标准化生产	福特制（大规模生产）	大规模定制	个性化大规模生产（个性化量产）
生产模式提出时间	1785 年	1903 年	1987 年	2014 年
技术依托	大机器生产	机器和人的统一分工	标准技术、现代设计方法、信息技术和先进制造技术	CPS、新一代信息技术、机器人、3D 打印、智能机器
关注要点	生产效率	生产效率	生产效率和客户个性需求	个性化定制需求的满足
成功基因	工厂生产，非标准化	产品标准化	部件标准化	工艺组件标准化

续表

对比项	工业 1.0	工业 2.0	工业 3.0	工业 4.0
标志物	蒸汽机	电动机器、工厂电气化	自动化机器、信息技术	智慧工厂、智能机器、智慧生产
关键技术发明或推广时间	1785 年瓦特发明蒸汽机	1831 年法拉第发明发电机	1960 年开始工业自动化探索	2006 年云计算的推广

在 1776 年，瓦特虽然已经发明了有一定实用价值的蒸汽机，但还没有实现“万能的原动机”。直到 1785 年，瓦特发明了可以通用使用的改进蒸汽机，蒸汽机才真正成为第一次工业革命中的核心推动力量。蒸汽机代替畜力、人力、风力和水力，从而显著地提高了工业的效率。围绕蒸汽机，需要很多人在一起工作，从而产生了现代意义的工厂。我们现在认为理所当然的工厂，其实也只有 230 年左右的历史，这样的工厂就是厂房、机器和工人的一种组合。从工厂角度来说，过去的一切都像是缓慢的渐进，而工业 4.0 以后，工厂也将发生根本性的变化。工业 1.0 的生产模式是没有标准的大机器生产，只要能够快速地生产出来，就推向市场。

我们知道标准化是一种效率的精进和成本的集约。这个问题在第二次工业革命中获得了解决。化石能源和电力的发明，让工业产生了全新的原动力，产品也因为新能源赋予了全新的含义。1903 年是一个关键时间点，福特制的形成，开始了大规模生产的时代。大规模生产的价值基因在于产品的标准化，以及可替换零部件的大规模采用。由于产品的标准化，产品的所有部件也可以大规模采购和生产，工人可以围绕流水线很娴熟地工作，产品成本集约化，产品质量得到了质的飞跃。工厂以流水线为核心进行全新的布局，工人开始围绕流水线工作，分工理论逐渐成熟，科学管理被提了出来。这个时期的工厂基本上已经接近我们现在看到的工厂的样子。机器和人在工厂的结构里进行统一分工和协同工作。第二次工业革命从工业的角度来看不能简单地理解为能源革命，而是生产机器、生产模式、工厂布局、管理模式、组织结构、人力资源的全方位革命。第二次工业革命关注价值要点仍然在生产的效率提高，以及生产成本的节约。

工业 3.0 以工业自动化技术的应用为起点，但以大规模定制模式的形成为巅峰。随着信息技术的发明和发展，信息技术出现了两个分支，一个是工业自动化领域，另一个是传统信息化领域。从本质上和逻辑上来看，这两个分支都是人工计算智能技术的运用。由于机器领域和管理领域特性的差异，逐渐形成了不同的技术体系。工业自动化领域出现了传感器、工业总线、PLC、DCS 等技术；在传统信息化领域，人们开发出了 ERP、CRM、SCM 等应用信息系统。同时，在网络技术发展的基础上出现了互联网，互联网为第四次工业革命又埋下了伏笔。起初的工业自动化与信息技术应用到企业主要是用来提高工作效率和节约成本。70 后的 IT 工作者一般都经历过“无纸化”的阶段，就是当时的一种对信息技术价值的描述。但很快地，人们逐渐认识到信息技术不仅仅是“无纸化”和效率提升这么简单，它还能改变工业的生产模式。1987 年，大规模定制生产模式就被提了出来。而且，只有借助于信息技术和自动化技术，大规模定制才能够实现。现在我们看到的定制工厂，大多数也只是实现了大规模定制模式，也就是多种可选零部件的组合。这是 20 世纪 90 年代的理论，2000 年后的实践。需要强调的是，这种模式与我们现在谈的个性化定制完全不是一回事，它们的价值基因完全不一样。大规模定制的价值基因是零部件标准化和模块化，通过大规模生产标准化和模块化的零部件，为用户提供多样性的选择空间。从本质上看，这种生产模式仍然是大规模生产的，采用的仍然是标准化产品技术，只不过分解到产品的部件层级。对于大规模定制，工厂也不需要做根本性的改变，增加流水线的柔性和工厂的模块化就能够做到这一点。当然，企业也可以通过构建智慧工厂，扩展可选部件的数量，让可选部件接近于无穷多，这就接近了德国工业 4.0 所描绘的蓝图，可以称为三代半工业，但仍然不能称为工业 4.0。

基于智慧生产方式和智慧工厂的研究，工业 4.0 被初步描绘出来了。就目前的德国工业 4.0 版本看来，作为一个“good idea”的意味可能更强一些。它是一个开创性的想法，但还远远没有完善。工业 4.0 之所以区分于工业 3.0，不仅仅在于智慧生产方式和智慧工厂，关键在于工业生产模式要发生质的飞跃，否则工业 4.0 的提法就不能成立。工业 4.0 区分工业 3.0 的关键之处就是要实现大规模的个性化定制，确保即便用户只需要一件产品也能够以合理的成本和时间生产出来。这其实是一个很高的要求，用前几代的工业生产方式，那就意味着巨大的成本和很长的时间。举个例子，个性化定制的男式西装不能比大规模生产的西装贵很多，也不能说需要几个星期，甚至几个月才能交付，需要在同等价格上，以同等时间效率来完成。所以，实现大规模的个性化定制必须改变工业的生产、组织、工厂、管理等全方位的要素才能实现，这在过去是不可想象的，但智慧技术为实现这个目标创造了可能。例如，德国工业 4.0 战略中提出在 CPS 技术支撑之上，基于工艺组件标准化，通过三大集成实现个性化需求的定制化生产。同时，提出了一个智慧工厂的蓝图作为这种智慧生产方式的基础设施。所以，工业 4.0 就是工业 4.0，它的目标是清晰的，价值基因也是清晰的，绝对不能与工业 3.0 混为一谈。

如图 1-5 所示，从工业 1.0 开始，工业经过了每个阶段缓慢发展，然后突变，再缓慢发展，再突变的过程。而且，随着人类技术的叠加，每次突变的间隔更短，整体发展呈现加速状态。也正是因为每个时期工业领域各方面都有质的变化，所以人类的工业生产才能够不断地进步。

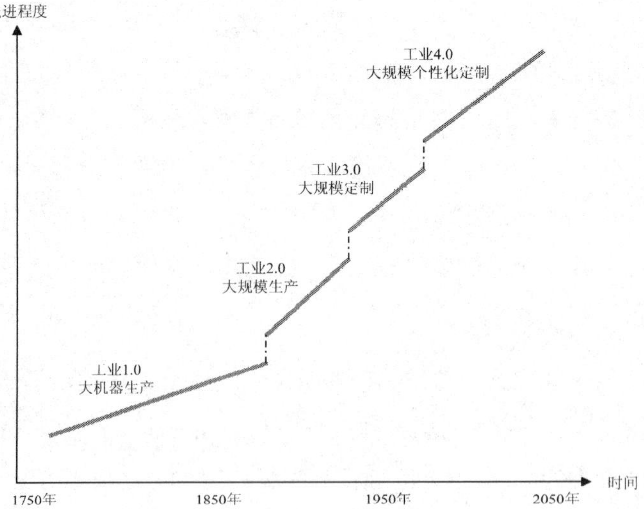

图 1-5　工业 1.0 到工业 4.0 的演进

1.4　工业 4.0：新工业的未来蓝图

德国工业 4.0 战略是目前为止对未来工业发展描述最清晰的蓝图，而且直入核心的生产环节和工厂构造，引起了业界的普遍共鸣。正如前文所述，它也可以被看作一个“good idea”或者一个未来工业的解决方案。理解这个蓝图是一个基准，我们才能在其上创造出属于我们的未来工业模式。传统企业需要从以下几个要点来理解德国工业 4.0 战略。

1.4.1　德国工业 4.0 战略首先是德国的

德国工业 4.0 战略立足于德国工业的现状，包括其优势和劣势。德国的优势主要有两个：德国传统工业发达，尤其是在机械工业领域；优秀中小企业众多，很多是隐形冠军。德国的劣势也主要有两个：信息技术发展落后于美国，互联网发展得缓慢；老龄化严重，面临人力资源压力。因此，德国工业 4.0 战略也有两个战略意图：其一，通过工业 4.0，发展德国信息产业优势，并把德国信息产业输出到全世界；其二，通过智慧工业发展，巩固德国制造的优势，应对新工业革命挑战。德国工业 4.0 从德国实际情况出发，扬长补短，为德国的新工业，以及信息产业的未来描绘了一个清晰的蓝图。通过这个战略，德国达到了“四两拨千斤”的效果。所以，德国工业 4.0 战略首先是德国的，我们可以学习和吸收，但不适合照搬。

1.4.2　以 CPS（信息物理融合系统）为核心的技术基础

在德国工业 4.0 战略提出的智慧生产方式中，每个智慧对象都具有计算、通信、精确控制、远程协调和自治五大功能。不同智慧对象如何联合，实现什么样的目标，就决定了有很多种不同的连接方式。CPS 就是实现这种连接的一个解决方案。而且很重要的一点是，CPS 提出了把虚拟的数字世界和物理世界相融合的观点，实现物理时空和虚拟时空间的无缝切换。CPS 的重要性在于，通过它把设备、资源、信息、人互连在一起，为工厂提供了一个完全智慧的环境。目前看来，如果没有 CPS，即使有别的替代，工业 4.0 的智慧生产效率也会大打折扣。

CPS 的实现需要依赖新一代信息技术的综合利用，是云计算、物联网、移动互联网、大数据、智能机器的综合利用。也可以说，CPS 是新一代信息技术之上的工业实用技术。构想中的 CPS 是一个全资源协同网络，这些资源至少应包括生产资源、员工资源，以及社会智力资源，所有资源都能够被这个网络有效地组织起来。现在，CPS 发展的主要制约因素在于标准，而不在于技术本身，如何把所有属于不同领域的工业资源进行识别、连接、交互是一个难题。

1.4.3 指向个性化定制的智慧生产

在极端情况下，用户只需要一件，智慧生产系统要能够在合理的成本和时间效率下生产出来，这就是德国工业 4.0 战略设定的生产目标。智慧生产被描述为一个动态配置的生产方式，来应对个性化的需求。根据个性化需求，智慧的生产设备能够根据相关信息，自主组织生产、自主切换生产模式和更换生产资料，从而调整为最优的生产作业。即使在生产过程中任何环节需求出现变动的情况，都能有随时变更的解决方案。个性化生产是自治完成的，这是智慧生产与过去生产的最大不同。在智慧生产主题中，德国工业 4.0 战略提出的解决方案是：通过 IT 结构的模块化，可以根据个性化需求定制一组 IT 结构化模块，按照不同的产品生产需要自动搭建出特定的结构（包括模型、数据、通信和算法等所有相关需求）。这种模块化提供了动态重新配置生产资源的可能性，从而使得生产流程的智能化应变能力大大增强。智能生产的侧重点在于将人机互动、智能物流管理、3D 打印等先进技术应用于整个工业生产过程，从而形成高度灵活、个性化、网络化的产业链。IT 结构的模块化，本质上对应的是生产过程中工艺组件的标准化。不同的个性化生产需求通过不断重组生产工艺，并映射到不断重组IT结构的模块结构来实现，这样就实现了个性化需求和成本效率要求的统一。

1.4.4 支持分布式网络化制造的智慧工厂

智慧工厂是智慧生产得以实现的基础，是智慧工业时代的基础设施。智慧工厂并不是单指一个物理上的工厂，而是支持分布式网络制造的虚拟工厂。智慧工厂被认为是智慧基础设施的关键组成部分，它的核心研究重点是智能化生产系统、过程及网络化分布生产设施的实现。

智慧工厂是一个智慧的虚实协作空间，无论它是一个物理上独立的节点，还是网络化分布的虚拟工厂，都应该自由地实现自治协作。这种协作包括制造所有的元素，如人、产品、机器和资源。例如，智能产品（不是完工的产品，而是从第一个部件开始的产品）理解它们被制造的细节及将被如何使用。它们积极协助生产过程，回答诸如“我是什么时候被制造的”、“哪组参数应被用来处理我”、“我应该被传送到哪里”等问题。在德国工业4.0战略描绘智慧工厂蓝图中，人类能够以虚拟和移动的方式来完成工作，也就意味着工人可以脱离工厂的环境，这是工厂产生以来前所未有的图景，这将把我们这一代人自出生以来对工厂的直接感受全部颠覆。

1.4.5 端到端、横向、纵向三个维度的集成

以CPS技术为核心，综合利用新一代信息技术，德国工业4.0提出实现三个维度的集成，实现了价值流、效率和个性化定制的统一。其中，端到端集成强调对价值链的打通，实现价值传递的无缝连接。举例来说，一个产品的生产过程可能包括产品设计、产品规划、产品工程、生产、服务等多个价值链环节，而且每个环节可能由不同的企业完成，那么端到端的集成要把这

种在一个企业之中或者多个企业之间的产品价值链集成起来，确保用户价值能够实现。横向集成协作不同企业、不同工厂的资源无缝连接和交互，确保实时提供用户需要的产品和服务。通过横向集成，确保了在不同情形下生产效率的实现，不会因为企业内部环节的不足就拖延产品交付的效率。所以可以说，横向集成最大的价值在于效率保障。纵向集成主要在智慧工厂内部实现。它本质上是企业内部灵活且可以重新组合的网络化制造体系，打通用户需求、产品、人员、生产设备之间的纵向连接和交互，确保个性化的需求在纵向的各个层面能够被准确分解和表达，从而实现个性化定制。例如，不同个性化产品生产需求，需要不断地更新和重组工艺组件，并映射为 IT 模块的重组，最终通过不同的智能生产设备准确地理解需求并执行准确的操作。因此，纵向集成的核心价值在于支持个性化定制的实现。

一个具体的个性化定制需求，既包括价值流，也包括效率要求。需要强调的是，三项集成不是孤立的，而是相互关联、相互支持的一个统一体系，目的只有一个，就是实现针对个性化定制的智慧生产需要。三项集成是实现智慧生产和智慧工厂的关键。

德国工业 4.0 战略是一个复杂的体系，还有其他的辅助性内容。但上述五个方面是它最为核心的要点，明白了这五个方面，就明白了德国工业 4.0 要描绘的未来工业蓝图。这个蓝图非常清晰地回答了未来工业的关键问题，如个性化定制如何实现？价值如何被组织和传递？未来工厂如何构造？什么样的技术提供支撑？正是它清晰的逻辑价值，让它成为全世界范围内关注的焦点。

德国工业 4.0 战略还没有回答的关键问题是，对于处于不同工业阶段的单个企业，如何才能达到这个蓝图？在新工业时代如何梳理企业存在和发展的逻辑？如果简单地说，不是工业 4.0 的企业就不应该生存，那么这很显然让地球上绝大多数企业都不能接受。现实是，即便传统企业知道了这个蓝图，还得采取一些措施渐进式地到达这个蓝图。如果简单而盲目地复制这个蓝图，那么对大多数企业来说可能不是进步，而是灾难，这也是本书试图解决的问题。

1.5　互联网+与中国制造 2025，这个组合才是中国版工业 4.0

一些人认为互联网+工业就是中国版的工业 4.0，还有一些人认为中国制造 2025 就是中国版的工业 4.0。其实，这两种理解都是不对的。笔者个人认为，中国版的工业 4.0 是互联网+与中国制造 2025 的组合。为什么这么说？因为这二者的组合实现了针对中国工业现实的三个战略目标：强基、扬长、补短。

强基。智慧工业涉及两个方面的融合应用：一个是工业本身；另一个是新一代信息技术。无论哪一方面落后，都会导致在新工业革命中落后。而在这两个方面，中国恰恰都有短板，需要迅速夯实基础。中国制造规模庞大但没有高端技术，问题在哪里？核心就在于工业基础技术的落后。因此，在中国制造 2025 中把创新驱动放在指导思想的首位，重点提出："突破一批重点领域关键共性技术，促进制造业数字化、网络化、智能化，走创新驱动的发展道路。"同时，在中国制造 2025 提出的战略任务和重点中第三个就指出："核心基础零部件（元器件）、先进基础工艺、关键基础材料和产业技术基础（以下统称"四基"）等工业基础能力薄弱，是制约我国制造业创新发展和质量提升的症结所在。要坚持问题导向、产需结合、协同创新、重点突破的原则，着力破解制约重点产业发展的瓶颈。"并提出工业强基工程，强化工业基础能力。在互联网领域，中国的基础技术发展并不先进，但互联网商业非常发达，出现了 BAT、京东等互联网巨头。通过互联网+行动计划，推动互联网向工业后端的融合推进。同时，通过推进云计算、物联网、移动互联网、大数据行业应用，拉动需求，加快本土新一代信息技术产业的发展。

扬长。在中国制造领域，经过几十年的快速发展，中国的载人航天、载人深潜、大型飞机、北斗卫星导航、超级计算机、高铁装备、百万千瓦级发电装备、万米深海石油钻探设备等领域一批重大技术装备取得突破，形成了若干具有国际竞争力的优势产业和骨干企业。在这些领域需要进一步强化，巩固中国已有的优势。所以，在中国制造2025中提出的重点领域突破发展中把航空航天装备、海洋工程装备及高技术船舶、先进轨道交通装备、电力装备列为重点突破发展领域。这是让强者更强，巩固既有优势。在互联网+行动计划中，把互联网商业中积累的优势扩大到传统产业，从而拉动传统产业的发展。同时，依托互联网+，为大众创业、万众创新提供环境，打造出全新的经济增长点。

补短。实质上，中国在新一代信息技术领域是一个短板，但对于未来工业发展却至关重要。因此，我们可以看到，发展新一代信息技术在中国制造2025和互联网+行动计划中都被列为重点。在中国制造2025中把新一代信息技术列为重点突破发展领域的第一位，这也表明新一代信息技术对未来工业的基础战略意义。互联网+行动计划更是把推进新一代信息技术的行业应用作为核心内容。在中国制造2025中把高档数控机床和机器人、节能与新能源汽车、新材料、生物医药及高性能医疗器械、农机装备等对未来具有战略意义的短板领域作为重点突破发展领域，这也是补短的战略。

通过强基和扬长补短，有针对性地提出了中国面向新工业挑战的战略举措，把面向新工业的所有重点问题都覆盖其中，并从实效性出发提出了非常有针对性的实施措施。从新工业的角度，中国的应对战略是一个组合拳，包括了互联网+行动计划和中国制造 2025，相辅相成。一个从信息新技术融合应用出发，一个从工业本身出发，为中国新工业的发展描绘了一个中国式的蓝图。可以说，互联网+与中国制造2025的组合才是中国版的工业4.0。这个组合蓝图既应对了德国强大的工业基础，也应对了美国的信息新技术导向的工业互联网。随着互联网+行动计划和中国制造2025细则的陆续推出，这个蓝图将会描绘得更加细致和具体，中国也将全面走上新工业的道路。

当然，中国的互联网+与中国制造2025也有短板，就是没有针对新工业的智慧生产和智慧制造提出更细致的实施方案或者针对德国工业 4.0 战略的替代方案，这方面内容可以参照德国工业4.0战略的相关内容进行解读。

1.6　新工业文明就是智慧工业文明

“文明”既有状态的含义，也有过程的意义。维基百科中是这样解释的：文明（Civilization）一词源于拉丁文“Civilis”，有“城市化”和“公民化”的含义，引申为分工、合作，即人们和睦地生活于“社会集团”中的状态，也就是一种先进的社会和文化发展状态，以及到达这一状态的过程。

人类迄今为止发展的文明有原始文明、农业文明、工业文明，当然也有人认为到 1971 年为止，微型计算机开始普及，工业文明已经结束，开始进入知识文明。就目前来看，在新一代信息技术应用到工业领域之前，工业文明尚没有发生根本性的变化，全世界工业的形态也没有发生本质上的飞跃或者消失，所以工业文明还没有结束。

但无疑，随着互联网和互联网+的融合渗透，并成为全社会的基础设施，以信息为基础的知识资本崛起为与土地资本、金融资本、劳动力资本并列的第四种资本力量，工业文明的内涵和状态发生了根本性变化。这种根本性变化让我们不能把未来新工业与传统的工业形态混为一谈，因此，全社会进入一个新工业文明时代。

新工业文明以互联网和互联网+为基石，以知识资本为基础推动力量，以智慧工业为社会构造的基本元素，以工业领域的产品形态、生产方式、管理模式、组织结构、工厂布局、人力资源利用等全方位的变革为过程，最终在全新的成本水平和效率水平上满足人类个性化需要，人类智慧价值得到最大化的释放，社会资源得到充分的精确利用，从而让人类生活、社交、工作、娱乐等各个方面发生质的飞跃。

新工业文明是继承也是创新。新工业文明不会把过去工业文明中的人类智慧创造弃而不用，而是在新信息技术基础上对工业活动知识积累进行全方位的反思和重新构造。因此，智慧工业文明也是知识工业文明。例如，对于如何做好一个产品，传统工业近 250 年以来积累的工匠精神、工业技术、工业基准、工艺规范仍然是重要的基础，确保了新工业产出的最低标准。没有这个基础，新工业就没有立足资本。也就是说，面包仍然是面粉和鸡蛋做的，如何发酵和烘烤仍然是新工业的一个基础。但新工业能够在全新水平上让面包生产更有效率、更低成本、更加满足个性化的需要，这就是传统工业传承的意义。但毫无疑问，新工业也是知识创新，它利用新一代信息技术、智能机器，网络化的协同，创新生产过程和生产工艺，以及产品的服务交付过程，实现个性化的需要。

借助于互联网和互联网+，新工业将会把原来隐藏起来、被我们忽略的横向世界和纵向世界的价值最大化，最终构造一个立体的涵盖端到端、横向和纵向的虚实时空世界。社会中所有的元素，如人、机器、材料、产品都将生活在这样一个立体的虚实时空世界中。人们通过虚拟世界和物理世界的融合来实现自己需求的满足，从而让人类生活更加舒适和自然。旧工业把人分割在不同的物理空间中，如家、工厂、办公室、交通工具中，未来这一边界将会被突破，人们可以无缝地在虚实的时空中间完成所有的活动。也就是说，我们在家里所能够完成的学习、工作、生活、娱乐将与工厂、办公室、交通工具中没有差别。

新工业文明是需要一个过程才能构建的文明，我们现在尚处于起点阶段，需要我们在全社会范围里接受这个观念，并一点点地改造我们的世界。从一个螺母、一台机器、一辆汽车开始，充分利用各种智慧技术，把这些小部分变为虚实时空的一部分。有人认为这一过程需要很长的时间，如30～50年，但我们往往会低估科技变革的力量，因为它是一个加速的过程，我们以起点速度来估计未来就会有偏差。比如，一个智慧工厂开始建立，它就需要与它相关联的材料、供应商、客户服务全面地智慧化，从而呈现一种级数化增长的趋势。可能只需要 20 年的时间，新工业文明在社会较大范围就将形成。

此轮的新工业文明与智慧技术的利用与智慧实体的建立息息相关，所以也可以称为智慧工业文明。用智慧技术改造工业领域的产品形态、生产方式、管理模式、组织结构、工厂布局、人力资源利用等各个方面就是新工业文明构建的过程，最终在全社会范围内建立起以智慧生产与智慧工厂为核心的社会化的智慧工业体系。围绕智慧工业核心，还需要思考人类如何智慧地生活、产品如何智慧地设计、物流如何智慧的到达、服务如何智慧地满足，这些问题的解决就形成了一个具有生态性的智慧工业体系。可以说，此轮新工业文明的本质就是智慧工业文明普及和发展的过程。

1.7　新工业文明的生态正在形成

一个文明之所以能够存在并能够繁荣发展，生态的形成至关重要。生态中包含生物，生物之间具有正向促进机制，从而拉动全社会向前发展。讨论这一点就能够证明，新工业文明不是一种空想，而是正在形成中的现实。属于新工业文明的生物正在涌现出来，在未来的一个时间点上终会量变引起质变，形成全社会范围的新工业生物的大爆发，从而加速新工业文明的建立。本书所说**新工业文明的生物，是指具有新工业特征的工厂、互联网网站、创客、个体创造者、手机应用等各类型实体，它们正在构成一个原始的新工业生态**。如图 1-6 所示，就像一个拼图，新工业生态圈中不断涌现的新生物正在不断地补充完整这个拼图。生态的力量在于它的自生长机制，一旦开始，就会长成大树。属于新工业文明生物的故事现在已经多得数不过来，每天都有大量的创业者进入这个领域，这本书只能列出小部分案例帮助读者理解正在形成中的新工业生态。

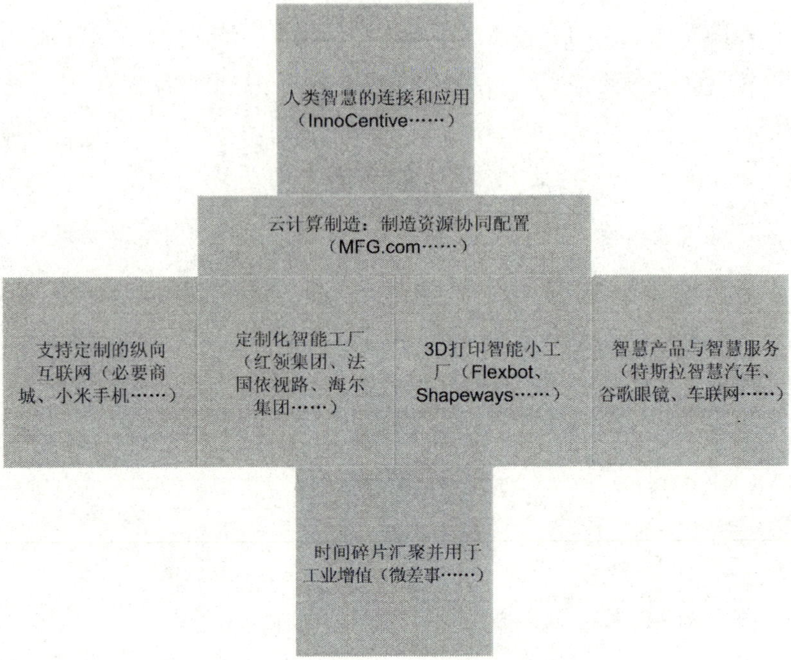

图 1-6　新工业生态圈就像一个正在完成的拼图

1.7.1　支持定制的纵向互联网案例

必要商城的 C2M 模式：2014 年 1 月成立的必要商城由原来百度市场总监毕胜创办，把 C2M（Customer-to-Manufactory）用户直连制造模式变为现实。采用 C2M 模式实现用户到工厂的两点直线连接，去除所有中间流通环节，连接设计师、制造商，为用户提供奢侈品质、平民价格、个性且专属的商品。必要商城从一个个产品开始，打通用户和制造的直连，支持用户在线定制。从眼镜开始，逐渐扩展到运动服饰、男装、鞋靴、箱包、女装、汽车等领域，如同一个刀片一样迅速攻城略地，逐渐建立起一个纵向的世界。这种模式简单而直接，可以在很高效率下形成力量。据新闻报道，2015 年 11 月 5 日，必要商城宣布进军汽车定制，同日吉利熊猫定制版汽车上线并开放预约。截至 11 月 12 日下午 4 时，前 66 台熊猫酷趣 1.0L 版特惠车全部卖光，1.5L 车型也已售出 85 台，所有订单实现全额付款，这种模式的能量和效率已经初步显现。当然，必要商城本身并不能实现定制制造过程，但是它为能够定制制造的工厂构建了直连用户的平台通道，为定制制造工厂提供了必要的商业前端服务，从而为定制化的制造工厂提供了生存的环境。同时，通过多个商品布局，形成互相促进关系，兼顾了传统 B2C 横向世界的威力。

小米手机实质是产品定制： 小米手机本质上也是定制化的互联网模式。表面上看，小米手机是产品的大规模生产和销售；反过来看，小米手机是把具有相似需求的不确定用户需求进行了汇聚，把可能的定制需求规模化。也就是说，小米手机通过互联网方式把相似定制需求的用户进行了汇聚，从而形成了巨大的力量。由于这种汇聚，对可能的差异化用户需求进行了集约，获得了最大公约数。正是因为这种从用户需求出发的定制基因，使小米手机成为新工业的范例，而不是旧工业的。当然，小米手机牺牲了一对一的个性化需求，这是小米手机与必要商城的不同之处。

1.7.2　定制化智能工厂案例

近两年，在制造端能够支持定制化的智能工厂日益增多，这里只列举 3 个影响比较大的案例。

青岛红领集团的定制西装工厂： 青岛红领集团实现定制西装工厂的核心在于使用了大数据系统、3D 打印式的智能 3D 打版装备，以及全面数字化的工厂环境。通过个性化的需求与大数据的关联计算形成个性化的定制数据，把定制数据进行计算机 3D 打版后自动传输到智能化的机器进行裁剪。所有裁剪后的布料通过物联网的方式进行传送和加工，从而实现了西装的个性化定制。传统的定制服装意味着巨大的成本和较长的时间。通过智能化的定制工厂，把需要高价定制的服装成本降到了普通人能够接受的程度，而且单件定制时间只需要一周左右即可完成，产能也得到了大幅度提升。现在工厂每天能够完成 1200 套西装的定制。

法国依视路定制眼镜的智能工厂：我们知道，眼镜需求是一个非常需要定制化的需求。每个人的镜片参数都是不同的，传统的方法很难做到精确，所以导致很多人的眼睛变得更坏，近视眼镜度数会越来越高。依视路公司通过全新设计的眼镜定制流程与智能工厂，为每个人提供精准的定制眼镜。依视路公司把制作镜片的工序分为两段，其中一段制作镜片毛坯，可以大规模生产；第二段工序根据个性化的需要做一些个性化的加工和添加化学涂层。这个阶段利用大规模的计算机网络和大量的客户配镜数据支持，结合这些数据，系统把客户订单转化成生产指令并通过网络传送给相关智能生产设备，从而实现个性化的定制。通过这种方式，以前需要一周左右的定制眼镜，现在几个小时内就实现了客户的个性化需求。在前面谈到的必要商城，用户就能够很方便地与依视路定制眼镜的智能工厂对接。

海尔集团智能化互联工厂：新闻是这样描述这家工厂的："山东青岛海尔工业园的滚筒洗衣机工厂里，一条 24 小时不停歇的全自动化设备生产线已取代了过去 100 多人的车间。几十个橘红色、形状不一的机械手臂穿梭在半封闭的黄色工位里，9 台高端大型注塑机执行着外筒生产的指令，负责激光焊接的机器人完美地实现了没有任何缝隙的镜面焊接……海尔互联工厂要实现的是三大互联：内外互联、信息互联和虚实互联，包括与用户的互联、与产品的互联、与资源的互联等。用户需求互联到生产线各个工位上，员工根据需求进行生产优化，而生产线上的 1 万多个传感器则保证了产品、设备、用户之间的互联沟通。"为了实现个性化定制的需求，海尔从模块设计的基础出发，把产品分成不变模块和可变模块，并把生产线设置成模块化的柔性布局，在前工序上实现智能自动化、零停线换型，在物流上实现柔性无人智能配送，在总装上长线变短线、实现高柔性定制。海尔的沈阳工厂就做到了一条生产线从原来支持 20 多个型号到支持 500 多个型号的柔性大规模定制，生产节拍缩短到 10 秒一台，订单周期从 15 天缩短至 7 天，成为了目前全球冰箱行业生产节拍最快、承接型号最广的工厂。

1.7.3　3D 打印智能小工厂案例

贵州翰凯斯 3D 打印工厂：贵州翰凯斯是由创客喻川和他的朋友们创立的。他们是一支基于数字制造的产品开发团队，采用 3D 打印技术开发并生产了世界上第一款用 3D 打印的多旋翼飞行器。从规模上看，这家公司只拥有十几人的小团队，生产装备是 10 多台 3D 打印机。虽然规模不大，但他们的成长速度是惊人的。2013 年，这个团队在 Kickstarter 上众筹了 56 万美元，2014 年营业规模已经达到 600 万元人民币。产品本身算不上颠覆，也不是复杂的产品，但在技术实现上完全基于个性化、开源、智能化的制造模式，而且完全支持在线定制。这个例子让我们看到，3D 打印不仅是一个概念，而且还可以组建新工厂，并成为新工厂的核心。它的最高端的产品加入 Wi-Fi 模块，可以配套一款穿戴眼镜产品，用户可以实时监控飞行器拍摄的环境，并且能够用于工业领域。

1.7.4　云计算制造：制造资源协同配置案例

MFG.com（云制造协同平台）：MFG.com 是目前最为成功的云制造交易平台，它卖的不是产品，而是制造能力，实现制造能力的协同和配置。MFG 是制造业（Manufacturing）的缩写，所以这个网站就是一个关于制造的网站。它主要为两边服务，一边是供应商，另一边是采购商。在对采购商方面，平台上的采购商能通过发布工程 CAD 文件或提供产品技术规格等方法对需要采购的工业零部件及纺织品/服装类产品创建询盘。智能化的网站系统将根据询盘细节，自动为采购商在全球范围内匹配具有先进设备、优秀工艺及充足产能等符合采购商标准的供应商。通过这种方法，采购商能够快速方便地找到供应商。而针对供应商，网站提供了定制 RFQ 筛选和建立企业在线档案，帮助供应商筛选采购商信息，建立评估系统帮助供应商选择合适采购商。供应商也可以自己选择自己的利润空间，同时也能够找到优质的客户群，从而实现供需资源的配置，实现供需的平衡。MFG.com 支持的生产工艺非常丰富，有 300 多个，包括机加工、钣金及结构件、成型、铸造、挤压、锻造、金属冲压、组装和纺织品等。非常重要的是，MFG.com 上所有的制造资源配置活动全流程在线自动化操作，如在线提交询盘、与供应商洽谈、在线授盘、比较供应商、进行尽职调查等。

1.7.5 人类智慧的连接和应用案例

InnoCentive 网站连接人类智慧：目前最高级的智慧仍然需要人类智慧，如何把人类智慧连接起来并产生价值是与智慧工业有关的一个重要方向。美国一个叫作 InnoCentive（创新中心）的网站，号称集结了全球级“超强大脑”，专门用众包的方式解决世界级的难题。它采用了奖金激励模式，为每个解决方案提供 1～10 万美金的奖金。InnoCentive 最初只是世界著名的制药企业美国礼来公司的子公司，在礼来公司遇到无法解决的难题时，就把这些难题发到网上，看看有没有解决办法，并承诺给一定的奖励。这时就有一些科研专家去网站上注册，并解决了这些问题，拿走了奖金。鉴于这种模式的可行性，InnoCentive 就独立出来运作。现在包括波音、杜邦和宝洁等有很多大公司把问题放到这个网站，也有更多研究专家注册上去，直到问题被解决。通过这个方式把全世界工业领域的人类智慧充分利用起来。从工业发展的趋势来看，针对个性化的需求研发和设计，依赖一家公司的研发部是远远不够的，需要连接全球范围的大脑智慧来应对，InnoCentive 已经建立了一个成功样本。

1.7.6 时间碎片汇聚案例

微差事——时间碎片的利用模式：除了 InnoCentive 利用人类中超级智慧的方式，其实普通人的智慧汇聚起来也是一笔财富。相对超级大脑来说，普通人的智慧汇聚主要体现在时间碎片利用上。2010 年，群在世界 500 强企业工作过的年轻人推出了一款叫作“微差事”的手机应用，用户可以使用智能手机完成一些非常简单的任务，如参加调研、随手记录产品的价格、免费尝试新产品、随手拍一些照片、看宣传视频等，完成任务以后就可以赚取一些现金奖励。应用设计的目的就是抓住每个人的碎片化时间，对每个人来说不是特别累，但又能赚钱。

1.7.7　智慧产品与智慧服务案例

特斯拉智慧汽车：近两年崛起的特斯拉汽车就是装在轮子上的苹果电脑，它可以联网，可以呼叫支持，可以下载 APP 应用，可以语音自动导航。它不仅仅是一辆汽车，还是一个服务平台。由于特斯拉刷新了我们对汽车产品的观念，使我们认识到未来新工业级的信息物理融合产品。产品本身的智慧让产品具备了服务化的属性，你所享受的服务，超出了你所看到的物体本身。

车联网——把汽车变为信息服务平台：车联网已经成为汽车行业竞争的热点领域。它通过安装车载智能终端，借助移动网络与后台的云服务相连接，从而实现车辆的智慧导航、应用下载、车况监测、在线服务、车辆管理等服务，如图 1-7 所示。最新的发展，车载的智能终端能够与用户的其他移动智能终端无缝连接，实现人—车—环境的全新互动模式。在此情境下，汽车变成了智慧的移动平台，是服务客户的一个载体。换句话说，如果通过这个平台，制造商能够通过其他方式赚钱，如应用商店广告、在线增值服务等，那么制造商完全可以把汽车免费送给用户，因为汽车只是服务的载体。对用户来说，车联网汽车不再是枯燥的交通工具，而是如同客厅一样的生活场景，构成了现代生活的一部分。深层次上这不仅仅影响我们的产品观念、价值观念，还影响我们的时空观念。一个新工业化的问题就是，究竟产品是汽车还是信息服务？服务又是什么？什么才是产品的价值，以及如何展现和连接这种价值？这也是本书将要解答的一个重要问题——新工业时代的全新产品观。

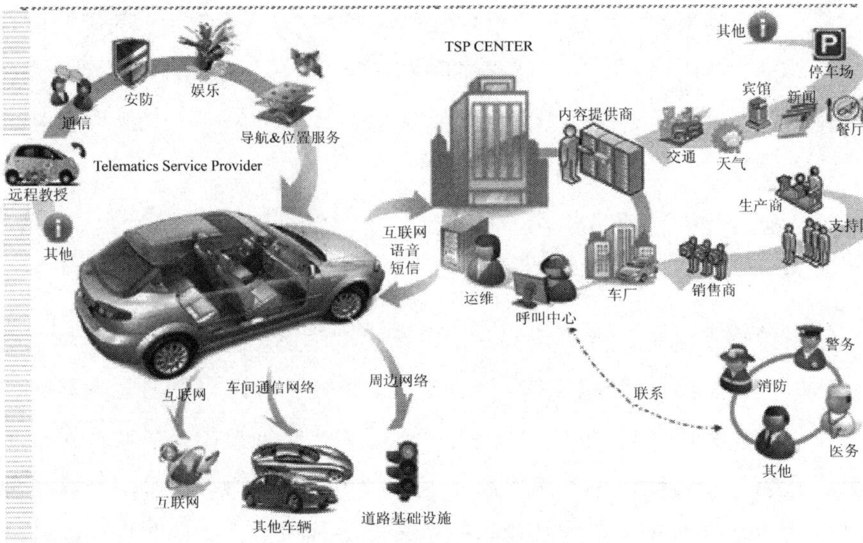

图 1-7　车联网示意图（来源：慧聪网）

1.8　实施新工业的思维逻辑

摆在传统企业和创客们面前的问题是显而易见的，新工业文明正在到来，新工业生态圈正在形成，如何在新工业文明时代和新工业生态圈中找到自己的位置，并能够生存和发展是必须面对的挑战。不战会死，速战速死的可能性变得前所未有。为什么？我们一直以为坚不可摧的社会基础变了，互联网和互联网+成为全新的基石，并以此为基础，形成了一个全新的虚实时空。过去看起来规模宏大、多彩绚丽的传统大工业变得摇摇欲坠，属于新工业文明的生物快速崛起，以前所未有的速度攻城略地，老工业已经无法延续。不战会死可能还死得慢；仓促上阵，机器换人，可能还会死得更快。传统企业已经呈现普遍的焦虑，盲目地在做着互联网思维的导入、智慧工厂的改造，面对新工业挑战的激愤。我们也看到激情如火的创客们，试图一举颠覆老工业的力量，但其中大多数人剑走偏锋，一无所获。

怎么办？就是传统企业和创客们急需寻找答案的问题。但问题在于，要想知道怎么办，首先得建立正确的思维。思路决定出路，思维决定成败，这也是本书核心要回答的问题。如果不把新工业的思维打通，智慧工厂的建设就无所适从。新工业思维的逻辑图如图 1-8 所示。

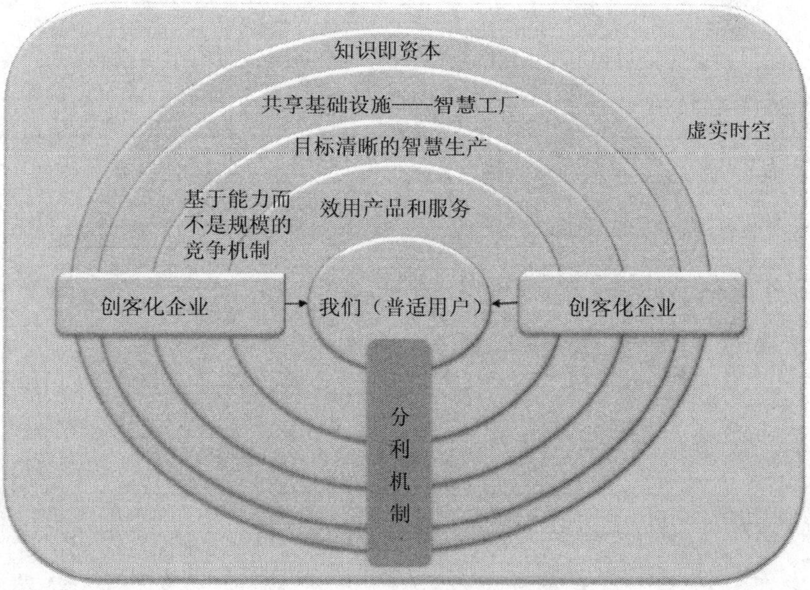

图 1-8　新工业思维的逻辑图

新工业是一个全新的体系，我们必须从第一个问题开始，**谁是用户？时空有何不同？建立什么样的新产品观？如何打通智慧生产与用户需求？如何构筑具有前瞻性的智慧工厂？智慧工厂如何在虚实时空中构造力量？组织如何变革？管理如何突破？新的竞争优势如何形成？**而且，这一系列问题都是相互关联的，单独回答一个或几个都不行，都有可能使企业误入歧途，必须采用系统的思维。笔者总结了九个方面的新工业思维，全部写在本书中。未来，企业必须具有的新工业思维包括：人人用户的我们思维、统一虚实时空思维、知识即资本思维、效用产品思维、个性化定制导向的智慧生产思维、共享智慧工厂思维、全员创客化思维、分利替代分工的自治无管理思维、能力竞争思维。九大思维统一在新工业体系中发挥不同的价值，互为支撑，缺一不可，后续的章节将会一一解读。

第 2 章
Chapter 2
生产者和用户的新关系——我们思维

互联网思维里提出了用户思维，从用户再转化为客户，这比传统上的客户思维进步许多。用户思维把我们的思维带入到一个全新的基于互联网的虚拟世界，流量变用户，用户变客户，好像都是对的。但最大的问题在于，这种思维仍然是基于大规模生产的，仍然是把标准化产品推销到更多人的思维。互联网思维中的用户思维本质上仍然是传统工业的营销思维与互联网世界的结合，是从虚拟世界出发的单纯营销思维。虽然它也是一次思维的跃升，但从新工业文明来看，这还远远不够。新工业越来越导向人人生产、人人服务、人人用户，我们未来既是生产者，也是用户。扩大一点说，人人都是用户，这就意味着没有可区分的用户，生产者和用户不再对立，而是成为一个融合的整体。用户和生产者，归根结底都是我们自己。未来的生产者必须放弃与用户的对立思维，而是用融合的我们思维来思考新工业的未来，这样才能更加符合未来的实际。我们思维就是从本我出发，换位思考，寻找我们内部的不同个体之间的价值传递，这才是真正理解属于新工业的用户思维。理解我们思维，首先要理解我们自己。通常所说的“己所不欲，勿施于人”，“设身处地”，就是一种我们思维。

2.1　技术的高端化，应用的普适性

摩尔定律：每 18 个月，计算机等 IT 产品的性能会翻一番；或者说相同性能的计算机等 IT 产品，每 18 个月价钱会降一半。

安迪比尔定律：英特尔处理器的速度每 18 个月翻一番，计算机内存和硬盘的容量以更快的速度在增长。但是，微软的操作系统等应用软件越来越慢，也越做越大。所以，现在的计算机虽然比十年前快了 100 倍，但运行软件感觉上还是和以前差不多。

反摩尔定律：一个 IT 公司如果今天和 18 个月前卖掉同样多的、同样的产品，那么它的营业额就要降一半。

这三个定律描述了这样的事实：计算机科技的技术进步速度呈级数增长，每 18 个月就会翻一番。而对用户来说，只要等待 18 个月，就可以用一半的价值买 18 个月以前的科技。计算机科技本身有一个内生机制，让软硬件互相促进发展。如果一个科技公司不能够在 18 个月中取得科技进步，那么它就可能以更快的速度倒闭。这里面就隐藏着一个道理：技术不断向高端化发展，而用户却能够更容易获取到。不仅仅是容易获取到，而且用户能够获得性能以级数增长的新技术产品。

20 世纪 90 年代，PC 对于普通人来说是一个高科技产品，它的管理和维护需要专业人士来操作。当时，信息技术经理面临最多的维护需求就是如何开机和如何安装一个软件，或者复杂一点是如何重装一台电脑。在那个时代，有很多专门电脑维修店来帮助用户维护电脑。但现在，开一家电脑维修店已经不能维持一个人的生存。最早的电脑需要专门的程序员熟知 DOS 命令才能操作，而现在在智能手机上，只要能认识汉字，大多数人，或者简单培训后，都能熟练地操控如计算机一样的智能手机。讲述这个例子只是为了说明一个浅显的道理，人类无论是有意识的还是无意识的，都是为了在科技进步中使人类自己生活得更加舒适、简单。如果每一个技术进步都考虑用户使用的舒

适度和便利性，那么它至少与科技进步速度同步。按照摩尔定律的描述，我们也可以推论出一个结论：每 18 个月，人类对科技发展感受到的易用程度会提高一倍。当然，在用户可操作层面可能进步的速度更快，因为它毕竟没有底层技术那样难以快速突破。因此，一个结论是显而易见的，技术的高端化与应用的普适性成正向关系，如图 2-1 所示。

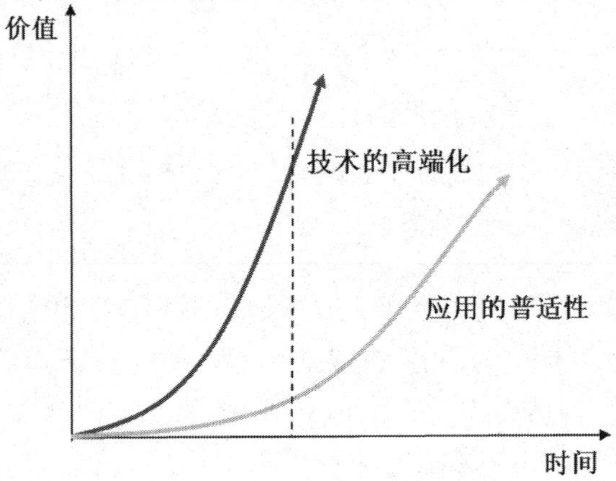

图 2-1 技术的高端化与应用的普适性

如果技术的高端化与应用的普适性成正比，那么就意味着，智能工业的发展一定存在一个时点，让任何人都能够很方便地操作一个智能工厂，就如同操作一部智能手机。现在，德国工业 4.0 战略的蓝图中已经说明了这一点，未来的智慧工业将能够把人和智能机器、工作环境的互动关系建立在全新的层次上。“工业 4.0 所带来的人类—技术（Human-Technology）和人类—环境（Human-Environment）相互作用的全新转变也将发挥重要作用，全新的协作工作方式使得工作可以脱离工厂，通过虚拟的、移动的工作方式开展。员工将被鼓励在他们的工作中通过智能辅助系统使用多种形式的、友好的用户界面”。员工脱离环境，也就意味着“员工”不再需要是一个非常固定的概念，可以是临时的，也可以是服务商或用户自己的虚拟操作。技术的高端化与应用的普适程度成正比这一规律，以及工业 4.0 蓝图所描绘的转变，应被我们看作构建新工业用户思维的基础。

2.2 人人生产，人人用户

在克里斯·安德森撰写的《创客》一书中这样写道："世界各地的工厂敞开了大门，向拥有数字和信用卡的普通人提供基于互联网的按需制造服务。如此一来，创意新阶层得以进入生产领域，将自己的设计产品模型转变为产品，却无须自行建立工厂或公司。""产品制造的数字化变革绝不仅仅是优化现有的制造业，而且是将制造延伸到范围更广的生产人群当中。既有现存的制造商，也有成为创业者的普通民众。"《创客》描述了这样一种前景：人人生产，人人服务，人人用户。

在传统工业模式下，虽然大家都强调以客户为中心，但过程却是粗放的和粗暴的。依据对潜在客户群体期待价值的研究和分析，企业生产出部分满足客户需求的产品，通过营销的方式把制造商的价值强制传递给客户。由于产品是大规模生产出来的，必然牺牲了个性之间的期待价值的差异。传统工业对客户价值的牺牲如图 2-2 所示。制造商和客户之间存在明显的界面。制造商的制造过程对客户来说是一个黑匣子，客户一无所知，只能通过一个产品来了解一个制造商。制造商对单一客户也几乎一无所知，了解的只是一类客户群体的大致需求，产品也只是客户群体期待价值的公约数。在产品稀缺时代，这无可厚非，只要产品生产出来，符合一定的质量标准，就一定会有客户购买。但随着丰饶经济阶段的到来，产品供应极大丰富，客户需求变得挑剔，传统上对待客户的方式变得不可持续。而且，传统上，客户被理解为购买产品的群体，一般把订单达成视作一个节点，当订单逐渐减少，制造商往往会变得不知所措。

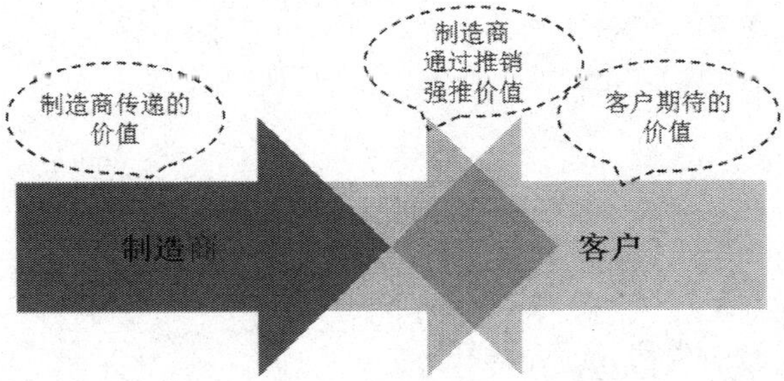

图 2-2　传统工业对客户价值的牺牲

在互联网思维提出来之后，制造商对客户的理解扩展到用户，也就是不以订单达成为节点，只要用户使用了产品，即使没有付费，对制造商来说也是一种财富。在互联网思维的引导下，生产商往往采用免费经济的模式，用户不用付费就能够获得对产品的体验，也就会有更多用户参与到这一体验的进程中。而且，用户思维是基于互联网模式实现的，用户基数足够庞大，对于制造商来说，每一用户的分摊成本接近于 0，所以制造商也不会觉得难以承担。尤其对于信息产品，这一特性最为明显。在用户免费体验过程中，用户获得参与感，并能够把反馈意见回馈制造商，制造商通过这个过程改进产品，使之更加接近用户需要，从而促使部分用户群体转化为客户群体。另外，由于用户群体的存在和规模足够大，制造商会有足够的灵活性，能够实现价值提供模式的转换。以此为基础，制造商可以在用户群体中推广非核心产品之外的价值，从而获益。比如，一款非常流行的 APP 应用，对用户来说可能是免费的，尽可能满足用户的刚性和极致体验的需求，从而获得巨大的用户基数。制造商可以在应用中嵌入广告产品，从而获益。现在，常见的社交工具应用，如微博、微信等都采用了这样的思路。

互联网思维提出的用户观念，体现了体验经济和参与感的思维。甚至，为了获取更大的用户数量，按照互联网共享经济逻辑，服务商愿意给用户支出一部分费用来获取用户流量，从而获取了更多的用户基数。但问题在于，传统工业模式没有变，产品仍然是大规模生产出来的，所以，本质上仍然是制造商价值的强行推广，如图 2-3 所示。从这一点来说，用户思维实质上是一种新的基于互联网优势的营销策略，与生产方式本质性改变无关。

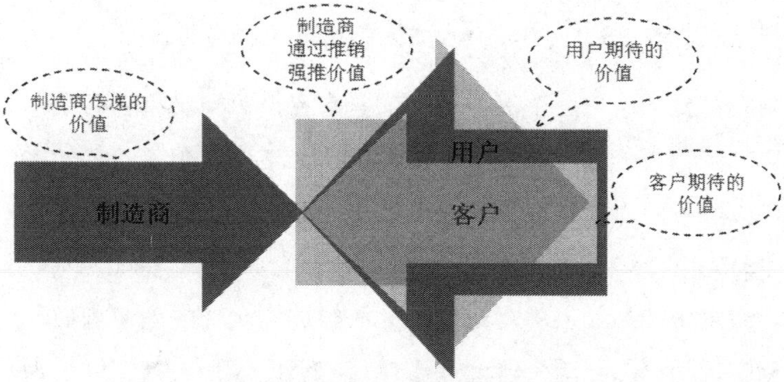

图 2-3　用户思维对客户思维的改进

在未来的智慧工业时代，用户和制造商存在于一张紧密联系的大连接的网络中。用户和智慧工厂分别是一个个网络节点，如图 2-4 所示。智慧工厂与用户形成一种全新的结构，那就是人人生产、人人用户，任何人都有可能既是制造商也是用户。这种制造商和个人之间新的互动关系呈现出融合的趋势，传统企业的边界将会消失。制造商成为我们大众中的一员，而大众也可以成为制造商。

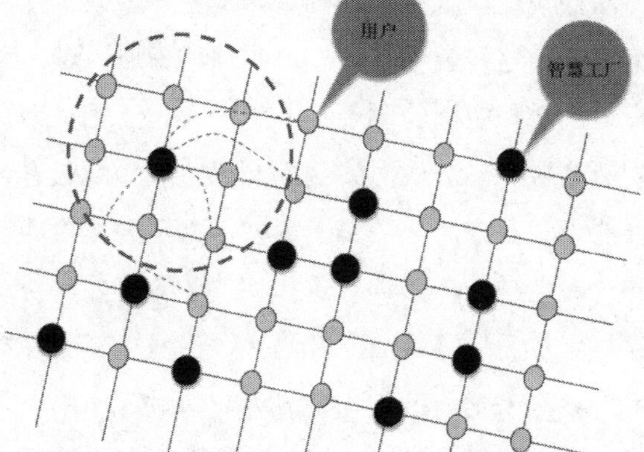

图 2-4　智慧工业的普适用户思维

后面章节将会谈到，未来新的产品观的改变，将会更加突出产品的效用。价值被直接暴露给用户，脱离传统的产品形式的束缚，每个人都可以很容易地实现产品服务的过程，使得个人成为制造商更加可行。

滴滴打车就是这样一个例子，任何具有富余时间又有合适汽车的个人都可以注册为专车服务者，从而很容易地把个人转化为服务商。如果个人不愿意继续作为服务商，也能够很容易地退出。同样，传统制造商也在采取类似的行动。2015 年 7 月 2 日，海尔集团宣布微商平台将上线，将在两周内开 30 000 家微店。海尔将产品线上售卖渠道权开放给遍布全球的创业者们，至少募集 3 万名创客，到海尔微店平台创业。任何有意愿的个人都可以成为一个制造商的代表。另外一家家电制造商美的，也推出“美的合伙人”平台，无论是普通消费者，还是美的经销商，又或者是非美的经销商，均可以申请加入“合伙人”计划。销售美的系列家电产品可以获得相应的佣金和返利。国美亦开启粉丝经济，一季度在线交易额增长 107%，并设立超 26 000 个移动微店，粉丝数量增至 200 万人。这几个例子告诉我们，在这个智慧工业的新时代，制造商和用户之间已经没有边界，可以互为其中的一部分。

再从工业 4.0 倡导的个性化定制来看，个性化定制的过程，本质上就是用户自主制造的过程，智慧工厂成为提供这个过程的基础设施和基础能力的保障。制造商无法假设一些人是自己的客户或用户，它只能尽最大努力把自己的能力展现给大众。这样就会导向一个趋势，只有持续不断地给用户最大主导权、给用户最大选择空间的制造商才能生存，否则，用户就会否定这种能力。那么，制造商应该怎么应对？显而易见，制造商只有设身处地，从每个可能需要这种能力服务的用户的场景出发，为用户提供尽可能大的定制可能，让用户如同自己生产一样的拥有选择权，才有可能解决这个问题。如果是这样，制造商与用户的边界将会完全消失，形成全新的互动状态。在这个新的状态中，用户参与了制造过程，并成为制造过程中的一员。最终的产品是用户和制造商一起完成的，制造商提供专业工业工程和知识资本，而用户提供关于需求理解的知识资本。这就是本章所提倡的我们思维，它的核心思路是，不要用思维定势去判断谁是用户、谁是客户，而是展现能力，并且与大众站在一起，创造参与的环境，并不断改善这种参与环境和机制。前面讨论过，小米手机为什么是新工业思维，是因为它首先并不是生产出大规模产品去拼价格，而是创造一个社区，让更多的人参与到其研发的手机操作系统过程中，并与参与者互动起来。在这个过程中，自然而然地形成了一个粉丝群体，并在粉丝群体中产生用户。它把自己作为大众的一员，号称“屌丝思维”，从而获得很大范围内的认同。

从以上的讨论可以得到一个显而易见的结论，由客户思维进化的用户思维也是不完备的，本质上仍然把用户当作一个对立面，试图去争取。**而我们思维是：（1）把制造立足于大众之中，设身处地，对可能场景进行全方位的分析，尽可能地展现能力；（2）创造参与环境和机制，打破制造和用户的边界，让我们思维落到实处；（3）把用户需求当作知识资本，并成为产品的基础之一；（4）释放主导权，让大众自主完成制造过程；（5）构造自生长机制，与用户一起成长，让我们思维能够延续和发展。**

一个人人生产、人人用户的新工业时代开始了，打破传统的客户思维，融合制造与个人，重塑人和制造企业的关系，让制造成为我们生活的一部分，让我们成为制造的一部分，就是新工业时代的用户观。

2.3　碎片=财富：化时空碎片为财富

时空和信息碎片化就是大众面临的最大的场景，制造要想成为我们的一员，重点就在于必须理解大众的时空碎片场景。必须以互联网+为基石，结合具体时空场景的融入，而不是无目的的融入，这样才能最终成为财富。就如同我们说话的上下文，任何语言和事务在具体的场景中才有现实意义，脱离了具体的时空场景，就可能会导致歧义。因此，新工业对可能用户的理解必须基于具体的时空场景。

在虚实时空的割裂下，大多数人原来的家—公司—食堂三点一线的生活被碎片化了。借助智能手机，我们可以在地铁上或公司完成新闻阅读、互联网购物、在线娱乐、电话会议、小伙伴聚会、缴费支付。以后还可以通过智能终端看看在线工厂、修改生产任务、确定协作关系。我们的时间被大量的横向连接拆分成大量的碎片，甚至连我们的数字化身（数字人）在我们不能分身的时刻，也代表我们自主运行和选择。实体人和数字人的时间碎片示意图如图 2-5 所示。我们在实空间的时间碎片和虚拟空间的时间碎片交织在一起，构成了一个多维的时间碎片空间。

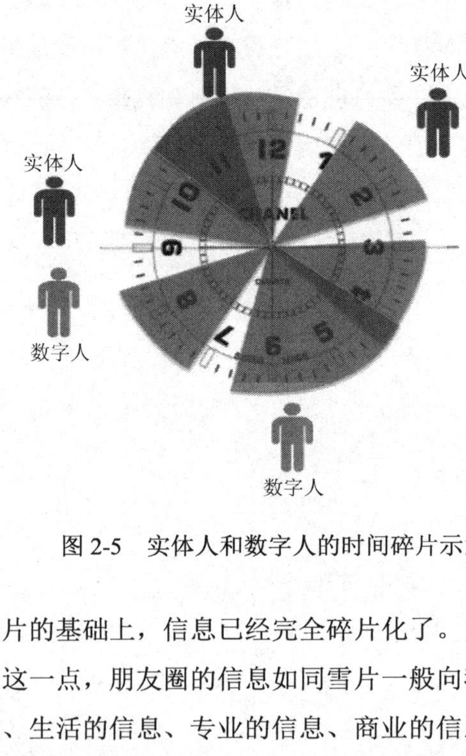

图 2-5　实体人和数字人的时间碎片示意图

在时间碎片的基础上，信息已经完全碎片化了。只要打开微信，我们就能立刻感受到这一点，朋友圈的信息如同雪片一般向我们涌过来。这里面包括情感的信息、生活的信息、专业的信息、商业的信息，每个信息都是一个小片段。信息之间可能毫无关联，争相博取我们的眼球，试图让我们能够关注到。信息的属性也完全是多元的，包括所有可能的信息表达方式，如图像、数字、文字、语音等。而且这只是微信，如果我们打开更多的应用，信息碎片会增加更多。不可否认的是，信息碎片大多数正是由我们自己产生的。信息再被切割、加工、转发、传送，还会倍增若干倍。一个企业界的朋友抱怨说："过去你在报纸上发一篇软文，可能都能收获很多反馈。而现在，你发一个信息，基本上都会沉寂无声。"在大海一般的信息碎片中，获取独立的关注变得更加困难。但无论如何，这就是我们面临的全新时代，新工业必须在这个现实中生存，而不是逃避。

软件世界为了迎合新时代的需要也在被碎片化，如图 2-6 所示。未来所有的应用必须在智能的移动终端找到入口，那么它就必须切割得更加具体和更加实用。原来大一统的软件系统已经被慢慢淘汰掉，变成我们智能手机上不断增长的 APP。根据媒体的研究数据，平均一部智能手机会安装 34 个 APP 应用，包括资讯、娱乐、生活服务等各种类型。在笔者撰写的《信息化 2.0+：云计算时代的信息化体系》一书中也论证了，在云计算环境下，未来的企业级应用也将会转变为企业应用碎片的模式。

图 2-6　碎片化的软件世界

讨论碎片化就在于说明一个事实，新工业某种意义上不仅仅是对用户的争夺，而是对大众时空碎片的争夺。要想脱颖而出，就必须应对时空碎片、信息碎片和应用碎片的挑战。

接受碎片化并把碎片转为财富是正确的方向，反之则必然失败。滴滴打车就是一个很好的例子，它为每个人的碎片化时间和空间提供了有针对性的服务，把每个人的信息碎片推送到临近的出租车，把出租车的信息碎片推送到每个人，并把它通过商业规则关联起来，从而挤压了时空碎片，产生了巨大的价值。必要商城一诞生就把 APP 应用推送到每个人，使得每个人很方便地就能够连接必要商城从而直连工厂。还有微差事手机应用，把大众的富余时间碎片集中起来，从而汇聚财富。顺应碎片化，并在碎片中找准位置和提供精准服务就是新工业需要面对的。

从滴滴打车的例子可以得出一个结论，**新工业要解决的基本问题就是，必须让足够的信息碎片在时空碎片中暴露到大众面前，穿透碎片阻隔（见图 2-7），并为此设计精准的服务，让用户把时空和信息碎片让渡给新工业，从而产生价值。**企业应主动把应用进行碎片化设计，充分考虑用户时空碎片和信息碎片属性，与用户建立直接的联系。在笔者撰写的《智慧的维度：工业 4.0 时代的智慧制造》一书中提到，如果一个企业能够在用户无察觉的情况下拿走很多人小段时间，就是一笔巨大的财富。这种财富基于互联网的价值定律，即网络价值与节点数量的平方成正比，从而产生级数增长的财富。

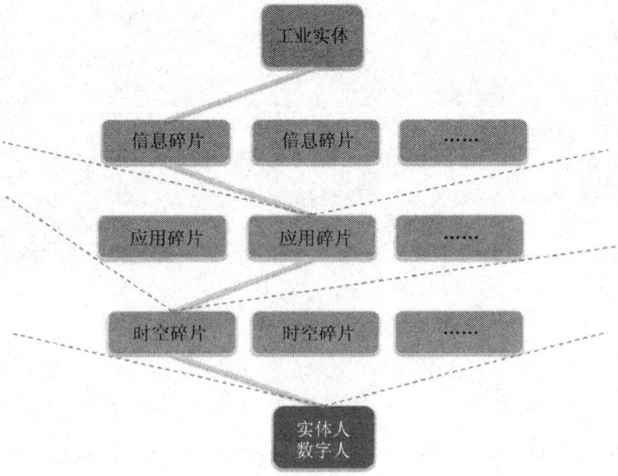

图 2-7　大众与工业实体之间的碎片阻隔

新工业实体需要针对具体的时空碎片设计精准的信息暴露及相应的实体服务，实现信息到物理的无缝转换。应用碎片作为连接转化的平台，目的是构建用户和工业实体间的正向自洽机制，只有这样，这个过程才是自然的。例如，当用户进入商城的一个位置准备购买一件衣服时，用户手持的移动终端应用所看到信息应立即与用户个体的属性相匹配，并为用户提供足够多的服务，如数字试穿、附近类似的款式等。新工业对用户的争取，最终会反映在对时空场景的精准服务，而碎片就是交付的方式和场景。

总之，要理解新工业的用户，并与用户站在一起，就必须理解用户所处的碎片化环境。

2.4 丰饶应对之策就是更丰饶（个性化生产应对个性化需求）

如果你是经济学专业毕业的，那么在大学读书时，你一定会学习微观经济学课程。老师最开始讲的就是需求定律，即某商品的需求量随着价格的降低而增加，随着价格的上涨而减少。紧接着又讲了供给定律，供应商在价格高的时候愿意供应更多的商品，而价格低的时候供应商就减少供给量。最终，市场在供给和需求之间就会形成平衡，形成均衡价格和均衡产量，如图 2-8 所示。在这两个定律成立之前有一个前提，就是在其他条件不变时，定律才能够成立。但读书的时候大多数人都忽略了这个前提，想当然认为这两个定律是对的。笔者读书时也是如此，一直没有明白其中的奥秘。

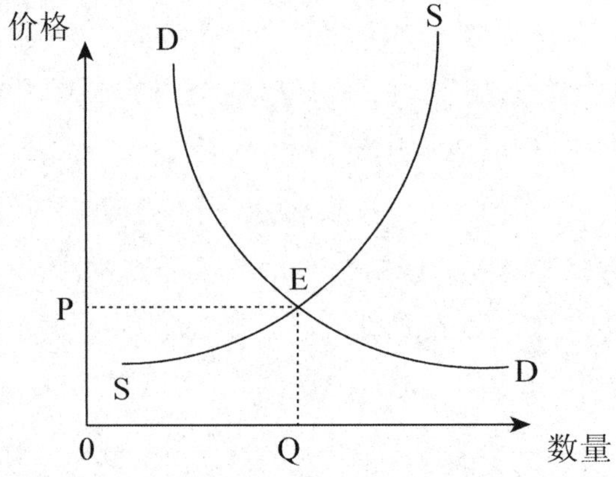

图 2-8　传统的供需平衡理论

但现在看来，这两条定律怎么看都有点不对劲。在互联网免费经济时代，价格均降为零，按照供需定律，需求应该非常大，但还是有可能没有用户需求。滴滴打车不仅仅免费，还把免费经济发展到补贴时代，以换取用户流量。而且，用户对滴滴专车的需求量增加，也不会让我们免费乘车。不对，一切都错了。

在《长尾理论》这本书里，克里斯·安德森对这个问题已经有了一个全新的解释。克里斯·安德森指出，传统的经济学有一个隐藏的假设前提就是商品稀缺，认为人们对商品总是存在需求，所以就发展了一系列理论对资源和价格进行配置，谁能发现稀缺需求，谁就能成为蓝海的胜者。而在商品极大丰富、人类生活日益富足的今天，原来精打细算的人们在购买商品时更加挑剔，并降低了对价格的关注。这就是《长尾理论》一书中谈到的丰饶经济，而且以丰饶经济为基础推导出了长尾理论：如果供应足够丰富，小品种商品也能够积累足够庞大的财富。

长尾理论对传统的“二八定律”进行了颠覆，说明了这样一个事实：在互联网模式下，企业的利润不再依赖传统的20%的“优质客户”，许许多多的小客户构成一个庞大的总体，同样可以带来巨大的财富。从经济学理论上来说，这属于范围经济的范畴，也就是企业通过多样化供应来获取规模化带不来的价值，多样化的极致就是个性化。这也意味着，只要个性化的数量足够庞大，而且制造商并不因为这种个性化带来额外的成本，那么同样意味着巨大的财富。

按照传统理论，商品供应的丰饶，就意味着价格的降低，也就意味着供应商的减少。但现实是，大量的创客成为新的供应者，制造商通过定制模式把产品品种扩大到无穷多，让供应更加丰饶。而且，丰饶经济一经启动，就是一个无休止的进程。用户会期待更多的全新选择，制造商生产的品种越加丰富，用户获得的选择权更大，更加愿意选择制造商。制造商也会获得更多的财富，促使进一步增加品种，直到形成长尾理论所描述的长尾效应。这是一个用户和制造商都能够获益的进程，能够产生内生的动力，从而促使丰饶经济更加丰饶。

现在，我们只要登录京东商城或淘宝网，就会看到琳琅满目的商品，以及不断增多的创意新产品。由此我们知道，丰饶经济已经开始了正向的循环，没有人能够阻止这个进程。而面对用户更加丰饶的需求，有限数量的传统大企业已经无法满足。在这个互联网连接一切的时代，随着个性化需求的觉醒和崛起，依赖世界上现存的有限制造商是无法应对这种不断增长的个性化需求的，传统制造商势必成为丰饶经济的瓶颈。只有一个办法来应对丰饶经济的冲击，那就是更加丰饶，增加生产商的数量，鼓励传统大企业内部创客化，鼓励大众创业、万众创新。也就是说，**应对个性化需求的办法就是大量个性化生产，这是新工业时代的必然需求。在这种新的发展趋势下，京东商城和淘宝网可能也会成为瓶颈，因为用户多样化的个性化需求终会突破它们的承载能力。**

个人生产者的崛起是一个不可阻挡的趋势，这些生产者也是用户，构成了人人生产、人人用户的未来蓝图。用户是丰饶经济的互联网世界的一员，将被赋予决定生产的权利，一个用户主导生产的时代开始了。

2.5 用户的安全问题：隐私

新工业绝对不应该损害用户的隐私保护需求，而应该增强。但事实上，我们感受到的是个人隐私随着互联网的推进正在遭到更大范围的损害，这种对隐私的损害也日益威胁到我们的安全。每天大量不断的骚扰和诈骗电话，以及日益增多的互联网诈骗案件新闻，让我们能够直观地感受到，隐私破坏有多么严重。据经济参考报2014年10月的新闻报道，过去的三年，国内每年因通信信息诈骗导致的民众损失达100余亿元，平均单笔金额超过5万元。事实告诉我们，隐私不仅仅是隐私，还是一个安全问题。

现在，各种商业机构对个人隐私的损害已经到了无以复加的地步。举两个亲身感受的例子：笔者撰写的书在几家非常大的电商网上销售，所以过一段时间就会去看一看有没有新的评论意见。但是一旦笔者看过一次相关的书，那么无论是知名的新闻门户网站，还是一些小的不知名的网站，都会看到这本书在显著的广告位置上推出来。一个疑问就是，网络足迹是如何到其他网站的？而且这只是因为是笔者个人撰写的书，所以很容易就发现了，还有哪些信息被这些网站获取了，我们真的是一无所知。这些信息包括银行信息吗？包括安全信息吗？如果这些信息再被不法分子获取，后果会是什么样子？还有一个例子，笔者去一个餐馆吃饭，正好餐馆在举行活动，只要扫描一下二维码，并留下手机号码，餐馆就可以给孩子一份小礼物。于是笔者就扫描了二维码，给孩子领了一份小礼物。但随后两天，陌生的电话就不断打进来，骚扰拦截显示基本上都是诈骗电话或骚扰电话。当然，不能随意揣测手机信息就是从这个餐馆泄漏出去的，但是，谁能够保证我们的隐私信息正在被很好地保护？可能根本上就没有任何保护，对一个餐馆来说，它认为只不过做了一次市场活动而已，有什么重要呢？但对于现在手机号码绑定了若干支付信息、若干应用的普通大众来说，手机号码与自身安全却息息相关。

关于隐私保护的争议很多，大多数情况其实都是善良人之间的讨论。但问题在于，善良人的善良有可能给恶意的人提供了漏洞。有很多人认为，互联网时代，大家都是透明的，隐私保护有什么用啊？然后用很多事实证明隐私分享能够给用户带来多少便利，但问题在于，这种逻辑基本上完全是自私的。只有当这种不安全发生在自己身上时，才会真正明白隐私保护有多重要。

互联网+和大数据的到来，使隐私保护正面临着真正巨大的挑战。大数据理论促使很多互联网公司捕捉每一个人的网上行为，并据此来全面地描述目标受众的属性特征，对消费者进行 360°　画像（见图 2-9），进而实现自己的商业目标。很多互联网服务商相信，大数据分析能够给它们带来全新的商机。互联网公司陷入大数据的狂热之中，但却意味着个人的隐私将会面临更大程度的损害。现在，互联网+让更多的不具备技术经验的人把个人信息采集起来，却不能够得到妥善的保管和保护，甚至随意存放，完全没有把隐私保护当一回事。这一进程正在持续加速，服务商正在以各种手段让大众扫描二维码，把手机和微信号贡献给它们，而用户完全不知道这些隐私被用于何处。这就是我们这个时代面临的数字人的安全问题——隐私保护。

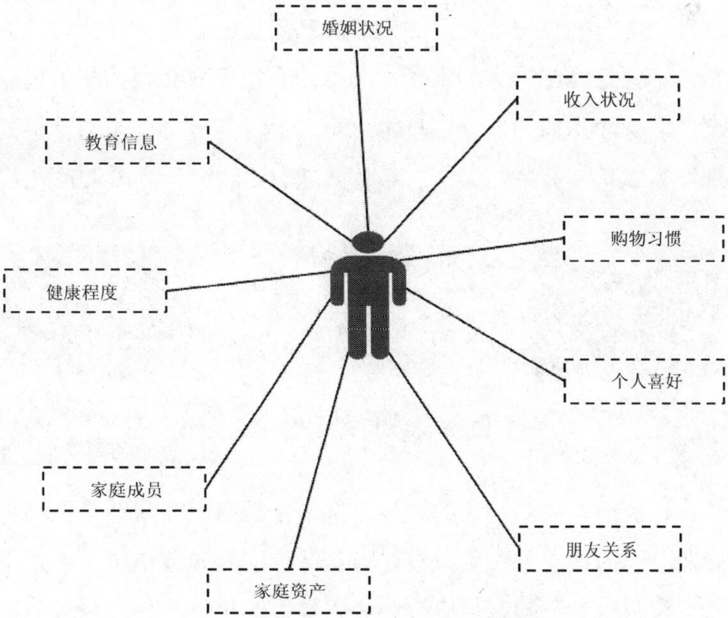

图 2-9　透明人——用户画像示例

除了我们一般理解的个人信息，包括姓名、年龄、生日、住址、手机号码、微信、银行信息、收入信息等外，新时代的个人时间和空间信息、个人偏好、互联网足迹等诸多信息都应该属于个人隐私保护的范围。最新的技术告诉我们，我们的语音信息、照片信息、视频信息也应该得到很好的保护。因为新技术已经能够把这些信息和我们的其他隐私信息关联起来，从而对个人产生危害。

当然，隐私也是一个个性化的生活态度，有的人喜欢曝光在大众眼光之下，而更多人喜欢享受自己的生活，希望在日益复杂的世界中找到一点个人的空间。这种选择权利应该赋予每个人，并成为个性化尊重的一部分，而不能采取暴力或者隐藏获取的方式。而且，现在已经有文章指出，私人数据的买卖已经形成一个繁荣的市场，虽然政府屡次打击，但由于获取成本的低廉及需求的旺盛，这个负面的市场正在呈现扩大化的趋势。

技术的进步及时代的发展，使隐私保护在技术层面确实面临着越来越难的困境。关于这个问题，解决办法主要集中在三个层面（见图 2-10）：其一，必须树立行业自律的道德规范，加大对隐私保护的宣传，让大多数人不想去侵犯隐私，不愿意泄漏别人的隐私；其二，必须采取必要的技术措施，如监控和加密，确保隐私保护在一定技术水平之上；其三，必须有严格的法律，对于恶意泄漏隐私，甚至买卖个人隐私信息的行为进行严厉的惩处。

图 2-10　针对隐私保护的解决办法

我们没有理由不接受时代的进步，但未来的新工业从业者应当把隐私保护作为商业准则的第一条法则，没有隐私保护措施的应该申明，让用户选择是否愿意参与其服务。国家也应该制定强有力的法律法规，来遏制这一日益泛滥的进程。

对未来数字人的隐私保护，将是新工业实体必须解决的问题。没有对这个问题进行充分考虑和认真对待的制造商，用户可以用市场的规则来否定它。

2.6 新工业首要的不是技巧，而是真正的普适用户服务

新工业是智慧的工业，人们在互联网+的环境下构造出全新的人和工业的互动关系。新工业的生存基础，必须从更新用户观开始，树立全新的思维。**不能把智慧工业当作一种高大上的典范，而是降维到普通大众中的一个节点。**应当把所有人看作用户，为用户提供足够多的碎片化场景服务，在场景中建立与用户的连接，并赋予用户足够多的权利。

传统经济学有一个建设前提就是认为每个人都是理性的人，会朝着自身价值最大化的方向进行选择。除此之外，新工业有一个假设前提就是，大众愿意主导并选择过程，并把这种选择权当作自身价值的一部分。**价格不再是核心的配置要素，而自治的权利机制成为社会资源配置的中心。**这种权利机制包括自由选择权和隐私权。隐私权保护应该放在新工业商业准则的重要位置，并把其作为用户核心价值的一部分。**以自由选择权为基础，不是客户，也不是用户，而是任意的普通大众作为新工业服务的对象，这就是我们这一章要告诉大家的普适用户观念——我们思维。**工业 4.0 所强调的个性化定制就意味着没有前提，不假设用户，人人都是用户。

新工业首要的不是技巧，也不是一套新技术，而是全新的普适用户服务，让大众在新工业体系中获得最大化的个人价值实现。要理解普适用户观念，必须理解本章提出的以下五个方面的观点：

- **人人生产，人人服务，人人用户。**
- **不是把用户当作工业的对立面，而是换位思考，设身处地。**
- **理解大众的时空碎片并在碎片场景中建立连接。**
- **用户是丰饶经济的互联网世界中的一员，将被赋予决定生产的权利。**
- **未来的新工业从业者应当把隐私保护作为商业准则的第一条法则。**

第 3 章
Chapter 3

数字和现实的融合：统一的虚实时空

未来我们生活的世界有四个非常重要的背景元素，分别是虚拟世界、实体世界、时间、空间位置。传统工业的大规模生产是不关心用户的时间和空间数据的。它们做的事情就是把产品生产出来，然后通过渠道输送到超级市场、互联网物流仓库，然后等待客户选择即可。但是，单从感性来说，在不同时间和不同地点的任意组合点，我们会有着完全不同的需求，基于个性化诉求的产品和服务必须要考虑时间和空间的统一因素，不能单独考虑时间因素，也不能单独考虑空间因素，否则都会导致服务的不精准。使用过滴滴打车软件的人都知道，你在不同时间和不同地点享受到的租车服务是完全不同的，这就是一个时间、空间统一的简单例子。另外，未来用户的任意需要都会经过实体世界和虚拟数字世界的多次转换，产品和服务也会经过从数字到实体的多次转换，虚实的统一思维能够降低转换过程中的偏差，确保产品和服务与需求一致。所以，虚实时空只能是一个统一的系统，这个系统是新工业得以生存的环境。不对这个系统进行精确分析和预先设计，新工业生物就不能生存。未来的竞争也将会是虚实时空要素整合的能量竞争，拿走一小片虚实时空就是胜利。未来新工业的一切都与这个虚实时空相关。

3.1　万物处于虚实时空中

3.1.1　虚实时空的节点

在 PC 时代虽然也有互联网，但互联网的接入与位置绑定，人并不能在任意时空中自由接入互联网。同时，PC 并不能够和一个具体的人一一映射出来，人与互联网并没有完全的依存关系。所以，PC 时代的数字世界只能称为虚拟世界，它与实体世界并没有达成一致。真正的虚拟世界是从移动互联网的普及开始的，手机身份属性、时间属性和位置属性把现实的人真正带入到虚拟时空时间。PC 时代互联网提供的只是简单的信息服务，而智能移动终端普及实现了时间、空间自由，再到时间和空间成为服务的一部分，人才彻底地成为虚拟时空世界的一个元素。在这个新的世界里，现实人和数字人是一个统一的整体和唯一被确认的主体，行为不可抵赖。

虚拟世界和实体世界的一致性，是虚拟时空存在的基础前提。否则，虚实世界就会无序，从而导致自身的瓦解。人仍然是主导这个世界的主体，虚实世界的产生是为了人类生活得更加美好。虚实世界的所有行为应该以人的需求及需求的实现为主要脉络，因此，在本质上，是人按照自己的需要塑造了虚实时空世界。

在虚实时空中，所有的事物被表达成一个具有四个坐标的点。其他点提供的所有服务在数字世界被比特化拉平，以光速抵达需要服务的点。这四个坐标分别为实物体、虚拟物体、时间、空间位置。实物体就是现实世界的人和万物。虚拟物体就是与实物体唯一对应的数字表达，这一数字表达在虚拟世界里是被连接的节点。时间是实物体或虚拟物体行为发生的时间，时间可以一致，也可以不一致。如果实物体设定了虚拟物体的自动行为，那么时间可以被多维表达。空间位置是实物体在物理世界的位置，但被现实世界和数字世界共同识别。所以在虚实时空中，一个节点所需要的服务能够被下面的公式表达出来。

$$S(N)=S(\text{实物体 } n\text{、虚拟物体 } n\text{、时间}(T_1\text{、}T_2\cdots)\text{、空间位置 } P_n)$$

3.1.2 虚实时空的运行机制

以我们使用滴滴打车为例来了解虚实时空的含义。9:25 分我在北京海淀中关村的海淀黄庄呼叫一辆出租车，当我登录滴滴打车后，我的数字身份开始工作，它分享了我本人的位置信息，并在数字地图上表达出来，附件的司机连同他的出租车依托智能手机转为数字化表达就在我的手机界面上显示出来。司机和出租车在物理世界上距离我还有一段距离，但他通过抢单确认了与我之间的连接，从而把数字的我和出租车之间建立了数字化联系。五分钟后，司机抵达，我们开始了物理世界的合作，我和司机在数字世界被作为一个整体直到到达目的地。在这个过程中，实物体、虚拟物体、时间（T_1、$T_2\cdots$）、空间位置缺一不可，构成了这次服务的所有元素。如果我预约了第二天的出租车，那么时间 T 就有了第二个表达，以完成服务过程。

由上面的例子可以看出，在新工业时代设计的产品服务和智慧工厂设施，必须考虑实物体、虚拟物体、时间（T_1、$T_2\cdots$）、空间位置四个坐标的表达，否则就可能使服务不能达成。与出租车类似，用户提出一个定制需求，是连同它的时间、位置、虚拟物体的一个综合性需求，智慧工厂需要对实物体、虚拟物体、时间（T_1、$T_2\cdots$）、空间位置进行处理，从而提供精准的服务。这就是理解虚实时空的含义，未来世界的一切都在这样的一个空间中。理解这个世界的规律是建设新工业的基础。

在德国工业 4.0 中，CPS（Cyber-Physical Systems，信息物理融合系统）是一个重要的技术基础，如图 3-1 所示。这就是一个虚实时空世界的产物，确定了智能机器和工厂资源在虚实时空中的运行机制。CPS 是建立在云计算、物联网、移动网络、智能机器、大数据等计算机、通信、控制技术之上的融合系统，它把实物体、数字物体、计算和通信进行一体化设计，来完成虚实时空中的生产制造任务。所以说，CPS 是基于虚实时空的软件平台，这与传统的自动化系统和管理信息系统是完全不同的。这样做的好处就是，能够根据各种个性化需要，如质量、时间、风险控制、成本等，进行动态的配置，从而满足个性化生产的需要。所谓动态配置，不单纯是指生产设备，还包括原料、产品、供应链等，实现了整个生产流程和工艺的自组织。CPS 的重要性在于，通过它把设备、资源、信息、产品、人互连在一起，为工厂提供了一个完全智能的环境，智慧工厂才能够得以实现。基于 CPS，就形成了一个全资源的协同网络，这些资源至少应包括生产资源、员工资源，以及社会智力资源，所有资源都能够被这个网络有效地组织起来。简单来说，CPS 就如同滴滴打车平台，在虚实时空的基础上协同关联资源。

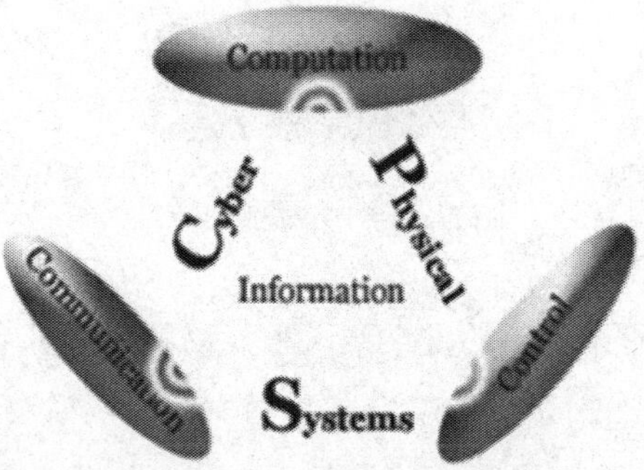

图 3-1　CPS 概念图

CPS 只是一个技术平台，新工业的商业平台也一样，需要像滴滴打车一样站在虚实时空背景下设计和建设。前面讲到，未来世界是由虚拟世界、实体世界、时间、空间位置四个元素构成的，它的价值在于这四个元素的统一性，商业系统、生产系统、服务系统的设计都必须把四个元素统一起来，才真正具有价值。这个“统一”就是本章要说明的虚实时空概念，后面讲到的所有内容都与此相关。未来的效用产品是基于虚实时空交付的，未来的知识资本基于虚实时空产生，未来的智慧生产在虚实时空中进行，未来的商业竞争本质上就是虚实时空碎片的争夺，未来的管理是虚实时空的自治。

3.1.3 虚实时空的特征

我们日常生活的实体世界是刚性的，并不能随意移动和重组。在虚实时空世界中，一切都完全不同。由于实物体和虚拟物体的统一，并借助于虚拟物体和数字机制，从而建立了全新的关系，具有了前所未有的特征。这种特征主要体现在四个方面：硬变软、远变近、可重构、能追踪，如图 3-2 所示。

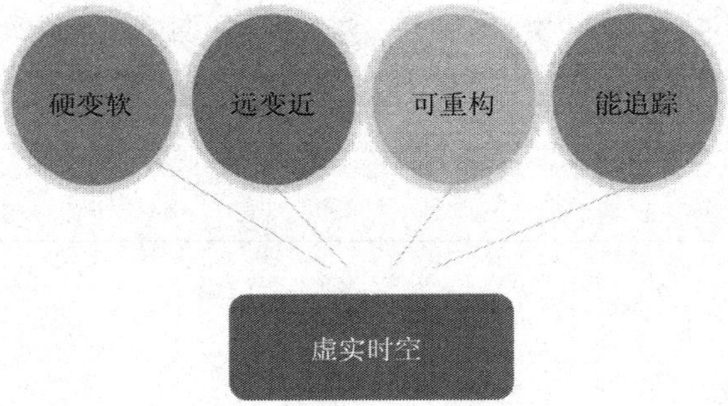

图 3-2 虚实时空的特征

硬变软：基于虚拟物体的定义，人和万物都变成了数字世界的一串比特码，万物的单元也会变成比特码。这是万物关系能够识别和重构的基础。基于这种硬变软的机制，软件重新定义了一个虚拟世界，但这个世界又与现实世界一一映射。现实世界的基本构造没有变，但借助于虚拟世界，实体之间变得更加灵活和柔性。比如，原来工厂的机器都是刚性的，只能按照人类设定的功能和流程串行工作，但如果是数字的机器，那么就可以横向和纵向连接，生产制造的过程就可以变得柔性，制造过程不再依赖硬的机器本身，而是依赖软件定义的机器的组织关系。工业 4.0 的纵向集成就描述了这样的场景，不同的个性化定制产品，它能够把制造任务分解为工艺组件，并发布给工厂里相关的智能机器，智能机器就会按照不同产品需求进行自组织生产。当然你可以说，产品还是刚性的机器生产出来的，但从产品来看，它是由一个庞大的自组织的由众多数字机器构成的虚拟机器完成的。

远变近：在互联网出现不久，《世界是平的》这本书就说明了数字世界的扁平化，人们可以跨越地理间隔进行沟通和交流。现在，万物互连的时代，已经远远超越了这一景象。人们不仅仅能够跨越地理间隔进行沟通和交流，而且能够跨越地理间隔进行制造的组织。你可以在美国设计，在中国工厂里生产部件，然后在家里组装完成一个产品。这一切的完成只依赖于你在手机上点击几下虚拟按钮，工厂和设计师就如同在你面前一样。虚实时空把实时空的事物拉近了。所以，新工业的制造不能把地理区隔当作前提，而是把用户桌面当作制造的平台来考虑，虚实时空为此搭建了一个环境。

可重构：由于虚实一体化，数字连接的超时间和超空间性，借助于虚拟物体，就能够把实物体之间的关系和逻辑全面重构。比如，智能生产所强调的横向连接和纵向连接，这在过去的实体世界里是很难实现的，或者是效率十分低下的，但在虚实时空中，这与实体世界的其他工作的效率几乎没有区别。

能追踪：实体世界的信息是十分难以追踪的，需要靠人工记录才能完成。而在虚实时空中，所有事物、所有行为、所有轨迹都能够被准确地记录，并借助于大数据技术进行分析和价值利用。以此为基础，我们可以建立反馈经济机制，把源源不断的虚实世界产生的大数据进行收集和分析，进而来改进虚实世界的运行机制，并优化和重构万物之间的关系。美国 GE 公司以设备数字化为基础，通过大数据分析和模拟仿真技术，大幅度降低了设备维修时间和维修成本。

之所以把虚实时空作为理解新工业的一个背景环境，就是要告诉传统企业：**要突破简单的更换智能装备和更换几套软件的思路，就要把工厂的所有元素和员工改造为虚实时空中的一个节点，而不是在现有厂房中进行有限的改造。要不然，更换智能装备和更换几套软件可能都是无效投入，在虚实时空世界里变得毫无价值。**虽然，虚实时空是一个正在成长中的蓝图，但我们已经能够发现，凡是符合虚实时空特性的商业模式都成长得很快；反之，都在消亡过程中。这就是我们认识虚实时空和构造虚实时空的意义。

3.2 虚实一体——让 O2O 成功的逻辑

本书并不打算告诉读者什么是 O2O，以及如何做好 O2O，只是以 O2O 为例来说明一个事实：虚实必须作为一个整体来考虑，虚拟世界和现实世界割裂就必然会导致商业的失败。

在 O2O 诞生以前，虚拟世界和现实世界是泾渭分明的两个世界，而 O2O 第一次把虚实结合的思维应用于商业实践。O2O（Online to Offline），是一种线上和线下互动的商业模式。2011 年左右诞生，到现在已经风靡到了全世界。O2O 的基本思路就是利用虚拟世界的优势，来改进和优化现实世界，从而带来价值。O2O 常见的模式就是把线上的消费者带到现实的商店中去，或者在线支付线下（或预订）商品、服务，再到线下去享受服务。通过打折、提供信息、服务等方式，把线下商店的消息推送给互联网用户，从而将他们转换为自己的线下客户。通过这个过程，把互联网横向连接和效率的价值最大化，从而实现向实体服务快速流量导入的效果，实现实体经济规模的快速增长。从这个角度看，O2O 确实是一种虚实时空思维，符合未来时代的特征。

表面上，O2O 的价值非常容易阐明，所以大批的创业者和风投蜂拥而至，造就了这个领域的快速繁荣。也正是在这个领域，把免费经济发展到了补贴经济时代。为了快速扩张，很多 O2O 都采取了补贴关联方的方式，加速了 O2O 的泡沫化膨胀。媒体报道，仅 2015 年 5 月，主打 O2O 概念完成融资并被公开报道的公司就超过了 30 家，总金额超过 4 亿美元加 5.6 亿元人民币。单单在教育 O2O 领域，2013 年年初至 2014 年年底，国内约有 150 多个项目获得投资，总计投资金额超过了 10 亿美元。但到了 2015 年 6 月以后，在微信圈和互联网上开始疯狂转发一篇文章——《O2O 项目死亡全名单：一窝蜂后触目惊心的惨死案例》，文章把仅仅华东地区近年来倒闭的 O2O 平台作了一个汇总，媒体用“尸横遍野”来描述现状。死亡的 O2O 模式名单上大致列出了涉及 16 个领域的 O2O 倒闭项目，其中包括餐饮、外卖、洗车、教育、旅游等多个领域。甚至有 O2O 专家认为，未来几年目前几百家 O2O 企业中有 95%以上会在惨烈的竞争中消失。一时间，一度火爆的 O2O 模式就转变为人人质疑的对象，金融资本也开始从这个领域纷纷撤出。

从《O2O 项目死亡全名单：一窝蜂后触目惊心的惨死案例》这篇文章中总结的原因来看，O2O 倒闭的原因如果去除获取资金不足及行业垄断的因素外，最明显的原因有以下几个方面。

（1）虚体和实体严重脱节。设想中的虚拟服务在现实中不能找到具体的实体服务对应。通过补贴获取的用户流量并没有转化为实际的需求，用户因为补贴而登录，因没有补贴而退出。虚体和实体没有统一，因而必然失败。

（2）服务没有标准，虚拟世界无法清晰描述。例如，在线教育没有标准化，就很难形成持续的虚实服务流。

（3）无法形成可追踪的闭环经济。由于服务节点过多，或者虚实数据交换过程的中间环节不可操作，导致无法实现可追踪的闭环，从而无法优化和改进实体经济，从而失去价值。

如果用虚实时空观念来看，O2O 模式就是虚实时空中两个节点的连接和交互。通过这种连接和交互，对时空节点关系进行了重构（见图 3-3），从而改善和优化现实中的服务。

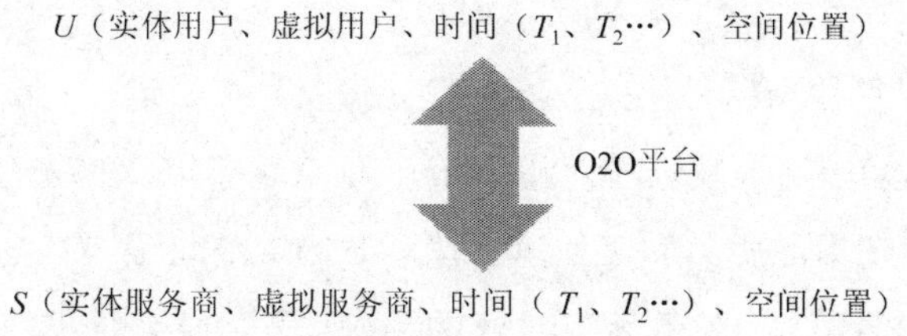

图 3-3　O2O 把虚实时空节点关系进行了重构

O2O 模式至少应包括三类实体，即用户、平台和实体服务商，包括两类重要虚体，即数字用户、服务商的数字化。平台在其中起到了连接两个虚体的作用，但是否能够连接两个实体，还受制于用户需求、由流量带来的价格折扣、服务质量等多种因素。在很多种情况下，一些 O2O 平台看起来有很多用户注册，但实质上并没有实体进来，用户和服务商之间并没有形成闭环，导致 O2O 模式被限定在虚拟世界，也就导致了必然的失败。O2O 的成败直接证明了一个道理：单纯在实体世界运行，我们会受制于传统模式，增长缓慢；单纯在虚拟世界运行，会缺乏实体经济的支撑，最后变得空心化，直到倒闭。

虽然现在 O2O 项目失败的很多，但 O2O 模式并不意味着一定会失败，关键在于理解虚实时空的运行规律，一定要把虚体和实体进行一体化设计，才有可能成功。从某种意义上来说，C2M（客户直连制造）模式也是工业领域的 O2O，将会面临同样的问题，首先要解决的就是虚实一体、虚实一致的问题。虚实一体是产品和服务在虚实时空中能够落地的关键。

3.3 计算时间和空间结合的财富

爱因斯坦非常伟大，他把时间和空间结合在一起，从而发现在此之前人们对世界的一些理解是错误的，进而得出了大家耳熟能详的伟大公式：$E=MC^2$，也得出了万有引力根本不存在，它只是质量引起时空扭曲的结果。人们认识世界往往从感性出发，然后发现反常，总结道理，重新修正对世界的认识。虽然爱因斯坦发表相对论距今已经 100 多年，在物理学世界已经被充分利用，但在商品服务和工业世界里，时间、空间还一直是割裂的，作为可有可无的背景信息。随着智慧时代的到来，是时候刷新我们对时间和空间的认识了。

在互联网购物还没有普及的时候，人们购物只能去各种超级市场。买衣服去服装城，买家电去电器城。从来没有任何一家制造商关心过顾客什么时间去买和去什么地方买。从顾客的角度来讲，自己的时间、空间也不重要。一般来说，除了日常生活用品，顾客也只有在“五一”、“十一”或春节等比较集中的节日才有时间去商城集中采购。所以在传统世界里，时空与商业模式几乎没有关联。从互联网购物开始，客户的位置开始变得重要起来，因为电商要确认把商品送到顾客手中。而时间还是不够重要，至于说顾客是早上买或晚上买，电商可能会关心，便于制订一些促销措施，但对商品与用户时间几乎没有关联。制造商更不会关心用户购买的时间，因为产品已经被大规模生产出来了，只要越早卖出，周转越快就好，用户的时间与产品没有关联。

但是，在移动互联网发展起来之后，用户的时间和空间数据开始变得有意义了。而且，时间、空间变为一个统一元素。以滴滴打车为例，我们就能够清楚地明白这一点。中午 12 点，顾客在中关村海龙大厦门口滴滴叫车和下午 16 点在同一地点叫车，服务是不一样的，因为附近可提供服务的司机完全不一样。同样，中午 12 点，顾客在中关村海龙大厦滴滴叫车和在建外 SOHU 叫车，服务也完全不同。这个例子告诉我们，在移动互联的时代，时间和空间位置唯一确定了顾客得到的服务，时间和空间位置不可分割。

在滴滴打车的案例中，时间和空间位置构成了一个用户场景，在这个场景之下，服务商应提供更有针对性的服务。现在日常流行起来的各种上门服务，如上门送菜、上门做饭、上门洗车等服务，其实都与时间和空间有关，滴滴打车并不是特例。还有各种 O2O 项目，如物业服务、餐饮服务等，都是需要基于时间、空间位置的服务。

在传统的大规模生产模式下，用户都是后续获得产品和服务的，所以时间、空间是不重要的。但基于互联网的定制则会完全不同。假设在未来互联网上遍布智慧工厂的情形，用户提出的需求与获得服务的过程，也会与滴滴打车模式没有区别。根据用户某一时间的需求，匹配最近而空闲的工厂，完成产品后，以最有效率的方式送达用户需要的位置。时间和空间位置的统一性就会变得重要起来。

时间和空间的结合意味着巨大的财富。假如用户每个服务需要 10 分钟来完成，每天用户会到达 10 个位置，那么白天 12 个小时，仅一个用户潜在的价值增值倍数等于 12×6×10=720，而过去时间和位置信息的变量都是初始的 1，就相当于增加了 720 倍价值。以此为基础，再结合每个位置的网络节点数量，按照梅特卡夫定律的结论——网络的价值与节点数量的平方成正比，考虑时空位置的财富将会在梅特卡夫定律描述的价值之上再次产生巨大的倍增。当然，这只是潜在的价值规模，并不意味着这些价值都能够在现实世界中实现。但有一点可以明确，考虑时空位置的统一性，与不考虑时空位置的统一性，价值是完全不一样的。

新工业必须把时间和空间结合起来确定商业模式和智慧工厂布局，才能实现价值最大化，同时结合实体和虚体统一的逻辑，确保价值可以落地，这就是本节要告诉读者的道理，也是为什么需要强调虚实时空一体的原因。相对于虚实一体，时空一体的价值关键在于价值传递的精准与价值倍增。

3.4 互联网思维是虚实时空的第一个理论

现在，人们对商业世界和工业世界虚实时空的运行规模探索才刚刚开始，要产生如相对论一样的有普遍性的理论还不太现实。要找虚实时空世界普适性的规律，梅特卡夫定律算一个，但也是主要回答虚拟世界价值的定律。到目前为止，有关虚实时空运行规律最重要的理论是中国互联网精英们提出的互联网思维，如图 3-4 所示。小米手机的雷军和奇虎 360 的周鸿祎是总结和提出这个理论的代表人物，他们不仅仅是提出者，也是切实的实践者，从而用事实论证了这个理论的正确性。

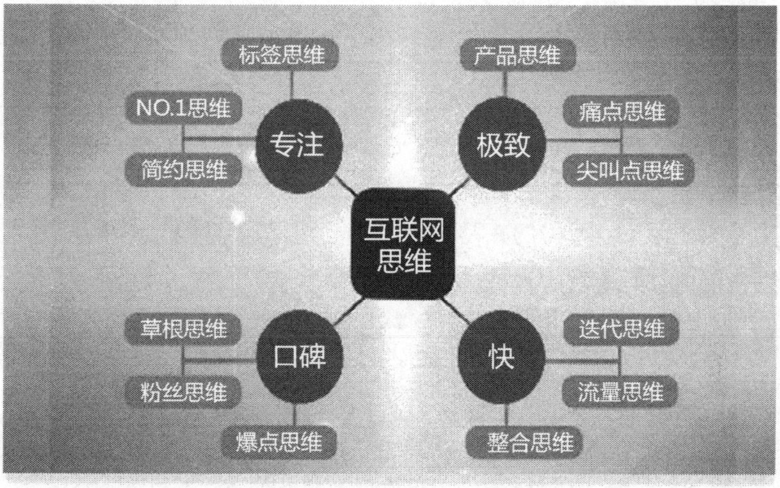

图 3-4　互联网思维（数据来源：互联网）

关于互联网思维为什么有用，已经有很多书论述过了，这里主要谈一谈为什么说互联网思维是虚实时空的理论，而不单纯是虚拟世界的理论。主要体现在以下五个方面：

（1）注重虚实一体，把虚做实。互联网思维的专注和极致既包括了便于虚实世界识别和连接的元素，也考虑了在虚拟世界要把产品做实的思路。**只有把复杂简单化，才能便于在虚实世界达成连接。**因为用户只能够把碎片化的时间给你，而且只能看到碎片化的信息，要一下打动用户眼球，快速建立连接。同时，要想把虚拟世界的表达做具体，要想让产品打动人，就需要专注和极致，这样用户才会主动连接，而不是被连接。

（2）充分利用虚拟世界的优势，对实体世界进行关系重组。这一点主要体现在口碑效应、草根思维、粉丝思维和爆点思维上。在虚拟世界里引爆，把实体世界的用户重新组织在一个平台上，形成庞大的用户群体，进而在用户中使流量变需求量。还有整合思维，借助于虚拟世界，进行横向和纵向资源整合，从而给用户提供更快速的服务。

（3）用户参与感本质上是虚实的交融。在产品迭代过程中，让用户参与制造的过程，其实就是让实体的用户与虚拟的产品进行融合，从而最终产出一个更加符合用户需要的实体产品。

（4）在虚实时空世界里，连接就是价值。虚实的连接就是流量，流量越大则价值越大。虚实时空中连接节点越多，价值越大，这是梅特卡夫定律已经证明过的。服务商要做的只是把梅特卡夫定律所证明的价值进行变现，流量思维和用户思维就是这种价值变现的方法。

（5）体验为王描绘了虚实时空中用户连接的动力机制。互联网思维只有一个中心，那就是以用户为中心、体验为王。很多制造业一直说以客户为中心，但实质上并没有建立客户沟通的桥梁，而虚实世界里可以很方便地做到这一点。

从新工业的视角来看，互联网思维虽然填补了虚实时空世界普遍规律的空白，但它本身还不完备，是基于传统的互联网总结出来的。我们知道，传统互联网是以人人连接为核心的网络，重点在于重构人人之间的关系。另外，传统的互联网是一个平面，没有纵深关系，也不关注时空关联，所以逻辑是以入口和连接作为出发点的。而新工业所处的互联网中，不仅仅有人，还有智能机器、智慧工厂等没有感情色彩的实物，时间、空间成为关键元素，还需要参照互联网思维进一步实践和总结规律。

3.5 虚实时空思维与互联网思维有何不同

虚实时空思维是互联网思维的继承和发展，但也有一些不同，这些不同主要体现在以下几个方面。

（1）虚实时空思维描述的连接对象包括人和万物。构建虚实时空思维的目的在于把人和万物在统一背景下进行描述，从而建立全新的关系和业务逻辑，进而创造价值。在这个时空中，人是连接的主导者，机器等物体虽然也有自治的主动连接，但主体逻辑上仍然是被动的。

（2）虚实时空思维描述的是一个具有纵深的网络世界。虚实时空的纵深包括横向连接、纵向连接及价值链端到端的连接，这与互联网思维描述的入口加平台的方式不同，可能在纵向上跨越多个平台。比如，在用户平台、产品平台、机器平台之间建立纵向连接。

（3）虚实时空思维不仅仅是体验导向的，还包括任务导向和工程导向的。传统互联网强调体验为王，以达成商业服务为核心。虚实时空中除了商业服务外，还应包括制造工程服务、设计服务等工程和任务。单纯强调体验为王是不完备的。

（4）虚实时空思维需要虚体、实体、时间、空间进行统一表达。为完成精准的工程任务和商业服务，虚实时空的万物节点需要按照本章第一节所描述的四位一体（实物体、虚拟物体、时间、空间位置）的表达方法。而互联网思维完成商品服务并不需要这样表达节点。

对虚实时空思维和传统的互联网思维来说，比较一致的关键点在于，要改进和完善虚实时空中任意系统的输出，就必须把大数据平台作为基础，建立反馈的闭环。

3.6　场景——虚实时空的能量聚点

场景理论突然火爆起来，它一下子成为关注的焦点，甚至一些企业也把它当作营销制胜的法宝所推崇。场景原本的含义是电影或戏剧中的一个场面或者情景，但现在被引申为用户面临的一些情景。通过分析这种情景，在情景中为用户提供有针对性的服务，从而提升用户体验，达到营销用户的目的。但问题在于，这样的情景无穷多，场景设计准确而有效是非常困难的。目前看到场景设计成功的大多是后验的，事前谁也难以肯定场景设计就一定能够成功。当然，场景设计一定会让用户提升体验价值，但不一定就会获益。场景及对应服务的设计都需要成本，如果失败，相应投入就会损失。

就场景而言，需要回答的问题就是，为什么有些场景设计能够取得商业上的成功，有些场景设计则不会取得商业上的成功，背后的规律是什么？从虚实时空思维的角度来看，场景并不神秘，它只是虚实时空中的一个能量聚点，或者是一个能量包。通过设计让在同一位置的服务商和用户实现价值上的共振，从而实现服务商的价值最大化。这涉及虚实的一致性和时空的统一性，必须在相应时间、相应位置，让数字表示实体用户体验最佳，并且能够带动最大化的用户群体产生共鸣。这个位置可以是实体位置，如商城店位、运动场、餐馆，也可以是虚拟位置，如一个社区。

用虚实时空思维描述的场景理论如图 3-5 所示（不限于这一表述方法）。

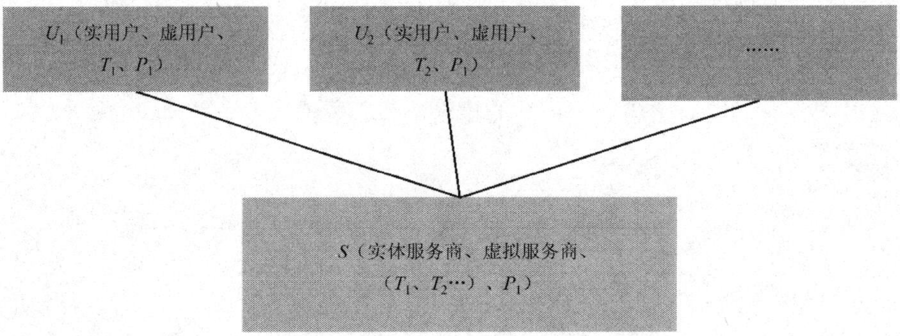

图 3-5　同一位置场景的虚实时空表示

当然，上述描述场景可以调整为同一时间下的服务商和用户间的价值共振，也可以修正为在一个虚拟社区或平台的价值共振。这种共振在虚实时空中来看，场景价值最大化就是用户节点和服务商节点连接数的最大化。设计相应的服务，优化用户体验，让虚实时空中服务节点和用户节点连接数量最大化就是场景价值的最大化。这种价值最大化建立在虚实一体和时空一体的价值之上。所以，场景理论用虚实时空来描述，就是节点之间的大规模聚合连接。连接数量，取决于服务商提供的细节服务和体验。

3.7 新工业是虚实时空世界的工业

新工业或者说智慧工业，不仅仅是智慧机器替代人力，它的真正意义应该是构筑在互联网和互联网+背景下，处于虚实时空世界里的工业。在虚实时空背景下，新工业不仅是全数字化的，还将具有定制、众产、协同、纵向等全新的特征。它是支持虚实关联的定制工业，也是由分布式布局在互联网中的智慧工厂和服务商完成的众产工业；它是数字世界横向连接的协同工业，也是在工厂环节中纵向集成的工业。当然，新工业是能够被虚拟表达的数字工业。

在虚实时空世界里，新工业将会被描述成如图 3-6 所示的蓝图。

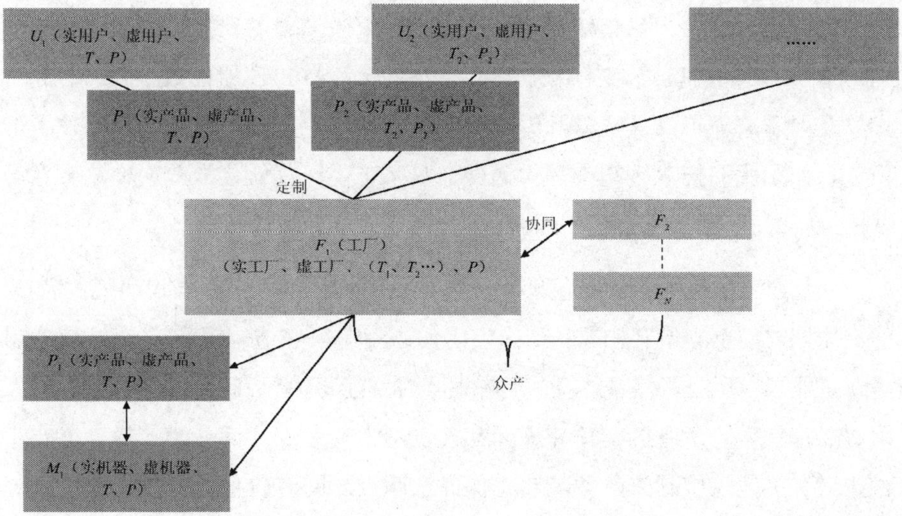

图 3-6　虚实时空世界新工业的蓝图

上述蓝图描述了这样一个故事：客户 U_1 提出的定制需求，在虚实时空中表述为 P_1。此时，P_1 只是一个数字蓝图，被传送到就近的空闲工厂 F_1。在生产层面，通过工厂内部，产品 P_1 与智能机器 M_1 之间建立纵向集成，以及工厂间的横向协同。一个实产品按照定制需求被生产出来，并根据用户的时间和位置要求准确送达用户。从这个图中可以看出，所有的新工业元素应该在虚实时空世界被准确一致地表达并建立连接；所有的工厂根据用户需求按照价值最大化的原则进行自组织生产，如就近生产；虚实时空必须在一个体系中进行统一化表达才有意义，否则定制生产就不能准确地执行。

有一天回到家，家人告诉我一件新鲜事。我们住宅小区附近的永辉超市联合京东商城推出了生鲜到家服务，用户只要扫描一下二维码，登录永辉超市在京东到家的 APP 平台，周边的居民足不出户，即可在京东到家 APP 平台上购买永辉超市的生鲜产品，附近 3 公里范围内能够在 2 小时内便捷送达。这在以前是不可想象的。大约 3 年前，小区附近还没有永辉超市，我们日常采购只能到距离大约 2 公里的物美超市，或者距离约 5 公里的家乐福超市，不仅仅要支付额外的交通成本，还要忍受付费时的长队。而现在基于虚实的连接，除非我们想去体验实体超市的氛围，要不然我们就能够在家里完成超市中能完成的一切。这个例子就是在虚实时空中构建的典型商业模式，当然也是基于 O2O 的模式。有用户实体，也有登录 APP 注册的数字人；有超市实体及展示的虚拟商品，以及对应的实体商品，也有基于时间和空间位置的服务。如果我们把永辉超市替代为一个数字工厂，你就会立刻明白这一章节试图说明的基于统一虚实时空的新工业思维。

理解事物的本质规律就能够简化工作的过程。正如爱因斯坦所说："如果你不能把它简单地解释出来，那么说明你还没有很好地理解它。"虚实时空就是新工业未来所处环境的本质，理解虚实时空能够简化商业模式设计的方法。在虚实时空中，所有的实体和虚体都被表示为一个点，商业模式设计就是把这些点有机地连接起来，并能够确保任意两点之间有价值流产生。因此，虚实时空思维并不是复杂化我们的工作，而是简化我们的工作。

第 4 章

Chapter 4

创新的原动力——知识资本

智慧工业从资本利用角度也可以称为知识工业，因为它的创新原动力是知识资本。

我有一个朋友担任一家大型软件公司的研发总监，最近正在开发一款基于新技术环境的安全软件产品。这个产品是基于全新的技术基础，所以面临着极大的挑战。有一天，我和他聊关于产品创新的问题。我就问他，做产品研发是不是要做一次全面的用户调查，但他的回答超出了我的固有思维。他告诉我，一个全新的安全软件产品从用户那里是很难得到具体需求的答案的，用户可能觉得有一些安全事件发生了，但并不能阐述其中关键，对于未发生的事件，也只能模糊地想象，所以以此作为基准研发产品、创新产品几乎是不可行的。那么关键的创新思想来源于哪里？朋友描述了他是如何开始这项创造性工作的：他需要倾听安全界顶级专家对未来的看法，也需要与安全界同行交流，熟悉这个行业前沿正在突破的问题及基本思路。他需要查阅世界范围内最新关于信息安全的学术论文，了解理论前沿与实际进展的差异，并吸收和学习最新的理论。然后他开始开发一个可以不断迭代的产品原型，在实验环境下或用户真实环境下不断测试和验证设计思想，吸收用户的感受和建议，不断修正和迭代产品，直到最后形成一个相对成熟的产品。

同样，笔者在写这本书的过程中也有同样的感受。我要去拜访一些工业界的专家，了解他们对新工业的看法；也查阅了大量的书籍资料和论文，来了解最前沿的理论。当然，也去拜访了一线的企业运营者，了解他们的思想和实践。在这一系列基础之上，对各种观点进行整理、筛选、分析、归纳，再结合自己的思考形成一个全新的看法。而我的研究结果通过这本书，也可以成为新工业实践者的知识来源。

这两件事情都说明了一个道理，很多情况下我们的创新并不是简单地以客户为中心，也不是简单地复制照搬，关键在于我们要吸收各方面专家的看法、业界同行的研究，以及最新理论的探索。用专业的语言来说，顶级专家、业界同行代表了隐性知识群体，而新理论的探索和用户的描述，则代表了显性知识，这就构成了我们这一章要讨论的未来创新的原动力——知识资本。

传统企业向新工业转型需要在知识资本方面至少要做好六件事，分别为：

- 认识知识资本的重要性，把知识资本当作创新的原动力。
- 认识知识工作者在知识资本中的核心作用，为增强知识工作者创新动力搭建组织机制和技术相融合的平台。认识到知识工作者对于产品创新、生产创新、管理创新、服务创新的关键作用。
- 建设知识工作自动化技术平台。一方面为知识工作者的高级知识创新提供高效的技术工具；另一方面，知识工作自动化也将是自治化知识创新的来源。
- 在新工业实体的设计和建设过程中，充分考虑知识资本的特征，加速隐性知识资本的显性化。
- 传统企业应尽快把部分老工业人向知识工作者迁移转化，并建立相应的培训和职业发展体系，为新工业积蓄知识资本。
- 从技术和管理两方面建立知识资本保护措施，这些措施应该在传统企业向新工业模式转换前完成。

4.1 知识资本的崛起

知识是由数据、信息逐层积聚和组合产生的。知识和知识也可以继续积聚和组合形成新的知识。“知识”这个词并不新鲜，虽然我们现在知道它是由数据、信息逐层积聚和组合产生的，但并不是有了计算机才产生的。人类进入文明时代以来，知识就通过代代相传或书籍的方式得以传播，并引领人类进步。那么关键的变化在哪里？那就是资本。当知识成为一种资本力量，能够决定性地配置生产要素时，就能够不断加速人类进步的进程。

从第一次工业革命到第四次工业革命之前，传统的经济学理论一直在说资本的力量，并由此产生了资本主义和资本家。不过，传统的资本主义和资本家在强调金融资本、土地资本和劳动力资本。过去的大规模生产，只要配置好金融资本、土地资本和劳动力资本，厂房、机器、工人、材料就会一应俱全，生产就能够进行。企业的创新主要依赖于企业中小部分叫作“研发人员”的人来完成，这些研发人员的研发工作，围绕资本的力量展开，虽然强调满足客户需要，以客户为中心，但本质上是为资本投入的价值最大化负责。现在，随着新技术的发展，一个新的阶层产生了，那就知识资本家。他们以知识产出为本职工作，以知识资本的价值最大化为目标。也许要产生一个知识资本主义，以知识资本为核心资源，重新配置生产资源和社会资源，如图 4-1 所示。

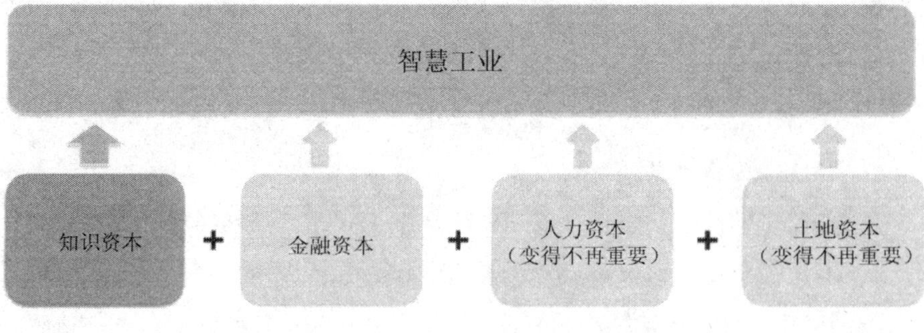

图 4-1　知识资本是智慧工业创新的核心推动力量

笔者撰写的《智慧的维度：工业 4.0 时代的智慧制造》这本书，描绘了未来基于互联网+的智慧工业蓝图。看完这本书，有一个朋友问我，在智慧工业蓝图之下，原来的人员是不是要失业？他们会怎么转移？结合知识资本，本书对这两个问题做一个回答。新工业的智能化技术把人从机械劳动中释放出来，老工业中的知识丰富的人将会成为一个新的知识资本力量。这一力量用来完成产品的创意、生产的设计、过程监控、工艺和供应链的优化、远程的专家维护、机器的改进等全新的知识性工作。进行的工作以创意为中心，而不是以重复的机械劳动为中心。这也意味着传统工业员工要进行职业的转换，通过学习和培训成为新工业体系中的知识工作者。当然，在向新工业迁移的过程中，还有大量的一线工人，可能构不成知识资本力量，但通过培训和学习，可以转化为新工业的服务力量，采用创客化的方式，通过创业成为一个小微服务商，提供从工厂到最后一公里的服务。与知识工作者相对应，这部分人会转化为服务工作者，如图 4-2 所示。所以从智慧工业的蓝图来看，未来绝大多数人都不会失业，而是进行职业的迁移，来适应全新时代的要求。而且，国家提倡的大众创业、万众创新政策，为这种迁移提供了政策性保障。在德国工业 4.0 战略中有关这个问题是这样描述的："工业 4.0 将极大地改变工人的工作和技能。因此，有必要通过促进学习、使终身学习和以工作场所为基础的持续专业发展的计划，实施适当的培训策略和组织工作。"所以传统企业一定要认识到新工业所带来的人力资源转移的变化，并为此做好详细的应对计划。

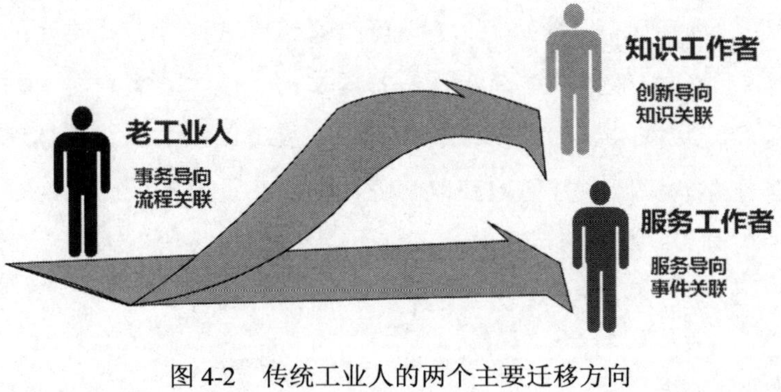

图 4-2　传统工业人的两个主要迁移方向

地铁自动化改造就是一个很好的例子，自动化改造以前需要大量的人力进行人工检票，在更新了自动化检票装备之后，人力需求并没有减少，而是增多了。新的工作包括：安全检查、售卡充值、设备检修、客户服务等。所以，新工业并不意味着一定会导致人类失业，而是一定会让人类进行职业的迁移。除非一个人从心理上依赖传统工作，不愿意主动迁移，这种情况下失业的可能性才会比较大。

知识资本不仅仅包括人的力量，还包括各种方案、技术产品资料、客户需求信息、工艺实践、专利、标准等公共的知识财富，以及未来企业中大数据系统源源不断产生的各种增值信息和知识，这都将构成新工业的知识资本。

人们发现，知识资本导入到生产过程，产生的最大价值就是能够加速新生产能力的创造，从而极大地提高了生产效率，降低了生产成本。知识资本是新工业创新发展的动力源泉，只有源源不断的知识资本创新，才能够驱动新工业不断前进。

4.2 显性知识和隐性知识

知识资本按照知识的内在特性，一般被划分为显性知识和隐性知识两大类，如图 4-3 所示。显性知识，是指可以通过日常语言方式传播的知识，包括以企业的研发数据、工艺流程、管理文档、技术方案、专用的信息系统、专利和特殊技术等形式存在的知识，一般可以从书籍、数据库、电子文档、其他存储资源中方便地获取。隐性知识，是个人或企业经过长期积累而拥有的知识，通常不易用言语表达，不方便传播给别人或不能传播给别人。

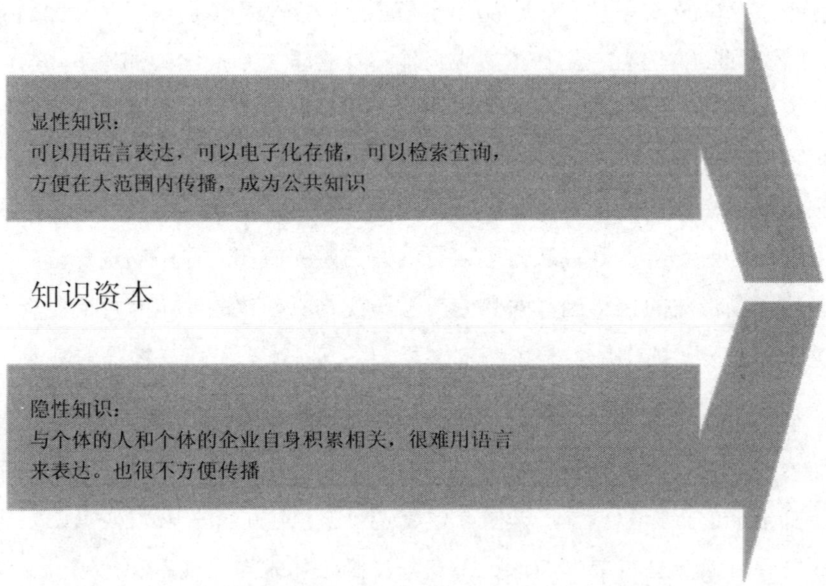

图 4-3　知识资本的两种类型

在工业 1.0 和工业 2.0 阶段，企业的知识创造、存储和传播主要依赖手工操作，效率很低，创新很慢。从工业 3.0 开始，企业通过引入大量的信息系统、知识管理系统等计算机工具，能够很好地把企业的显性知识利用起来。但在这一阶段，隐性知识的利用仍然非常困难，依赖于个人或组织的主观能动性。企业往往采取一些被动的管理激励方式，鼓励个人和组织把隐性知识贡献出来。

在工业 4.0 阶段，人们对知识资本的利用将会发生巨大的改变，如何利用好隐性知识成为新工业关注的焦点。在德国工业 4.0 战略中提到："创新不应仅聚焦在克服技术难题上。由于员工在执行与吸收技术创新中起到关键作用，因此，创新的范围应扩展到包括工作与员工技能的智能组织。随着开放虚拟工作平台与人机交互系统的广泛使用，员工的角色会发生很大变化。工作内容、工作流程和工作环境会发生转变，同时导致在工作灵活性、工作时间规章、医疗保健、人口学和人们业余生活方面产生影响。因此，为了使未来获得成功的技术集成，需要形成创新的社会组织。”也提出了可能面临的挑战：“在工业 4.0 时代，工作性质很可能将在管理复杂局面、抽象工作与解决问题方面对所有的劳动力提出更高的要求。员工需要有更强的主观能动性、极好的沟通能力、组织自身工作的能力……随着技术集成的不断提升，员工需要更具灵活性和处理更多要求苛刻的任务，同时，虚拟世界与员工实际工作之间的冲突也会上升。这会导致员工失去控制或在工作中出现疏离感，这正是由渐渐形成的无形虚拟的商业与工作模式所导致的。也有可能是新老矛盾叠加导致大量的创造力和生产效率丧失，或者员工工作量增加的倾向。”

德国工业 4.0 战略也提出了一个解决隐性知识利用的基本思路，主要有两个方面：其一，通过新技术平台，把技术和组织协调一致，让知识员工自主选择他们的工作和调整工作量，建立一个自组织的工作环境。其二，进行组织变革，给一些重要的知识员工充分授权，并成为决策者和控制者。建立灵活并全新的制造业组织模式来保障工作和私人生活的边界，平衡工作和生活。海尔等大型集团现在开始的内部创客化运动，本质上就是这种全新的制造业组织方式，从而让知识员工的主观能动性充分发挥，从而实现隐性知识的最大化。

国务院发展研究中心产业经济专家王晓明在演讲中提到：“工业 4.0 与知识创造的关系就是借助新的技术和管理，加速个人知识的组织化和社会化，加速暗默知识的表出化和形式化[1]。”个人认为，这个观点最为清晰地描述了新工业和知识资本利用的关系，尤其是与隐性知识利用的关系。

新工业以新一代信息技术为基础，为知识资本利用和知识资本创新提供了基础条件。新工业是基于互联网的全新工业体系，对工业元素进行了重新组织和构造了全新的网络关系，加速了知识的整合利用和显性化。同时，通过配合的组织模式改造，如创客化，建立全新的知识创新动力机制，让隐性知识最大化发挥，从而把知识资本的价值最大化。

---

1 http://www.cbdio.com/BigData/2015-11/02/content_4073279.htm

新工业的创新动力是知识资本与知识创造，其中的关键是利用新技术和全新的组织方式组合实现隐性知识的最大化利用，让知识资本价值最大化，也让知识资本家价值最大化。

4.3 知识工作者

“知识工作者”并不是今天才有的概念，1959 年管理大师彼得·德鲁克在其著作《明天的里程碑》中已经提出来一个“知识型员工”的概念。他将知识型员工的内涵界定为“那些掌握和运用符号和概念，利用知识或信息工作的人”，当时他指的是经理或执行经理。随着时代的发展，人们对知识型员工有了更符合时代特征的认识。2000 年，加拿大学者弗朗西斯·赫瑞比在《管理知识员工：挖掘企业智力资本》一书中指出：“知识型员工就是那些创造财富时用脑多于用手的人们。他们通过自己的创意、分析、判断、综合、设计，给产品带来附加值。”知识型员工的核心特征是用脑力劳动，而不是用体力劳动。知识工作者比知识型员工的指向更加明确，即专职来使用和创新知识为主要工作内容的人。

传统企业的知识工作者主要是管理层、研究员、设计师、程序员等，现在也扩展为大多数的企业白领阶层。这一类人的主要工作就是利用知识资本和创造知识，为知识资本增值。过去知识工作者还是企业的小部分人，而在新工业时代，企业内部的员工将主要由知识工作者构成。前面讨论过，这一群体主要是由传统工业人迁移而来的一个分支。同时，知识工作者将不再只限定在企业内部，也可以通过网络协作的方式远程参与企业外相关知识创造的工作。

知识工作者是企业的知识资本，他们往往具有更多的选择和发展空间，他们更愿意忠于自己的职业，而不是具体的工作和企业领导。而且，他们所具有的专长往往是隐性知识资本。新工业企业应该把他们视作一笔财富，创造出技术和组织相匹配的平台和组织机制，让知识工作者能够自主地灵活工作，这更有助于隐性知识的显性化，并用于新工业创新。智慧工业企业应该把知识工作者当作一个重要的资本力量，或者重要的战略合伙人，而不是像过去一样当作员工。

建立基于技术和组织的新机制，是新工业发挥知识工作者价值的关键，也是实现知识资本增值的基础。华为公司是一家技术力量雄厚的高科技公司，它针对知识工作者的管理就非常成功。在这个公司里，大学本科学历以上的知识分子人群在华为 15 多万名员工中占据了 80%以上。其中，研发人员占 40%，市场营销人员占 35%，生产人员只有 15%，所以，它特别强调知识在价值创造中的作用。华为提出了“以客户为中心，以奋斗者为本，长期坚持艰苦奋斗”的核心价值观，认为“过去是资本雇用劳动，而现在是知识雇用资本”，而且设计了一系列机制来实现这个目标。当然，从华为实践现状来看，仍然是以管理知识工作者为出发点，以传统组织机制为主要手段，还没有基于新技术的自组织机制的建立，这与工业 4.0 描述的知识工作者的蓝图有所不同。

4.4 知识工作自动化

信息技术出现以前，知识主要依赖人类去创造和发展。信息技术出现以后，信息可以快速地传递、交互和组合，创造新的知识，知识工作得到了巨大进步。新技术的发展，让知识的创生和创新发生了本质性的变化，由人创造知识逐渐演进到人和机器共同创造知识。知识管理系统、人工智能、大数据、知识创新网络就是其中的四类主要技术或模式。

知识管理系统：主要是指在企业中构建一个管理与技术兼备的知识系统，

让组织中的信息与知识，通过获取、创造、分享、整合、记录、存取、更新等过程，达到知识不断创新的目的，并回馈到知识管理系统。知识管理系统是主要针对显性知识的系统管理工具。

人工智能：就是用机器来模仿人类智能的科学，模仿人的信息的采集、传输、分析、决策、执行等智能行为，目的是用智能机器来模仿、延伸和扩展人的智能。目前的主要研究领域包括机器人、语言识别、图像识别、自然语言处理和专家系统等。从知识资本的角度，著名的美国斯坦福大学人工智能研究中心尼尔逊教授对人工智能下了这样一个定义："人工智能是关于知识的学科——怎样表示知识以及怎样获得知识并使用知识的科学。"目前，工业领域有工业机器人、模拟仿真、图文分析、语音识别、虚拟现实等诸多人工智能应用领域。

大数据：就是综合性高效利用多元化数据的一类技术或平台。工业领域的大数据应用一般称为工业大数据。大数据技术往往与人工智能技术相结合，处理工业过程中的连续数据、图文数据、语音数据等，并最终产生有价值的信息和知识，用来指导和优化生产过程。

知识创新网络：简单来说，就是利用云计算、移动互联网、大数据等技术作为平台工具，把具有创造性的知识工作者在网络上虚拟联络在一起，从而集中人类大脑智慧，解决复杂性难题。知识创新网络本质上就是一个人类智慧协作创新的自治网络。美国一个叫作"创新中心"（InnoCentive）的网站，就是类似的知识创新网络，号称集结了全球的"超强大脑"，采用众包的方式解决世界级的难题。中国本土的互联网知乎网也可以视作一个知识创新网络，它是一个网络问答社区，连接各行各业的普通人或精英，通过发散的问题，用户之间分享着彼此的专业知识、经验和见解，从而促进知识的加速传播和创新。

知识工作自动化加速了人类创造、创新知识的进程，对人类的未来发展具有战略性价值。当然，也对新工业的发展具有战略性价值。智慧工厂无疑会布满各种各样的智能机器和工业机器人，它们与知识工作者一起完成智慧生产过程。这些智能机器和工业机器人融合了企业生产、工艺、创意等知识，当然，他们也是未来企业的重要知识资本。

知识工作自动化还可以与其他信息新技术结合，创造出全新的应用场景。在 PTC LiveWorx 中国 2015 年度大会上，来自美国的知识创新界的巨头 PTC 展示了其最新的数字化映射（Digital Twin）技术，如图 4-4 所示。通过一个实体挖掘机和挖掘机数字模型的物联网连接，智能识别实体挖掘机的几何结构、特性、参数、物理性能等信息，实时输入到数字世界，然后自发地进行大数据的分析和决策。实体和数字模型之间建立起一个实时反馈机制，从而用虚实结合的方式促进知识创新自动化。

图 4-4　PTC 公司的数字化映射技术

知识工作自动化是一个正在快速成长的领域。2013 年，全球著名研究机构麦肯锡研究所发表了一篇名为“12 种颠覆性技术驱动未来经济”的文章，指出未来有 12 种技术具有广泛的潜在影响，并有可能造成重大经济影响。这 12 种技术是：移动互联网、知识型工作的自动化、物联网、云计算、高级机器人、全自动和几乎全自动的年辆、下一代基因组学、能源储存、3D 打印、高级材料、高级油气勘探和采集技术、可再生能源。其中，“知识型工作的自动化”位列第二，预计 2025 年其经济规模将达到 5.2～6.7 万亿美元，由此可以看到知识工作自动化在未来世界的战略性意义。

4.5 知识资本的积累与成长

现在，借助于信息技术，以及目前人类已经拥有的庞大的知识基数，人类知识更新的速度在加速。现在，学校的教育，尤其是大学教育面临的就是这样的问题。过去一本教材可以用几十年都不用更新，现在，如果两三年不更新，培养的学生就可能失业。在计算机领域，近几年新技术和新理论的突飞猛进，使学校里的教材已经很难跟上时代的发展。很多学计算机的学生可能不知道云计算、物联网、大数据，学的教材还是 MIS 时代的，而新技术的内容恰恰是现实中的焦点。联合国教科文组织做过一项研究，在 18 世纪时，知识更新周期为 80～90 年；19 世纪到 20 世纪初，缩短为 30 年；20 世纪 60～70 年代，一般学科的知识更新周期为 5～10 年；而到了 20 世纪 80～90 年代，许多学科的知识更新周期缩短为 5 年；进入 21 世纪，许多学科的知识更新周期已缩短至 2～3 年。

由于人类知识更新速度的加快，具体企业的知识资本也需要快速地保值增值，来应对新环境的需要。知识资本是新工业创新的原动力，它自身的保新就更加重要。举个例子来说，在蒸汽机时代，能够维修蒸汽机的人，掌握蒸汽机的知识创新就是一个知识资本。而在电力时代，已经没有人再用蒸汽机，那么掌握蒸汽机知识资本的价值就会消失。所以，知识资本绝不是一劳永逸的，而是需要一个机制来确保知识资本的新鲜度。如表 4-1 所示，描绘了不同知识资本来源的知识资本成长机制。

表 4-1　不同知识资本来源的知识资本成长机制

知识资本来源	显性知识	隐性知识	成长机制
知识工作者	知识工作者输出的各种文档、设计图形、语音、数据，是知识工作者隐性知识的输出	个人独特的经验、专长或技能，是知识工作者的核心价值	以个人的自发学习和企业有计划的职业培训为基础，结合个人的创造力，形成知识资本的积累和成长
知识工作自动化	包括输出的模拟仿真图像、自动化编制的各种图档、文档、数据分析结果、	由于这一过程受知识工作者的控制，所以隐性	建立一个知识创新的机制，最大化地覆盖所有数据来源，对大数据进行采集、

续表

知识资本来源	显性知识	隐性知识	成长机制
知识工作自动化	运行数据、执行方案，显性知识是知识工作自动化生成知识的主要特征	知识与知识工作者紧密相关	存储、分析，以及模拟仿真、监控与优化，最终形成知识资本的积累和成长

人的智慧在可见时间内，机器仍然无法超越，以知识工作者为中心，强化知识工作自动化，建立机制或平台，让智慧工业、知识工作者、知识工作自动化协调一致是新工业的一项重要工作。

在未来全新的机制中，除了知识工作者自身的学习外，还需要强大的培训和持续的职业发展体系，保障以知识工作者为中心的知识资本快速成长。在德国工业 4.0 战略提出的优先行动领域中，就把培训和持续的职业发展作为重要的行动内容。而且，工业 4.0 指出未来的知识培养与现在有很多不同："工业 4.0 将很可能显著地把工作和技能向两个趋势转变。第一，以明确分工为特征的传统制造工艺现在将被嵌入一个新的组织和运营结构，配之以决策、协调、控制和支持等方面的服务功能。第二，组织和协调虚拟与真实的机器之间，以及设备控制系统与生产管理系统之间的交互作用变得非常必要。这意味着信息通信技术、制造业和自动化技术融合及软件将导致很多任务现在会作为一个范围更广的技术、组织和社会背景的一部分来执行。"

新工业对知识工作者提出了全新的知识要求："对不同行业应用程序需求的识别能力以及从世界各地招募开发伙伴的能力的重要性将逐渐超过纯粹的技术专长。"知识工作者不仅仅是传统的"留一手"的能力，还得具备对不确定性问题的解决能力，当然这也需要建立在丰富的知识经验之上。比如，对不同行业应用程序需求的识别能力，以及强大的新旧知识转化能力。未来的知识工作者也需要强大的社交能力，通过社交来获得自己跨学科的知识和技能。

企业也必须针对智慧工业的特征，设计有针对性的培训形式和培训内容，对知识工作者进行持续的培养，让知识工作者成为真正的知识资本。在这个过程中，可以考虑利用云计算、物联网、大数据、移动互联网、虚拟现实等新技术，加速知识传播和增长，如采用云课堂的方式或虚拟现实方式，让培训对象身临其境。

知识工作者的创造过程，要与知识工作自动化技术工具充分结合起来，在保证知识工作者独特性的同时，利用知识工作自动化技术工具，来加速知识工作者的知识创新进程。也就是说，人工智能、大数据、知识创新网络平台等技术要与知识工作者的具体工作相结合，实现人机脑力的融合，从而加速知识资本的积累。

知识资本并不是一步到位、一劳永逸的，需要建立相应的机制、技术平台来保证知识资本的不断积累和成长。

4.6　应对知识资本保护的全新挑战

智慧工业本质上是知识驱动的工业，以知识创新为基本的原动力，知识资本的重要性前所未有。但同时，智慧工业又是建立于互联网和互联网+之上，基于端到端、横向和纵向集成的新工业，开放、共享、协作是智慧工业的天然本性。所以，保护知识资本，尤其是具有知识产权的知识资本就变得更具有挑战性。

德国工业 4.0 战略中已经清晰地描述了这一点："工业 4.0 往往被冠以诸如'网络化制造'、'自我组织适应性强的物流'和'集成客户的制造工程'等特征，它将追求新的商业模式以率先满足动态的商业网络而非单个公司，这将引发……知识产权及技术诀窍保护等问题"。"就网络的组织及其有别于他人的高质量服务而言，最关键的是要确保责任被正确地分配到商业网络中，同时备有相关约束性文件作为支撑"。

智慧工业以信息技术为依托，就需要在信息技术层面制定和实施安全策略、架构和标准，保障智慧工业生产和服务过程高度的保密性、完整性和可用性。要实现这个目标，企业与组织必须有针对性地制订综合性的包括组织和技术两方面的解决方案，来确保对知识资本的有效保护。这就要求，在实现智慧工业、智慧工厂转变为互联网中的一个共享节点之前，企业必须全面升级安全保护措施，而不是等到实现新工业模式之后再去做。

对知识资本的有效保护，实质上也是对新型企业知识工作者的保护，能够让他们保持较高的收益水平，以及协作关系的稳定。根据德国工程联合会进行的调查数据显示，在 2011 年，德国机械和设备制造仅在非法盗版方面就损失了 8 亿欧元的市场价值。与两年前的调查相比，增长率达 24%。该机构还作了一个比较，如果这些损失的钱可以重新使用，足够支付行业中的 37 000 个就业机会。所以，加强对知识资本，尤其是知识产权的保护，对于企业与知识工作者建立稳定的网络化协作关系关联非常紧密。

第 5 章
Chapter 5
提供效用产品

过去，我们需要制冷，就买一台冰箱；我们需要计算，就买一台计算机；我们需要交通出行，就买一辆汽车，让自己成为司机。但新工业让我们反过来思考这个问题，我们需要制冷，可能并不需要那台叫“冰箱”的机器；我们需要计算，可能并不需要计算机；我们需要出行，可能根本不需要让自己成为司机。现在，在计算领域，云计算的蓬勃发展已经让我们认识到，我们需要计算，只需要交一点租费，采购云计算服务即可。在交通领域，滴滴能够很方便地解决我们的出行问题。当然，有人可能会问，滴滴也会有司机，但如果滴滴叫来的是无人驾驶的汽车，你就不会有这个问题了。而且世界上众多的无人驾驶汽车已经在实验中，成为现实并不会很久。在电视领域，现在有了互联网电视盒子，有线宽带的价值其实已经没有多少，电视机的价值也只剩下了显示。现在之所以还没有变，只是因为创新的缺乏，以及我们的习惯。这些例子，只说明一点，我们需要的其实只是产品提供的效用，而不是那个我们已经习惯很多年的机器。过去我们把有形产品买回家才能享受到效用，但换一种思维、换一种技术，也许我们会发现，我们直接购买效用产品和服务即可。新工业要求我们必须更新我们的产品观。

如果不以销售规模为依据，以效用产品观为标准，现在大多数产品都有问题，只不过用户没有选择而已。请注意，是没有选择，而不是没有问题！

这种产品观念的转变必然影响到生产的组织和工厂的布局和构造，企业必须首先明确生产什么样的产品，把握产品竞争形态的变化。否则，盲目地进行智慧工厂改造只会带来没有目的的沉重负担。

5.1　有形产品时代即将结束，进入效用产品时代

5.1.1　大多数产品都是过度包装的

每年中秋节前后，媒体都会开始一轮关于过度包装的讨论。月饼本身是中国传统的节日食品，生产材料并不珍贵，生产工艺也并不复杂。比起我们小时候经常见到的五仁月饼来说，近年来发展出很多新的品种，如水果月饼、茶叶月饼、海鲜月饼、冰皮月饼，甚至还有冰淇淋月饼，花色种类繁多。月饼虽然花色种类翻新，但远远低于包装花样翻新的速度。每个小小的月饼先单独精密包装，再创意地放在一个丝绸衬底的大盒子里，六个月饼放在一起就叫六福临门，七个小月饼加一个大个的月饼就叫七星伴月。包装盒子更是用进口的纸张、金属、木材、玉石等，能用的全用上。一些月饼包装里还赠有与中秋赏月无关的名酒、皮具、手表、黄金等。这样的包装把一个价值只有几十元的月饼，动辄卖到数百元，甚至数千元。虽然媒体和大众年年抨击，但几乎年年如此。非常有趣的是，2015 年的中秋节，五仁月饼更是成为全民调侃的对象，月饼生产商也加入了这个调侃五仁月饼的队列。有人分析说，这是因为五仁月饼最实在，用料本身其实最昂贵，利润最少，所以月饼生产商也来抹黑它。对于月饼的过度包装，大多数人对此都一目了然。人们需要吃的是月饼，虽然包装增加了月饼的附加价值，但并没有从根本上改变月饼

的实际效用价值——传统节日食品。

对于月饼的过度包装，人们的看法简单而直接。但是，问题在于，更多的隐藏的过度包装被大家忽略了，或者被大众误认为是产品必需的组成部分。产品过度包装及包装伦理不是这里讨论的关键问题，关键问题是，我们需要的究竟是什么？这就是关于工业的产出——产品。

几乎所有人没有歧义，认为月饼的过度包装是没有用的，关键价值在于其中的月饼。那么如果产品的有限价值被一个庞大的外部结构所包裹，而这样的外部结构价值量不大，是不是也可以认为是类似的过度包装？比如，如果我们认为日常需要的食物冰鲜效果等同于冰箱，那么这个叫“冰箱”的庞然大物放在我们家里自然无可厚非。问题在于，如果我们获得了冰鲜效果，但并不需要购买冰箱这个机器，那么冰箱是不是就如同月饼的过度包装一样了呢？如果冰箱这个机器没有价值，那么我们讨论它的附加价值——包装，就更没有价值。还有一个问题是，即便我们需要一个叫“冰箱”的机器，那么冰箱就一定要做成一个放在家里的大箱体吗？这就是这一章要讨论的本质性问题，究竟什么是产品，新工业时代应该树立什么样的产品观。我们的产品观不同，工业的生产和组织自然也将发生根本性的变化。

5.1.2 产品的观念并非一直不变

很多时候我们并不是不接受改变，而是因为习惯，产品的观念也是如此。在手工业时代，人们一般认为手工产出的是一件商品，但不一定是产品。产品比较根深蒂固地被认为是工业革命之后的产物，它是一系列加工过程的结果。即便这样，从工业 1.0 到工业 4.0，产品从稀缺到丰饶，人们从贫穷到富裕，对产品的看法也发生了很大的变化。在物质稀缺的时代，产品只要生产出来就有人购买，甚至需要专门门路才能购买，人们没有太多的产品观念，认为只要有形体，能够被使用的东西就是产品。随着产品逐渐丰富，竞争日趋激烈，结合产品营销，人们又提出了产品附加价值的观念。通过包装、服务等方式增加产品的吸引力，让产品更具有竞争优势。这个时候，出现了产品的三层次学说：（1）核心产品。产品中给购买者带来的基本利益和效用，即产品使用价值，是顾客真正要买的东西。在产品整体概念中是最基本、最主要的部分。（2）形式产品。核心产品借以实现的形式，即向市场提供的实体或劳务的外观。（3）附加产品。顾客购买产品时所能得到的附加服务和利益。

1995 年，被称为“现代营销学之父”的菲利普・科特勒（见图 5-1），在《市场管理：分析、计划、执行与控制》专著的修订版中，将产品概念的内涵由三层次结构说扩展为五层次结构说，包括核心产品、形式产品、期望产品、延伸产品和潜在产品，如图 5-2 所示。由于五个层次的表述方式能够更深刻、更准确地表述产品整体概念的含义，所以是目前被广为接受的对产品的看法。菲利普・科特勒的产品观被认为是顾客满意学说在产品上的具体体现。要知道，这是一大进步。在此之前，让顾客满意仅仅是一个观念，而五层次的方式把顾客满意在工业层次进行了落实，所以具有划时代的意义。

图 5-1 菲利普・科特勒（数据来源：百度百科）

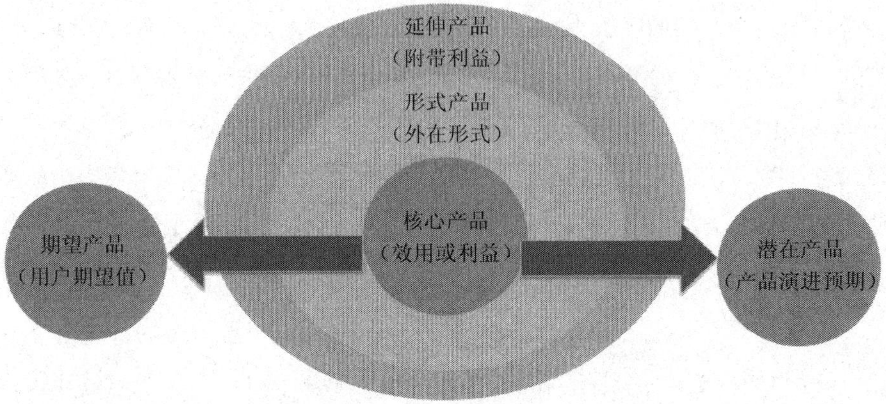

图 5-2　菲利普·科特勒的产品五层次结构说

2015 年，距离菲利普·科特勒产品五层次结构说的提出，正好过去了 20 年。随着信息技术被引进到工业生产中，产品也逐渐向智能化的方向演进，一些新的思潮出现了。而且新产品的实践，让我们必须对产品进行全面的反思。比如，我们其实希望产品只是效用和利益即可，产品的形式无关紧要，甚至根本就不需要；延伸产品是理所当然的，应该完全免费；我们希望期望产品与核心产品和潜在产品相一致，尽可能完全保持同步。这些设想是不是能够实现呢？

当然，从质量管理出发，产品还有另外解释。在质量管理体系 ISO 9001 中是这样描述的：产品是一组输入转化为输出的过程结果。这是一种怎么看都对的产品解释。虽然产品都是过程的结果，但这样理解却无法识别不同工业的价值。关键在于是什么样的过程，以及是什么样的结果。在一个工厂内完成生产是一种过程，而互联网化制造通过多个工厂协作完成生产是另外一种过程。所以，这样的产品观，只具有质量过程管理的价值，对理解工业演进并没有什么帮助。

理解未来产品，云计算就是一个典型的例子。过去我们计算产品，需要购买一台计算机，计算就是我们需要的核心产品，更好的计算能力和满足我们需要的计算能力就是计算产品的潜在产品和期望产品，而计算机就是形式产品，维修服务是延伸产品。在云计算技术出现后，我们需要计算服务，可以通过租用的方式采购，并不需要购买计算机这样的形式产品。而且，云计算服务能够让我们自由选择我们的计算能力需求，满足核心产品、期望产品、潜在产品的一致。而传统产品范畴中的运维服务等附加产品，用户基本上不用关心，相关附加服务转变为产品提供者——云计算服务商的内部过程。

由此看来，叫“产品”的这种事物，它的概念本来就一直在发展过程中。用每个时代的不同视角去审视它，我们就能够发现全新的价值。

5.1.3　产品服务化并不是关键

从 2000 年以后，产品服务化的观念慢慢地成长起来，开始被大家所接受。一种被用户接受的事物，一定有它的合理之处。产品服务化的合理之处就在于，通过增强原来被认为是延伸产品的服务，让产品的核心价值得到最大范围发挥。近 10 年来，很多制造业宣布向服务转型，其中就包括 IT 界的巨人——IBM、微软等。这种产品服务化的表现形式主要以提供解决方案为主，通过有针对性的用户个性分析，以核心产品为基础，为用户提供更具有时效性的产品组合。在这个过程中，制造商的主要获益内容发生了变化，从原来的以有形产品为主的获利，转变为以无形服务的方式获利，让用户更加满意，也能够让制造商收益最大化。本质上，这种产品服务化是产品交付形式的变化，更侧重于落实让客户满意，而不是有形产品本身的变化。

还有一种产品服务化的形式，那就是伴随智能产品的崛起和互联网免费经济的认可，有形产品以免费的方式交付给用户，而制造商通过广告、信息服务等新的形式获取收益。例如，一些智能手机以低于成本价的方式销售给客户，而通过预装 APP 的方式获益。

最新的产品服务化的形态就是前面我们谈到的云计算，直接把产品以服务的方式进行交付，用户通过较低的服务费就能够获得相应的产品效用。

但不管是哪种方式，产品服务化本质上描述的就是产品交付客户的形式变化。例如，云计算也可以从产品服务化的角度理解和诠释。这里要强调的是，未来的产品借助于互联网技术和其他智能技术进行服务化交付，但这样并没有准确地说明未来产品的本质。也就是说，如果生产没有改变，即使产品以服务化的方式交付，那也是旧工业的产品形态。**未来的产品交付形式虽然可能是服务化的交付方式，但产品的本质发生了变化，工厂、产品、用户之间的关系发生了变化，生产的内容也发生了变化。所以，讨论产品的服务化并不关键，这还不是未来产品的本质性问题。**

5.1.4 未来产品的本质：效用产品

过去强调产品服务化的动因很大程度上是因为产品本身的边际利润降低，制造商通过提高服务的附加值来确保企业盈利，这与新形态产品的服务化内涵完全不同。

一个个性化定制的产品，首先它是一个用户需求的综合表达。用户需求被数据化，并被传送到工厂转化为工程数据。在工厂里，个性化定制的产品被附加的或者嵌入的物联网组件智能化，并转化为用户需求的信息代理。它可以通过独特的形式加以识别、可以在任何时候被定位，并能知道它们自己的历史、当前状态和为了实现其目标状态的替代路线。在这一从需求表示到需求满足的过程中，生产过程本身被表示为一个服务。而且，通过这种服务，确保制造商在仅生产一件产品的情况下也能够盈利。

在工厂环节，代理用户需求的智能产品理解它们被制造的细节及将被如何使用。它们积极协助生产过程，回答诸如“我是什么时候被制造的”、“哪组参数应被用来处理我”、“我应该被传送到哪里”等问题。甚至在一些领域，智能产品部分自主地控制它们的生产过程和阶段。智能产品与智能移动性、智能物流和智能系统网络相对接，一起构成未来的智能工厂环境。在这个过程中，确保自身效用的最大化，并在产品生命周期内确认自己的损耗程度，这些信息被传送到工厂和服务环节，确保各方面都得到最优化。德国工业 4.0 战略中指出，这将导致传统价值链的转变和新商业模式的出现。

另外，工业 4.0 也将强调用户的参与性。通过互联网的技术和平台，将能够让那些有特殊产品特性需求的客户直接参与到产品的设计、构造、预订、计划、生产、运作和回收的各个阶段。在极端情况下，在即将生产前或者在生产的过程中，如果用户有临时的需求变化，智慧生产和智慧工厂都可立即使之变为可能。

智慧工业关于个性化产品所强调的这些内容，包括产品对用户需求的表达、产品对生产过程的智慧自主控制，以及全生命周期对损耗状态的管理及优化，还通过强调用户的参与性，让用户完全掌控产品的状态及变动等。这些设计只有一个目的，即让用户期望产品、核心产品和潜在产品需要在全新层次上尽可能一致，而且可以按照精益的管理方法持续改进，直到完全满足用户需要。通过智慧工业实现了传统工业无法实现的目标，就是让产品价值最大化、效用突出化，使产品成为一个真正的效用产品。“效用”成为区分产品的关键特征，产品服务化只是实现产品效用的辅助性手段。在效用最大化的同时，通过智慧生产，确保在只需要一件产品的情况下，企业也能盈利。鉴于智慧工业对产品效用最大化的释放，尤其强调一对一的个性化实现，这样的产品都可以称为效用产品。努力地把传统产品都转变为效用产品，是传统工业向新工业转型最关键的目标。

如果按照菲利普·科特勒提出的产品五层次结构说，这里所说的**效用产品就是突出最核心效用价值的产品。**就如同大家都喜欢吃薄皮大馅的饺子，而不是厚皮小馅的饺子。让产品的核心效用价值最大化，让用户直接地获取效用价值，就是智慧工业的应有本意。

智慧工业生产能够让大众需求产品的效用突出化，实现核心产品需求、期望产品需求、潜在产品需求之间的一致或接近一致（见图 5-3）。但没有在产品交付模式上，或者在生产组织方式上、商业模式上做根本性的变革，所以效用产品仍然不会是最优的。尤其在潜在产品与核心产品的一致上，很难做到完全一致。这是因为，让用户理解工业技术本身的技术演进并提出未来需求几乎是不可能的，必须通过生产之外的商业模式变革才有可能实现。

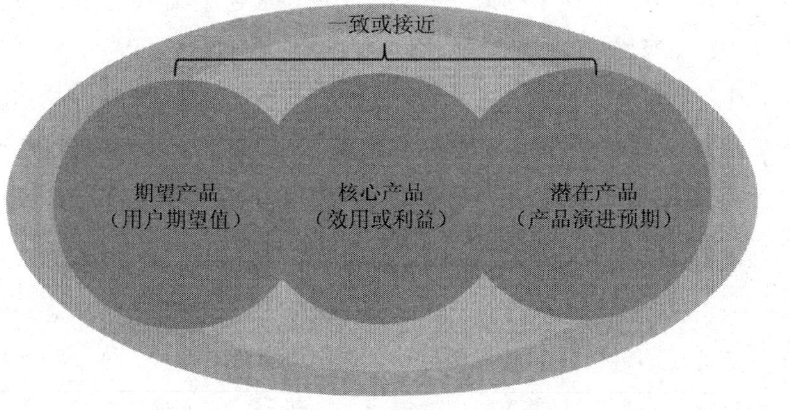

图 5-3　智慧工业对产品观的改变

从生产组织方式的角度来看，需要改变用户和生产者之间的对立关系，让生产者和用户互相融入，或者部分生产由用户在桌面完成（3D 打印已经可以做到），这样才能够比较完美地实现效用产品的生产，如图 5-4 所示。

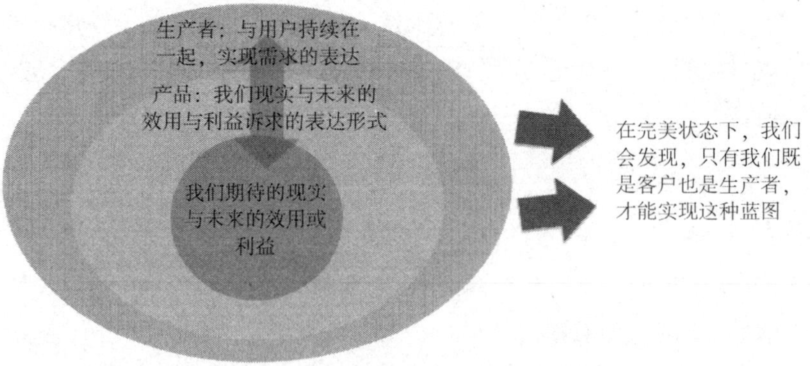

图 5-4　自主生产是实现效用产品的生产组织方式

例如，前面讨论的云计算，是一种人类全新利用计算资源方式的商业模式。通过对计算机资源在新技术基础上进行全新组织和运营，把计算机产品进一步转化为可以无限制分割和无限制扩展的服务产品，从根本上把计算机产品转变为一种纯效用产品，如图 5-5 所示。而计算机工厂并不是没有了，而是面向云计算中心的生产设备。这种生产设备也是效用化的，形式和附加价值都发生了变化。近两年计算机领域的超融合设备的兴起就是这种变化之一。由于云计算服务商更关心如何扩展计算资源池、更便捷的服务，以便满足更多的用户使用。超融合设备把计算机、网络和存储功能整合为一体，便于横向扩展，来满足云计算中心的需要。对于云计算中心，计算资源的外部箱体和包装变得毫无价值，只要能够便于组合计算资源，符合相应的功能和效能标准，就可以被采用。谷歌云计算中心通过定制部件并自主生产服务器就是一个实例。

过去，我们如果需要使用计算资源，就必须把计算机买回家，而且遇到资源瓶颈就必须买新的

而云计算让我们不需要购买形式产品，只要一些租费就可以使用按需供应的计算资源，获得了效用

图 5-5　云计算的效用产品观思考

5.1.5　不做效用产品的转变，等待的就是颠覆——电视业的启示

现在，不仅仅在计算机业发生了巨变，电视机行业也在发生类似的变化，即产品效用的突出化，包括产品及产品生态本身。乐视的超级电视强调通过“平台+内容+终端+应用”的生态体系，以乐视云视频平台、乐视网、LetvUI、超级电视+盒子、Letv Store 五大引擎给用户带来多元化的视听感受。电视与

互联网内容紧密结合，电视机本身的特征变得不再重要。把看电视的效用本质、丰富的视频内容作为价值的中心，而不是电视机本身的参数。购买乐视超级电视的人基本都是乐视网络视频的追随者，是因为乐视的内容而购买电视机。乐视模式下的超级电视拥有“硬件收入+内容收入+应用分成+终端广告”四大收入来源，用户买电视机本身就转变为买生态，电视机硬件本身是否赚钱变得不再重要。所以，乐视电视可以以非常低的价格推广，而传统电视机的价格就显得很昂贵，且效用价值不明显。

2015 年 10 月 19 日，小米公司推出了小米电视 3。小米电视 3 的最大特点是，这是一款分体电视，电视屏幕与电视主机可以进行拆分，小米电视 3 的整个主板都放在音响里。通过这种设计，主机与屏幕可以单独升级。主机部分还可以与其他品牌的电视、显示器，甚至是 VR 设备直接连接，组合成新的电视。通过这种独特设计，电视机的软性功能可以保持持续改进。把电视机本身简化为以显示为中心，从而为互联网内容的生态升级创造了条件。小米电视 3 改变的不仅仅是电视机的结构，本质上还是电视机的产品定位，它也是一款效用产品。

2015 年 12 月 10 日，东方明珠、兆驰股份、风行、海尔、国美、熊猫召开了风行电视产品发布会，发布 55 英寸、49 英寸和 43 英寸三个 4K 互联网电视型号，售价为 2 799 元、2 299 元和 1 799 元。这些公司联合提出了超维生态圈的概念，突出内容生态效用，与乐视和小米展开效用产品的竞争。电视机产业发展至此，相信还会有更多的电视机制造商跟进。如果不跟进，在这样的超低价进攻下，一定会面临覆灭的结局。产品的价值超越了框架本身，而在于它传递的价值，这就是电视机效用产品竞争带给我们的启示。

随着产品智能化的进一步演进，由智能开始，借助互联网的内生力量，改变产品交付的核心价值，由有形到无形、由外在到生态，一个有形产品的时代即将结束，一个效用产品的时代已经开始。由此可以得出一个结论，**如果一个传统企业还没有明白要生产出什么样的产品，面临什么样的产品竞争，那么盲目的智慧工厂改造就意味着在最后失败之前自己给自己增加了负担。**

5.2　个性化大规模曾经是个难题，而效用产品不是

5.2.1　大规模个性化定制生产

智慧工业与传统工业最大的不同，就在于实现大规模的个性化定制生产。否则，就会与以往的工业生产没有区别。大规模的个性化定制生产意味着生产规模是小批量、多品种，或者在极致的情况下连续的单件生产。本书第 1 章提到，德国工业 4.0 战略为此目标直接提出了一整套符合逻辑的解决方案，从而为大规模的个性化定制生产的理念落实提供了依据。

注意区分大规模个性化定制生产与大规模定制的不同，很多书中把这两个概念混为一谈，实质上它们有本质上的不同。大规模定制的核心实现基础是部件标准化，通过部件的大规模生产来实现产品积木式的搭建，从而为用户提供多样性的选择。注意，是多样性的选择，而不是个性化的选择。这样的产品可能会与用户的期望产品仍存在较大的差别。所以，所谓大规模定制的产品不是一个效用产品，而是一个传统产品。工厂通过柔性和模块化改造就能够解决大规模定制提出的问题。而大规模个性化定制生产的核心是每个产品可能完全不同，无法通过部件标准化来解决，所以德国工业 4.0 提出了智慧生产、智慧工厂、三大集成、CPS 等一整套的全新解决方案来解决它，而且必须以云计算、物联网、移动互联网、大数据等新一代信息技术为基础才能实现它。所以，在新一代信息技术出现以前，大规模个性化定制生产是无法实现的，这只能是当前背景下的产物，是一个全新的生产蓝图。目前德国工业 4.0 中提出的核心实现基础是在 IT 模块化基础上实现的工艺组件标准化，再加以智慧生产、智慧工厂等其他解决方案来实现它。由于是一对一的定制，以及确保过程的用户产品，所以这样生产出来的产品是符合本书要说的效用产品观念的。

在笔者撰写的《智慧的维度：工业 4.0 时代的智慧制造》一书中提出，大规模个性化定制还有另外一种情形，即用户的不确定性。虽然看起来好像是大规模生产，但由于并非是用户预先设定的，而是通过互联网的方法，把不确定的用户群集中起来，并显性化的。它本质上是把个性化需求进行了求

取最大公约数，从而转化为大规模生产，但它的基础仍然是基于不确定用户的个性化定制的。而且，这个过程中，一般也设计了用户参与设计、生产的方式，确保产品效用最大化。小米手机就是采用这样的方式，在不改变后台大规模生产工厂的基础上，通过新模式让接近个性化定制的需求得到满足的。

由大规模个性化定制生产的产品都是效用突出的产品，是符合本书所提倡的效用产品观念的。

5.2.2 难题是怎样产生的

在大规模生产的模式不变、商业模式不变，以及产品观念不变的情况下，实现个性化大规模定制实际上是一个难题。难题的经济反映就是成本非常大、效率非常低，在实际工作中不具有商业可行性。实质上，个性化定制并不是今天才出现的，而是今天才开始大规模工业普及的。

传统的个性化定制让大家首先联想到的就是奢侈品的限量版，或者全手工打造的产品，绝对定制也就意味着高昂的价格和很长的时间要求。这很显然不是我们现在讨论的要点，我们要解决的是普通人也能够享受到的个性化定制，这就需要采取新工业的方法。

现在我们看到的个性化定制的案例基本上都在那些产品本质就带有定制属性的领域，如眼镜和服装。眼镜和服装天然就是一对一的定制产品，传统上大规模通过系列化的方式解决这个问题，如服装提供 M、L、XL、XXL 等多个型号供选择。如果需要个性化定制，就意味着成本较高、时间很长。青岛红岭服装结合了大数据技术、自动化裁剪技术和物联网技术，把定制时间和成本降低到普通用户可接受的范围，从而解决了这个难题。眼镜也是如此，法国依视路公司通过把生产过程拆分成膜片和定制两个环节，结合大数据和智能化装备实现了定制的有效性。眼镜和服装的案例说明，在原本就具有定制色彩的行业，采取一些生产方式的改进和新技术应用就有可能解决个性化定制的难题。

而在一些传统的涉及模具的制造行业，大规模定制和成本效率矛盾按照传统生产和产品观念基本上就无法解决。比如，一台家电产品的塑料模具成本就几百万元，一个生产线更是要投资巨大，还意味着巨大的产品线上一大批熟练并分工精细的工人成本。如果是大规模生产的，这些成本就变得微不足道，就被消解到大规模生产的产品当中了。但如果用户就需要一件产品，那么就意味着要么用户以天价来购买这个产品，要么制造商忍受巨大的损失。传统工业的模具依赖本质上是大规模生产的产物，但也是一个难题，没有工业技术本身的革新，短期内模具还无法替代，也就意味着巨大成本无法被消解在大规模生产的产品当中。再比如，一个小小的螺母，如果没有生产技术的改进和标准化的生产，同样意味着巨大的成本。换个角度思考，如何通过一种新的生产方式、生产工艺或商业模式，来解决成本集约与个性化定制的矛盾？

除了巨大的成本和低下的生产效率，个性化大规模定制还意味着根本无法用传统的分工来解决。传统工业围绕流水线发展起来的工业分工理论，为产品生产效率和产品质量的实现提供了基础。由于精细的分工，以及配合的精益生产管理办法，每个工人都能够熟练掌握若干型号的生产操作规程，从而提高生产效率，使产品质量得到保障。另外，由于是单一型号的大规模生产，熟练工人的成本被分摊在数量巨大的产品规模中，成本可以无足轻重。但如果是个性化大规模定制，也就意味着产品线上的工艺无法固化，生产过程无法有针对性地精细分工，工人永远无法熟练掌握不确定的操作规程。用传统的分工理论已经无法指导个性化大规模生产的实现。

个性化的大规模定制还意味着很多需求可能无法通过一个有限工厂实现所有工序，必须依赖基于网络化的大规模协同生产。也就是说，用户需要的产品即便工厂尽了最大的努力，但仍会无法完成。

模具、传统工厂、熟练工人、分工理论在传统的生产模式下，就意味着成本集约、效率优化，就意味着企业价值最大化。所有过去的优势，放在全新的时代背景下，就会发现这些优势正是导致难题产生的原因。

5.2.3 效用产品是解决难题的办法

从个性化定制的角度来说，产品是用户需求的综合性表达，是用户效用需求的表现形式。产品也是用户和制造商的信息连接，是工厂里生产环节的代理，是自主生产的中枢。重新认识产品，树立全新的产品观念是解决个性化大规模难题的关键。

如果制造商能够从效用产品的角度来认真考虑生产的变革和商业模式的改造，个性化大规模就不再是一个难题，所有的问题都会迎刃而解。

正如前面介绍的红领服装和法国依视路眼镜的案例，制造商以效用生产为中心，对生产技术、生产工艺、生产过程进行全面的改造，就能够让个性化大规模定制成为可能，就能够把成本和效率控制在可接受的范围内。

制造商要实现个性化效用产品的生产，需要参照工业 4.0 的蓝图，改造工厂，让其成为智慧工厂；改造生产过程，让其成为智慧生产；综合利用新一代信息技术，包括 3D 打印技术，把传统工业各种可能的瓶颈制约因素通过网络化、智能化、数字化的方式消解掉。如果生产技术本身的革新短期内仍然无法实现，瓶颈制约因素仍然无法完全消解，制造商就需要努力把模具等关键制约因素的负面影响降解到可接受程度，从而最大化接近生产效用产品的目标。比如，把有关模具的生产环节进行模块化，参照法国依视路的模式把工艺分段，实现规模化与定制化的统一，就降低了模具对定制生产的制约。本质上，关键问题不在模具本身，而在于我们解决问题的思路。工业 4.0 要解决的个性化大规模定制生产问题，从产品的角度来看，就是把传统标准化产品观转变为效用产品观，再以此为基础思考生产方式和生产技术的改进。相信人类一定会很快找到工业技术本身升级的办法，从根本上彻底解决制约大规模定制生产的难题。

前面介绍的电视机的例子，也给了我们另外的思路。通过商业模式的改变，把效用产品在用户体验中实现，把生产的难题转移到服务的后台。用户可以用可接受的价格和效率来获得效用，制造商也不会因为个性化需求而面临破产困境。一切都从我们的观念改变开始，认识效用产品，一切都有了改变的可能。

简单来说，**效用产品观就是突出效用价值，或者直接交付用户效用价值的一种产品观念。具有这种观念的产品就是效用产品，智慧工业的产品都将是效用产品。解决了效用产品观的问题，就解决了智慧工业生产什么的问题，也就解决了智慧生产和智慧工厂的目标导向问题。结合菲利普·科特勒的五层次产品结构说，用一个通俗的比喻来形容，效用产品就是打破蛋壳（延伸产品），消解蛋清（形式产品），突出蛋黄（核心产品与期望产品、潜在产品的一致性）的产品。**

5.3 我们需要的不是汽车，而是交通服务

2000 年以后，中国进入了汽车快速普及化的时代，对汽车的热衷成为逐渐富裕起来的人们的身份象征。家家有汽车，人人当司机，路路大堵车，处处停车场就是这种汽车普及热潮的结果。西方发达国家汽车普及化得更早，但由于没有中国人口众多，表现出来的问题没有中国这么突出。汽车逐渐成为很多人每天要占用大量时间与之打交道的交通工具。对汽车的反思，就是我们思考我们未来生活的一个侧面。

十多年前，小伙伴们陆续开始学习驾驶，并逐渐成为有车族。但对于笔者来说，却一直没有要买一辆车，并让自己成为司机的兴趣。所以至今为止，我仍然是公交系统的坚定支持者。从个人来看，拒绝成为司机的理由主要有如下几个方面：（1）开车需要非常专注，会占用很多时间。坐地铁、公交、出租车就不会遇到这个问题，我们可以看书、思考或看新闻。（2）开车需要安全自负。在交通拥堵的今天，交通事故频繁发生，处理事故需要占用很多时间，还要面临不必要的危险。（3）汽车本身是一项负资产，产品更新很快，

几乎不会保值，还会产生油品消耗、维修保养、保险等费用支出。可能有人认为这样说太过于片面，私家车还有行动自由的好处，这方面的价值无法评估。是否购买私家车可能是仁者见仁、智者见智的辩论好题材，但从目前趋势来看，发展结果可能会更加支持笔者的选择。当然，讨论这个话题的目的不是要辩论是否购买私家车，而在于重新认识汽车这样的一类产品。

汽车究竟是什么？汽车是在第二次工业革命中，石化能源出现后的产物，现在的汽车产品也是大规模生产的产物。最早的汽车用来替代更原始的交通工具——马车，在当时也是巨大的进步。传统制造业的流水线生产方式最早就是从汽车行业的福特生产方式开始形成的。汽车一经发明，就成为一个全新的稀缺性产品，成就了一大批汽车巨人的传奇。至今，汽车产品伴随人类生活已经有 100 多年的历史。看看现在主流的汽车产品，再比较一下 100 年前的原始汽车产品，虽然种类、舒适度和安全性得到了提高，但并没有本质性的变化。2013 年，曾经创造奇迹的世界著名汽车城——美国底特律宣告破产，在某种意义上，也宣告了传统汽车工业经过 100 年的辉煌，最终走向没落的事实。

传统汽车工业的逐渐没落，并不意味着汽车本身走向终点，而是全新产品革命的出现。2012 年 6 月 22 日，美国加州 Fremont 的特斯拉工厂生产的全新电动车系列“Model S”首辆电动跑车正式交付。一款全新的智能电动汽车，引起了全球性的轰动。特斯拉汽车的出现，让大众开始重新认识汽车。人们开始逐渐认识到，汽车绝对不仅仅是四个轮子加一个箱子的马车替代物，而是可以成为一个全新的平台和场景。虽然此前也有所谓的智能汽车，也就是安装了导航系统、自动控制系统、远程运维系统的汽车。借助于新的电能储备技术和电力驱动技术，特斯拉汽车具备了传统汽车所拥有的能力，但特斯拉汽车所改变的是，把汽车智能化水平提升到如同一个苹果电脑的水平，通过一个 17 英寸的巨大触摸屏（见图 5-6），能够完成控制汽车的大部分功能。用户可以自主地定制和下载应用，甚至通过全新的应用来优化汽车自身的性能，以及汽车智能的自动驾驶能力。特斯拉汽车不再是一个交通工具，还成为了一个信息和知识平台。市场的业绩证明了这种全新汽车产品的成功。2013年，在特斯拉发布的第一季度财报中，该公司销售 Model S 车型 4 900 辆，超过原先预定的 4 500 辆的目标。销售营收为 5.55 亿美元，同比增长 27 倍。最近，特斯拉公司公布了 2015 年三季度全球财报，宣布其第三季度的总收入为 12.4 亿美元，同比增长 33%，在全球交付 11 603 辆 Model S，并向超过 4 万名车主完成推送自动驾驶的"空中升级"。

图 5-6　特斯拉汽车 Model S 的 17 英寸触摸屏

智能电动汽车时代的到来，为信息业和工业的融合提供了可能。2014 年 5 月 28 日，在 Code Conference 科技大会上，全球互联网巨头 Google 也发布了自己的无人驾驶汽车。和一般的汽车不同，Google 无人驾驶汽车没有方向盘和刹车，是一款完全的信息智能控制的汽车。虽然到目前为止，Google 的无人驾驶汽车还处于原型阶段，但已经具有了与传统汽车完全不同的特质。Google 无人驾驶汽车行驶时不需要人来操控，这意味着方向盘、油门、刹车等传统汽车必不可少的配件被软件和传感器所取代。2012 年 5 月 8 日，美国内华达州机动车辆管理部门（DMV）为 Google 的自动驾驶车颁发了首例驾驶许可证，这意味着人类开始接受这种全新的交通服务方式。如果它能够成功，那么它就是本书所说的效用产品。用户无须成为司机，就能够享受到便捷的交通服务和信息服务效用。

2009 年美国成立的 Uber 和 2012 年成立的滴滴打车是从商业模式角度，革新了人类对汽车这种交通工具观念的交通服务商。Uber 和滴滴打车通过互联网的模式，依托移动互联网技术和基于位置服务的技术，为用户提供了全新的交通服务体验。Uber 对自己的定位不仅仅是一款打车应用，而是“为乘客提供一种高端和更私人的出行方案”。与汽车制造商不同，Uber 和滴滴打车自己并不生产汽车，也不拥有汽车，只是改变了人们利用汽车的方式，就完全把传统汽车的观念颠覆了。它们的商业模式告诉用户，你不必拥有汽车，也不必成为司机，只要有智能手机，你就能如同自己有车一样方便。同时，它优化了社会中空闲的汽车资源，让汽车存量资源充分最大化利用，从而产生各方都有益的巨大财富。再结合前面介绍的关于未来智能无人自动驾驶汽车，如果 Uber 和滴滴打车帮我们叫来的是智能无人自动驾驶汽车，人类就会彻底摆脱这种叫作“汽车”的产品的束缚。

结合智能技术和全新的商业模式，汽车将会全面转变为效用产品，其他的工业产品有什么不可能呢？从汽车的例子我们还可以预测到，未来依赖于智能产品和互联网化的智能平台，每个人就有可能与效用产品之间达成全新的自治关系，无须其他人来干预。使用汽车这种交通服务将会从过去人人司机的时代，过渡到人人滴滴的时代，未来将是人人自助的时代。只要我们从效用产品的角度来看待产品，突出效用价值，一切皆有可能。

5.4 效用产品颠覆传统工业的价值链——以电视产业链为例

德国工业 4.0 战略提到，要实现端到端的价值链工程，大多数人会关心技术上如何实现和工程上有何价值。但问题在于，如果产品观念发生根本性的变化，整个价值链的构成就会完全不同，所以单纯地关注技术实现和工程价值无助于我们建设一个成功的有价值的新工业企业。实质上，通过汽车工业的分析，我们已经看到，如果我们用效用产品观来看待汽车，汽车的价值链就会完全不同。传统汽车工业价值链可能包括汽车的零部件厂商、汽车制造商、渠道商、4S 店、用户，而在全新的汽车工业中这些都不重要，而是与汽车电池和电机供应商、信息产业、信息内容服务商、汽车制造商、交通服务运营商、用户相关，产业链条要素和生态完全不同。实质上，效用产品观对传统工业价值链来说意味着根本性的颠覆。现在，正在行业变革阵痛中的电视产业价值链就在发生着颠覆，如图 5-7 所示。

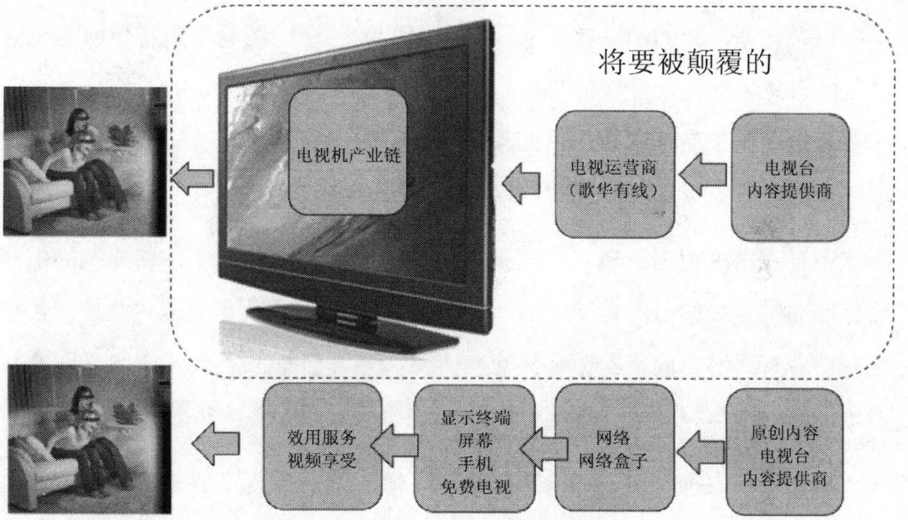

图 5-7　正在颠覆中的电视产业价值链

传统的电视产业链主要由内容提供商（电视台）、电视接入运营商及电视机产业构成。过去电视播放的内容，主要来自于电视台自己制作。以中央电视台为例，2005 年，中央电视台自制节目量达到了 43 636 小时，全年节目自制量占首播节目总量的 72.13%。2009 年，自制节目首播量为 5.5 万小时，节目首播总量 7.7 万小时[2]。电视传输接入和运营主要有无线传输、有线传输、卫星传输 3 种方式。在城市中主要采用有线传输方式，而偏远地区和农村主要采用卫星和无线传输方式。有线电视运营商除了有线电视网络建设、管理和运营及广播电视节目收转传送外，一般还有一些增值服务，如视频点播、网络信息服务、基于有线电视网的互联网接入服务、互联网数据传送增值业务、国内 IP 电话业务和有线电视广告设计、制作、发布等业务。相信大多数人和我一样，有线电视的服务还是以看电视为中心，其他服务很少涉及。例如，与互联网相比，有线电视的视频点播，无论是内容数量还是效率，都远不及互联网。电视产业链中还有重要的一环，即电视机。传统的电视机制造本身也是一个复杂的产业链，从零部件采购、生产、销售，到售后服务无所不包。有意思的是，传统的电视产业链的各主要环节是割裂的，电视机产业就负责电视机生产，内容提供商就只管内容，电视运营商就只管把内容送达电视机，各自负责自己的盈亏问题。

在互联网电视出现后，尤其是乐视超级电视模式的出现，使传统的电视价值链面临全线颠覆的危险。甚至有专家认为，如果没有政策的保护，传统电视产业将必然全面陷落。当然也有人认为，这种局面不会发生，互联网新贵只是挑战入口和终端，传统电视产业后的庞大产业链安然无恙。

如果只是占领入口和终端这样简单，确实传统电视产业价值链不会发生根本性的颠覆。但问题在于，如果这些新型电视产品改变了人们对于产品的观念，那么这种改变就是彻底和持久的。也就是说，如果用户认为，传统电视台和电视运营商提供的产品根本就不是他们想要的产品，那么传统电视产业价值链就必然会颠覆，所有问题关键取决于用户的选择。

事实上，用户已经开始重新审视电视这种产品。用户已经认识到电视只是获取视频内容的一个方式，他们更希望有更多终端选择，而不是被限定在

---

2 http://www.sarft.net/a/47354.aspx

传统的电视机及有线运营商的机顶盒中。例如，人们希望能够在包括电视屏幕、电脑屏幕、平板、手机等设备上都能看到电视内容，而且能够做到无缝切换，而这就需要整个电视生态的改变。例如，乐视的超级电视模式，把电视机和电视内容生态结合在一起，既改变了用户对电视机的产品观念，也改变了用户对内容产品的观念。当然，这里面首先面临重大颠覆的是电视机产业，而不是后面的运营和内容产业。随着入口和终端的改变，携客户以令诸侯，除非政策性保护，否则后面的运营产业和内容产业也势必面临颠覆，至少也会面临多元化的挑战，生存变得不太容易。事实上，电视运营商也已经做出改变。例如，一些地方的电视运营商，如深圳市天威视讯、北京歌华有线等，和海信、创维等传统电视机制造商合作推出订节目、送电视的活动，来应对新型互联网生态电视的挑战。至于谁是最后的胜利者目前尚未可知，也不重要。但一定要知道，一个全新电视产品观时代已经开始，而且不会停下来，只有直面这种变革才不会被颠覆。

效用产品观，本质上就是以用户为中心的产品观。认可这个新观念，就意味着传统产业价值链将面临彻底的颠覆。

5.5 未来效用产品的五个特征

接受了效用产品观，就意味着我们对生活中的很多方面有了全新的理解。比如，微信带给我们的本质上是社交效用，而不是传统上短信所带来的基础通信服务；滴滴打车带给我们的是便利的交通服务，而不是一辆汽车；我们需要的是视频内容，而不是电视机；我们需要的是计算效用，而不是计算资源；支付宝带给我们的是购买效用，而不是物理上的钱。从工业来看，未来智慧工厂给我们带来的是制造效用，而不是物理上的厂房。总结现在我们所看到的效用产品案例，它具有五个明显的特征，如图5-8所示。

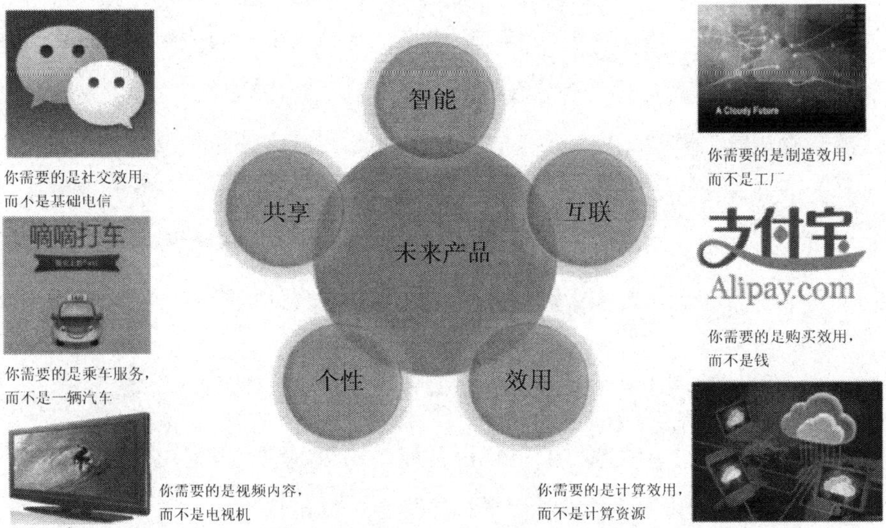

图 5-8 未来效用产品的五个特征

智能：效用产品一定是智能的，它能够按照人类的需要完成自身的软硬功能定制和不断优化。在离开人控制的基础上，能够具有一定的智能，自治完成任务。

互联：效用产品一定构筑在互联网之上，能够支持用户参与、远程的服务和升级，以及与其他智能产品信息交互。一般来说，效用产品以互联生态的方式生产和存在。

效用：对人类而言，它是效用突出并最大化的，效用价值远大于形式本身，或者转变为完全无形化的服务。效用还体现在产品的期望价值、核心价值和潜在价值的接近统一或完全统一。

个性：效用产品能够很轻松地解决个性化和大规模定制的难题，最大化地满足个性化用户的定制需求。所以，效用产品对每个用户来说一定是个性化的。

共享：基于智能和互联，效用产品本身的价值并不是私有性，而是具有共享性。也就是说，效用产品的生态可能会分享效用产品的部分价值，如智能产品的远程维护就必须建立在产品本身相应接口或资源的共享之上。

5.6 新工业创业家的产品定位

创业家不仅仅是指那些致力于颠覆旧工业，打造智慧产品和服务的创客们，还包括具有创业精神的传统企业家。他们雄心勃勃，努力把传统企业转型为智慧工业，力图让企业跟上时代进步的步伐。成功了，就是创业家，没有成功只能称为创客。一些已经引起关注、转型或创新大获成功的企业家，构成了一个创业家群体，他们给我们带来了启发。更重要的是，那些正在兢兢业业、孜孜不倦、努力成功的人，他们中的一些人注定是未来的创业家。要想在智慧工业领域成为创业家，产品定位是一个关键的问题。

传统的产品定位主要在回答“3W2H”的问题：（1）Who，谁需要产品；（2）What，需要什么样的产品；（3）Where，在哪里交付；（4）How much，什么价位；（5）How to Achieve，如何实现。这种定位方法仍然是基于传统的一个具体的、有形的产品，对本书讨论的效用产品来说，如云计算、智能汽车、超级电视、定制服装、定制眼镜等，显得无法遵从。那么，作为一个智慧工业的创业家，应该如何思考产品定位问题呢？新工业创业家的产品定位方法如图 5-9 所示。

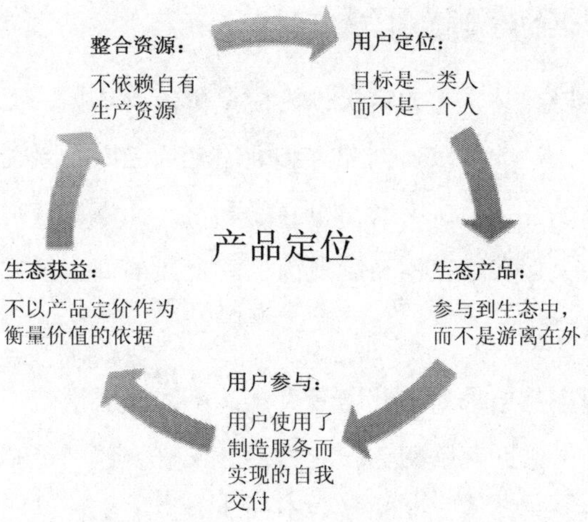

图 5-9 新工业创业家的产品定位方法

第一，不应该把产品需求定位为一个人，而是一类人。效用产品本质上是个性化定制的，虽然产品最终是一对一的个性化交付，但对于制造商来说，提供的是一种边界宽泛的定制能力，以满足潜在用户的需要。比如，云计算产品可以定位为需要计算资源的人，而不能定位为某个行业、某个企业。

第二，效用产品往往是一个生态的提供，效用是通过一个生态综合反映出来的，如乐视的超级电视、云计算、智慧汽车都具有这些特性。本质上，不能把效用产品等同于一个具体物体，而是一个生态产品。创业家需要在一个生态中定位产品，最终展示给用户的效用是一个生态组成部分，而不是一个整体。创客不能谋求在创业一开始就独立构建生态，而是与生态主导者合作实现。创业家必须要参与到生态中，而不是游离在外。

第三，效用产品产生效用最大化的一个方法就是用户参与，让用户参与到产品的全生命过程中，包括创意、设计、生产、服务等，所以不能把交付理解为送达，而是系统级的参与方案，包括促进用户参与的社区的构建，是产品构成的有效部分。效用产品应理解为：用户使用了制造服务而实现的自我交付。不能把用户对立为一个交付对象。如果用户有桌面制造设备，如3D打印，制造商提供的将是制造创意服务。

第四，不能以产品本身的定价作为衡量价值的依据，而在产品生态中获取制造商的价值。这就要求，创业家必须用全局的眼光接受低价或者免费提供给用户的产品，并在生态中获得自身的利益。让用户获得的效用突出化，制造才能价值最大化。这就需要制造商构建全新的商业模式，配合实现低价或者免费的产品交付。

第五，效用产品追求的是效用最大化，不能独立依赖一家企业资源，而是通过整合资源，借助互联网分布的力量。未来智慧制造和虚拟化智慧工厂会提供这种可能。制造商，尤其是一个创业者，无须把精力过多浪费在智慧工厂的构建上，除非这个领域确定世界上无人能够生产，或者面临特殊的商业壁垒。效用产品不一定要自己生产出来。现在世界上的很多著名公司，如苹果、谷歌、小米，它们的很多产品也是通过代工厂生产出来的。除非企业自己定位为一家代工厂，否则，就无须在生产环节浪费精力。

第 6 章
Chapter 6
个性化定制导向的智慧生产与智慧工厂

德国工业 4.0 提出了两大主题——智慧生产和智慧工厂，但远远没有回答智慧生产和智慧工厂的所有问题。

智慧生产的目的非常清楚，就是通过一系列新技术和新工艺的系统组织，实现个性化需求的满足。智慧生产的核心意义在于用智慧的方法满足个性化的需要。智慧生产有智慧的需求任务识别、智慧的生产决策、智慧的自组织生产、智慧的工艺与流程四重含义。

智慧工厂被定义为智慧生产所必需的基础设施，它涵盖智慧生产的一切可能。很多人认为，智慧工厂就是全部都是自动化机器和机器人的工厂，或者是能够连上互联网的工厂，这种理解是非常错误的。智慧工厂肯定是布满智慧机器的工厂，但同时也意味着全新的结构和布局。如果思维没有改变，只是用智能机器代替传统设备的工厂，即使连上网，也仍然是传统的工厂。智慧工厂有四重含义：第一，它必须与智慧生产关联起来，为实现智慧生产服务；第二，智慧工厂不是属于一家企业的，它的设计必须要有广阔的全球性思维，必须考虑它自身能够支持制造工程的虚拟化，实现在全球范围内云端制造的协同，并且能够在统一虚拟时空里精确定位和编码；第三，智慧工厂与用户融合在一起，对需求者来说，它不仅仅是一个基础设施，本身也是一个效用产品和服务；第四，在新工业世界里，智慧工厂应该是一个会自主思考的遍布在虚拟时空中的共享制造基础设施。

6.1　个性化生产的实现：智慧生产

智慧生产是德国工业 4.0 战略的一个核心描述内容，是它努力希望回答清楚的一个主题。它提出了动态配置的生产方式。在智慧工厂及三项集成的基础上，根据个性化产品需求，智慧的生产装备能够根据相关信息，自主组织生产、自主切换生产模式和更换生产资料，从而调整为最优的生产作业。即使在生产过程中任何环节需求出现变动的情况，都能有随时变更的解决方案。三项集成为实现智慧生产提供了可行性，让生产过程更加灵活多变。基于 IT 结构的模块化，任何的个性化需求对应着一组 IT 结构化模块。这些 IT 结构化模块按照不同的产品生产需要自动搭建出特定的结构（包括模型、数据、通信和算法等所有相关需求）。这种模块化提供了动态重新配置生产资源的可能性，从而使得生产流程的智能化应变能力大大增强。智能生产的侧重点在于将人机互动、智能物流管理、3D 打印等先进技术应用于整个工业生产过程，从而形成高度灵活、个性化、网络化的新工业产业链。智慧生产在智慧工业中的作用如图 6-1 所示。

德国工业 4.0 战略描述的智慧生产蓝图简明扼要，回答了区别于目前主流生产方式的最关键部分，即动态配置生产。但由于简明扼要，对于一些关键问题还需要进一步明确，才能导向落地实施。最少还应该明确以下几点。

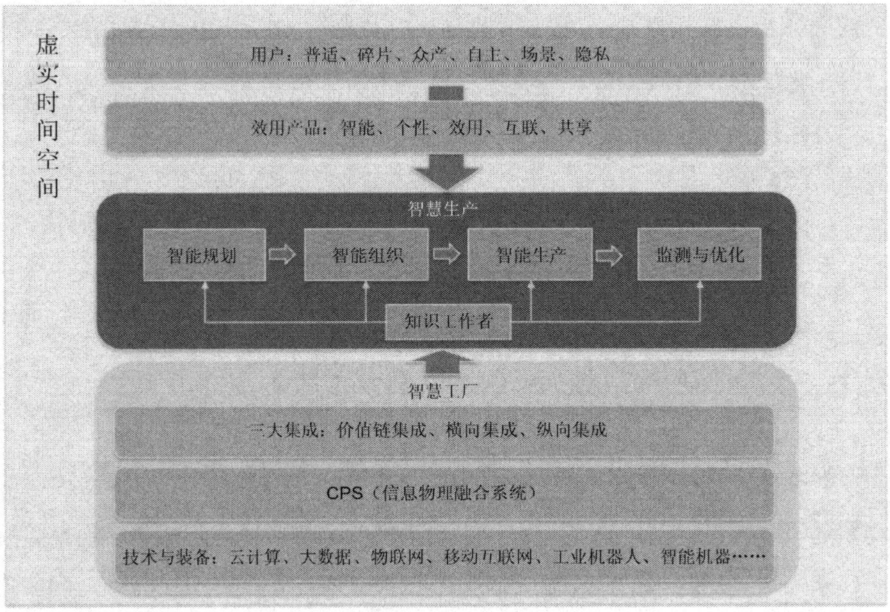

图 6-1　智慧生产在智慧工业中的作用

6.1.1　个性化与大规模的统一

德国工业 4.0 战略之所以要采用一个精细的设计，并把智慧生产当作核心主题之一，一个核心目的就是解决生产过程中个性化与大规模的统一。这种统一意味着在合理成本和合理时间要求下，能够连续不断地实现个性化定制产品的生产。

个性化就意味着在最极端的情况下，用户只需要一件，而且是连续不断的单件生产流。这就意味着，不同产品，蓝图、工艺过程、材料明细、装备使用都会完全不同。大规模就意味着，在个性化的基础上，生产流能够连续不断，不会因为某个环节占用时间阻止生产不能进行。

个性化还意味着成本剧增。在传统生产模式下，一些环节可能会成为成本制约因素，如模具。传统的生产方式是通过大规模来消解瓶颈成本。如果采用传统的生产方式，进行大规模个性化生产，不能说绝对无法实现，但意味着这些瓶颈成本被持续放大，从而让生产变得不可行。

在没有瓶颈成本制约的情况下，德国工业 4.0 战略已经提出了一个清晰的解决方案。它的核心构想是在三大集成的基础上，以 IT 模块化和工艺组件化为基础，通过智能产品主导或半主导生产过程的方式，实现个性化的连续生产。

对于生产过程中存在瓶颈成本的环节，目前看来主要有两种解决方法：其一，就是生产过程中改变生产工艺，如采用 3D 打印技术，减少模具的使用；其二，就是通过全局的生产过程改造，实现部分过程的大规模生产与个性化定制生产的组合。例如，参照法国依视路眼镜的模式，把眼镜制作过程分为大规模生产膜片阶段和定制化生产阶段。

由于成本和效率的原因，大规模和个性化的统一在传统生产模式下是不可能得到解决的。但对于智慧生产，解决大规模和个性化的统一是一个关键的、全局性问题，是首先就必须思考清楚的。在目标清楚的情况下，该采用 3D 打印技术的就必须采用 3D 打印技术，该做生产工艺全局分段改造的，就必须进行分段改造。只有在疏通大规模和个性化统一的基础之上，才能实现真正的智慧生产。当然，工业、企业都知道，生产的核心进步取决于工业技术本身的发展，并不取决于计算机技术。但从依视路眼镜的模式看来，在充分考虑智慧技术利用的背景下，企业可以从总体上进行生产的全新布局，从而弱化由于工业技术发展瓶颈所形成的障碍。

另外，如果智慧生产能够与全新的商业模式相配合，如前面谈到的生态模式，瓶颈成本也能够通过生态的规模得以消解。也就是说，如果制造商通过新的商业模式，不以直接成本作为盈利基础，而通过其他方式获益，成本就不再是一个瓶颈因素，成本的阻碍也会得到部分消解。

6.1.2 社会化生产

智慧生产是基于网络化的虚实时空中的连接、配置，以及信息交互完成的。满足普适的、碎片化的、自主生产、特定场景的用户需要，交付的产品是一个效用产品，即效用突出、价值最大化的产品。而实现一个效用产品，往往需要社会化的协作及全新的商业模式配合。

必须认识到，未来的智慧生产并不是导向某一家特定企业的，而是社会化的生产。它要完成的任务是普适用户需求所表达出来的效用产品，以效用最大化为核心，而不是以某一家企业的生产能力为核心。如果一家企业的生产能力不够，德国工业 4.0 战略也为此提出了解决方案，那就是通过横向跨企业的集成来实现。所以，智慧生产描述的并非是一个单独企业的场景，而是一个社会化协作生产的场景。

智慧生产以网络化的智慧工厂为基础，以代理用户需求的产品为中心，在产品的自主或半自主制造控制下完成。基于这种网络化的基础设施，即便是一个企业完成的，一定也会涉及多个智慧工厂的协作。智慧生产的优化也是在整体网络环境中的优化。比如在前面讨论过的例子，如果没有技术瓶颈，工厂应该就近组织生产，这就需要在整体网络环境中根据具体用户需求进行动态优化配置。

另一方面，智慧生产过程是用户全程参与的过程，必须建立技术和组织机制，能够让用户参与到产品的创意、设计、生产、服务等全生命周期中。因此，它也是用户主导的生产。在用户具备桌面生产工具的情况下，这种生产也可以部分由用户自主完成。也就是说，智慧生产不仅仅是企业中的员工完成的，而是制造商和用户一起来完成的，所以必须建立在社会化的连接之上，而不是局限在一个企业中。

6.1.3 全过程的智慧化

智慧生产过程至少应包括智慧的生产规划、智慧的生产组织、智慧的生产过程、智慧的监测与生产优化。智慧生产不是一个环节的智慧化，而是全方位的智慧化。只有实现全过程的智慧化，智慧生产才不会在一个环节停下来等待，从而让生产过程变得不可行。

智慧的生产规划：识别用户需求，并把用户需求转化为产品生产需求，为特定的产品生产确定蓝图、工艺模块与组合、工艺路线图、材料明细表、生产周期、生产位置、连接的工厂等。这个规划的蓝图应在获得用户需求信息后，由系统自动计算和规划。在红领集团定制生产西装的案例中，用户需求所表达的 18 个数据传送到企业后，在大数据平台进行计算，形成打版的数据，这个过程其实就是一个智慧生产规划的过程。与传统工程的生产计划不同，智慧的生产规划在极端的情况下针对的是连续不断的单件流，每一个个性产品都需要一个有针对性的生产规划。因此，智慧的生产规划是一个动态的实时过程，必须依赖计算机系统进行。

智慧的生产组织：过去的生产组织是由工厂里的管理人员来实现的，包括机器、材料和人员的安排。而在智慧生产蓝图中，生产组织是通过信息发布和反馈智能实现的。当一个产品生产任务被计算和规划之后，相关数据就会自动发布到相关生产设备和知识工作者，即使在生产过程中任何环节需求出现变动的情况，都能有随时变更的解决方案，变更也是自动完成的。在德国工业 4.0 战略中，IT 模块化在生产组织中起到了关键媒介作用。通过 IT 结构的模块化，可以根据个性化需求定制一组 IT 结构化模块，按照不同的产品生产需要自动搭建出特定的结构（包括模型、数据、通信和算法等所有相关需求）。这种模块化提供了动态重新配置生产资源的可能性，从而使得生产流程的智能应变能力大大增强。IT 模块化的动态重新配置的过程就是智慧生产的生产组织过程。

智慧的生产过程：当生产规划和组织都自治完成后，一个智能化产品开始进入生产过程。在这一过程中，除了智能机器的自动化运作外，智能产品在生产过程中也起到了关键作用。由智能产品确定它所处生产过程的位置、完成情况，所需要的操作和材料，并与智能生产装备进行信息互动，自主或者半自治完成生产。这里的智能产品与最终输出的智能产品不同，强调产品只有一个部件的时候，它也具有智能。例如，通过附加二维码，或者附加 RFID 的方式成为一个智能产品。在智慧生产过程中，产品是被特殊定义的。它是一个信息载体，熟知有关自己的一切；它也是一个信息代理，来调度执行任务，主导生产过程；它还具有自监测功能，能够对自己的完成情况进行监督检查。智慧生产还需要知识工作者和智慧产品、智能生产装备形成全新的互动状态，以便随时让知识创新工作加入到智慧生产过程中。

智慧的监测与生产优化：除了上面谈到的在生产过程中产品对自身的监测功能外，生产全过程、生产装备及人机互动状态等数据应该能够有效地被工业大数据平台收集起来，并进行实时的分析和预测，以便进一步地优化生产过程。

总之，智慧生产不能仅仅理解为智能装备的使用，而是生产过程的全程智慧化，以及人机互动关系的智慧化。

6.1.4 动态的配置

传统的大规模生产是围绕一张图纸、一个产品、一个 BOM、一个分工机制、一条流水线展开的生产，在一个生产周期中，所有这些东西都是静态不变的，只要能够按时、按量准确地操作就能够实现。而智慧生产所强调的个性化定制，在极端情况下只生产一件产品，下一件产品可能与上一件完全不同，而且连续不断。这就要求生产过程的配置活动必须是动态的，而不能是静态的。从这一点来看，依赖围绕流水线的工人的分工管理，很难实现这种动态配置过程，必须依赖智能机器来实现。

这种动态配置过程在德国工业 4.0 战略中有一个实现的方法，类似于软件定义网络技术，通过不可动的装备在 IT 层面的模块化，或者说生产装备和工艺组件的软件化表达，从而实现对生产过程的动态重组。每次动态配置过程，可以在系统内进行动态的 IT 模块连接来实现，而不用在物理上反复调试设备和组合设备。这种智慧生产过程，用计算机的术语说，也可以理解为软件定义的生产。智慧生产动态配置过程和结果在大数据系统中被记录下来，然后进行分析、优化，形成可以持续改进的知识资产，为后续的产品创新提供基础。

6.1.5　虚实空间的生产活动

智慧生产的实现是基于 CPS（信息物理融合）所提供的能力。所有智慧生产相关的产品、材料、装备、工艺过程都在虚实时空中被定义和连接。从传统的角度来看，信息是在物理和虚拟世界的传输和交互，以及在物理世界的执行。按照本书前面讨论的虚实时空，产品、装备、材料都可以被表述为虚实时空中的一个点，而智慧生产就是对这些点进行连接、信息交互和重新组织的过程。在这个过程中，信息与实体世界融为一体，不可区分。例如，产品可以表达为（P_1 实体、P_1 虚体、时间、位置），装备可以表述为（M_1 实体、M_1 虚体、时间、位置），材料可以表述为（Ma_1 实体、Ma_1 虚体、时间、位置）。工艺过程就是对这些虚实时空元素进行连接和组合的过程。

在智慧生产过程中，初始阶段，产品只是用户和一个工厂组合连接过程的信息表达，然后在虚拟工厂的组合中，进一步通过若干虚实融合的机器组合、材料组合和不可见的工艺模块组合实现物理产品的输出，并交付给用户。整个生产过程是由基于虚实空间的智慧生产系统自治化完成的，用户并不用关心具体的工厂、机器和材料物理上位于何处。对于用户来说，产品的生产过程应该如同操作桌面打印机一样便利和可视化，所有的生产复杂性应该由智慧生产系统和智慧工厂来智能解决。

智慧生产过程可以通过图 6-2 来表示。

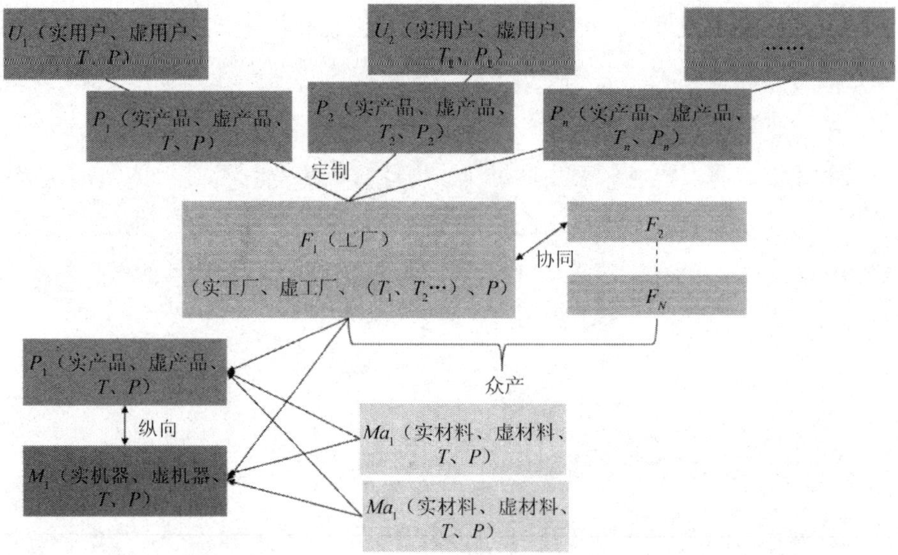

图 6-2　智慧生产过程是虚实时空中的生产活动

6.1.6　匹配商业模式

在效用产品的讨论中谈到，未来的效用产品需要与适合的商业模式相配合，效用才有可能最大化，才能实现用户期望产品、核心产品、潜在产品的一致化。例如，云计算对计算机产品的改变、生态电视对传统电视机的改变、智能汽车对传统汽车的改变，以及 Uber 和滴滴打车对传统交通服务的改变。**智慧生产不能被孤立地认为仅仅包括制造环节，还应该包括商业模式的统筹考虑。同时，一个智能的效用产品不能孤立地看成一个物品，而是在生态中用户需求的统一表达。**

智慧生产被定义为指向效用产品的生产，在生产一开始，就必须明确产品以何种形式、在何种生态中价值最大化，而不是生产出来才寻找商业模式。这种商业模式的配合也应该包括用户参与机制，让用户充分参与到智慧生产过程中，并具有足够的主导权。

商业模式的主导者是多样的，可能是制造商、平台服务商，也可能是终端服务商。商业模式的主导者也需要准确地描述对智慧生产的需要并建立直接的、技术上的虚实连接，并打通价值链全程。

6.2 工匠精神与精益思维

传统工业到智慧工业的进步是全方位的，但如果认为过去的一切都没有用，那就错了。除了知识资本可用外，还有两种宝贵的财富传承，那就是工匠精神与精益思维。工匠精神的价值在于人类五千年文明以来，人类孜孜不倦追求把产品做好的精神，而精益思维要回答的问题就是如何用最少的成本和最高的效率做好。工匠精神和精益思维在传统工业模式下带来了人类的进步，在智慧工业模式下，同样将会带来人类的进步。简单来说，无论是过去、现在还是未来，唯一不变、必须坚持的目标就是：用最少的成本和最快的效率把产品做好。智慧生产的设计必须融会贯通工匠精神和精益思维，否则就不能说是进步。换句话说，再智慧的生产方式，也得对产品负责，也得对生产者的利益负责。

6.2.1 工匠精神

工匠精神是生产者无论任何时候都应该保持的最基本的生产态度。

工业时代之前的人类文明时代，是一个纯粹的工匠时代，产品生产是手工业艺人的专利。能做好一个产品，才意味着口碑，意味着生存和发展。不是所有的手工艺人都可以称为工匠，只有手工艺人当中具有创造力和生命力的那些人才能称为工匠，他们有工艺专长且精益求精。

进入工业时代以后，工匠精神变为一种时代的气质，融入到工业化大生产的各个细节当中。成功的工业、企业无一不是具有工匠精神的，虽然不一定每个工匠都能拥有一家企业，但企业可以拥有无数工匠，并把这种工匠精神代代传承。

从古到今的每个时代，包括工业文明之前，以及历次工业革命，都有无数的关键少数人演绎着工匠精神的传奇。

《史记·五帝本纪》记载："舜陶河滨，河滨器皆不苦窳。一年而所成聚，二年成邑，三年成都。""舜诚制陶，精美不窳"，所以黑陶称之为"舜陶"。用现代话来说就是，在中国上古五帝时代，舜帝在黄河边上制陶，河边的陶器没有粗制滥造的，一年后他所居住的地方就聚集起来，两年后成了一个小镇，三年后就成了一个都市。舜帝用诚心制陶，非常精密，一点都不粗劣。用现在的观点来看，这就是人类文明早期关于一个传奇工匠及工匠精神的影响力的故事。这个故事也告诉我们，工匠精神不仅是工业时代的产物，还是人类从上古传承至今的财富。

在历次的工业革命中，同样闪耀着工匠精神的光芒。

大家都知道第一次工业革命是蒸汽机革命，也知道是瓦特发明了蒸汽机，但很少有人知道瓦特是用了 16 年的时间，经过三次重大的技术飞跃才最终发明了具有实用价值的蒸汽机，并最终引发了轰轰烈烈的第一次工业革命。在瓦特发明蒸汽机之前已经有了比较原始的蒸汽机——纽可门蒸汽机，但这种蒸汽机效率非常低，不具有普及价值。从 1766 年开始，在三年多的时间里，瓦特克服了在材料和工艺等各方面的困难，终于在 1769 年制出了第一台样机。同年，瓦特因发明冷凝器而获得他在革新纽可门蒸汽机的过程中的第一项专利。1781 年年底，瓦特以发明带有齿轮和拉杆的机械联动装置获得第二项专利。1782 年，瓦特试制出了一种带有双向装置的新汽缸，由此瓦特获得了他的第三项专利。把原来的单项汽缸装置改装成双向汽缸，并首次把引入汽缸的蒸汽由低压蒸汽变为高压蒸汽，这是瓦特在改进纽可门蒸汽机的过程中的第三次飞跃。经过这三次关键的技术飞跃，蒸汽机的效率提高了 3 倍多，现代意义的蒸汽机才真正诞生了。

第二次工业革命中出现了流水线生产，这是一直延续至今的大规模生产的关键所在，也是影响现代企业生产管理方式的关键基础。现代工厂分工理论就是基于流水线生产发展起来的。现在工厂中随处可见的流水线，在亨利·福特时代却是一项划时代的发明。

亨利·福特，福特汽车公司的建立者，是世界上第一个用流水线进行大规模生产汽车的人。在流水线生产之前，汽车工业完全是手工作坊型的，每装配一辆汽车要 728 个人工小时，当时汽车的年产量大约为 12 辆，这一速度远不能满足巨大的消费市场的需求。福特的梦想是让汽车成为大众化的交通工具，提高生产速度和生产效率是关键。只有降低成本，才能降低价格，使普通百姓也能买得起汽车。1913 年，福特应用创新理念和反向思维逻辑提出在汽车组装中，汽车底盘在传送带上以一定速度从一端向另一端前行。前行中，逐步装上发动机、操控系统、车厢、方向盘、仪表、车灯、车窗玻璃、车轮，一辆完整的汽车组装成了。第一条流水线使每辆 T 型汽车的组装时间由原来的 12 小时 28 分钟缩短至 10 秒钟，生产效率提高了 4 488 倍！从此，人类生产进入了大规模生产时代。

除了瓦特、亨利·福特这些离我们年代比较久远的伟大工匠，在信息时代，也一样有伟大工匠存在。下面讲述一些信息时代的伟大工匠们的故事，大家一起来体会新时代所应该坚持的工匠精神。

比尔·盖茨：微软公司的创始人之一，31 岁成为世界首富，曾连续多年登上《福布斯》全球富豪榜榜首。在 19 世纪 70 年代早期，比尔·盖茨写了一封著名的《致爱好者的公开信》：“有谁会在没有任何报酬的情况下来做这些专业的工作？什么样的爱好者可以为他的产品投入三年的开发时间，并且发现所有的错误、编写文件及免费发布这个产品？”19 世纪 70 年代末，IBM 正在计划进入个人电脑市场，并在 1981 年正式推出了 IBM 个人电脑。IBM 需要为自己的产品查找合适的、基于英特尔 x86 系列处理器的操作系统。微软购买了一个系统，将该软件更名为 PC-DOS，卖给 IBM。1983 年 11 月，Microsoft 开发了新产品——基于图形用户界面（GUI）的 Windows 视窗操作系统，宣告 MS-DOS 时代慢慢终结。1990 年 5 月 22 日，Windows 3.0 发布，由于在界面、人性化、内存管理等方面的巨大改进，终于获得用户认同。然后统治了整个时代，直到智能手机时代的到来。

史蒂夫·乔布斯：苹果公司联合创办人，公认的世界级的伟大工匠。他的名言："我根本不在乎市场占有率，我所关心的是怎样制造出世界上最好的微电脑，只要能够达成这个目标，我们的市场占有率自然能够提升。"乔布斯认为应该重视产品的每一个细节，使产品设计和制造的每一个环节都能做到完美无瑕。《福布斯》评论说："史蒂夫·乔布斯一直致力于改变这个世界。他自己常这样说，也经常以此勉励其他人。他的产品一次又一次地震动全球，也为其他创作性产品的面世奠定了基础。""iPhone 像一道闪电瞬间震动了整个电信世界，它深刻地改变了移动计算。虽然它不是市场第一款带触摸屏的手机，但它是第一款让人看了便爱上的手机，也是第一款无论硬件、软件都无懈可击的超级智能手机。""苹果宣布将推出一款名为 iPad 的平板时，许多评论家都觉得这个名称十分可笑，但当 iPad 真正推出后，再没人会嘲笑它了。"

当然，伟大的工匠在中国也从不缺位。在中国互联网界，除了商业模式创新外，还有一些伟大的工匠。小米的雷军、腾讯的马化腾就是其中两位。很多人以为谈论互联网和互联网思维，就是商业模式，就是赚钱，其实完全不对。互联网思维核心的内容还包括工匠精神，就是把服务和产品做好。我们只是看到了他们互联网商业的成功，但却很少有人关注他们身上所拥有的工匠精神。

2010 年 4 月，小米手机开始创业，2014 年销售 6 112 万台。如果产品做不好，不管小米手机采用什么样的互联网方法，都不可能在商业上成功。我们看一看雷军描述的几个细节：

"因为操作系统的稳定性与手机的稳定性紧密相连，所以如果质量做得不好，对客户使用的影响会非常大。一周快速迭代意味着两天规划功能、两天开发、两天测试，一周工作六天，周六升级。原来都是周六升级，最后改到周五下午五点升级。如果没事周六休息，如果有事周末就不能休息。过去两年创新工作中我们都是每周六天上班，就是为了适应每周的快速迭代。”

“我们认为最好的营销，就是做好产品、做好服务。如果你真的把这件事情做好了，其实其他一切都顺理成章。”

“比如说找一张壁纸，为MIUI找一张壁纸，我们看了接近一百万张照片，甚至开办了一个软件，挑选壁纸。然后发现找一张好壁纸很难很难，因为好的壁纸是要放到锁屏里面好看。逼着我们所有的设计师去画壁纸，反正过去的八个月，我把所有的设计师都逼疯了。最后画了五张壁纸，其实不错，但距我的要求还是有差距的。”

有没有其他人这样做过产品？如果没有，就不要嫉妒别人的成功。

注重细节的马化腾，要求腾讯所有的产品经理都要“做最挑剔的用户”。他表示，发现产品的不足，最简单的方法就是天天用你的产品。并要求产品经理必须要在感觉、触觉上经常琢磨，有困惑时要想到去改善。

例如，QQ 邮箱的“返回”按钮该放哪儿？如何才能让用户尽可能地少移动鼠标？再比如，对同一个用户发信，在这个用户有多个邮箱的情况下，如何默认选择最近用的一个账号？马化腾强调，虽然这些都是一些细小的需求，但公司一旦真正做出来了，用户就会说好。

小米科技 CEO 雷军曾经这样评价马化腾：“世上能有几个人做到脚下踩着百亿财富，半夜了还淡定地坐在电脑旁边安静地研究产品?”

无论是古文明时代的舜帝制作陶器，还是工业革命时代瓦特发明蒸汽机、亨利·福特发明流水线生产，以及信息时代比尔·盖茨发明 Windows、史蒂夫·乔布斯创造苹果、雷军打造小米手机、马化腾打磨 QQ，都如同古代工匠一样对产品有着精益求精的追求。当然，在中国互联网界还有很多具有工匠精神的精英，如奇虎 360 的周鸿祎、百度的李彦宏、微信的张小龙，他们用技术和工匠精神创造了互联网的奇迹。

2014 年 6 月 20 日，虎嗅网上有一篇文章的标题叫作：“没有工匠精神的互联网思维，都是耍流氓”。虽然语言不文雅，但说的道理很对。没有工匠精神的互联网思维就意味着没有好的产品和服务，当然也就不被认可。在全新的智慧工业时代，这句话同样有效，而且更加与每个人的生活质量紧密相关。如果智慧工业没有工匠精神，就意味着没有好产品和好服务给用户。

工匠精神是人类宝贵的财富，它与生产方式、智慧程度无关，表面上是我们对待产品和服务的态度，本质上是我们对待用户的态度。个性化定制的智慧工业时代，这是一个用户主导权无比强大的时代，做不好产品就意味着被淘汰，因此比以往更需要工匠精神。

6.2.2 精益思维

在智慧工业时代，除了工匠精神外，精益思想也是必须坚持的人类财富。与工匠精神所要描绘的生产态度不同，精益思想更多体现出来的是人类积累的知识财富。它的核心就是解决一个问题：如何用更低的成本和更高的效率生产，从而让生产者更好地获益？“精”有“精确”、“精进”的含义，而“益”所表达的意思就是“好的收益”。

广义上的精益思想是从人类文明一开始就拥有的思维方法，工匠精神本身就含有精益求精的含义。但从系统的理论体系和方法体系来看，精益思想是第二次工业革命和第三次工业革命以来逐渐具体化和理论化的。有关“精益”的概念很多，包括精益生产、精益管理、精益管理系统等。但由于每个时代的技术条件不同，具体精益实现方法也会不同，智慧工业时代同样如此。例如，对3D打印而言，精益思想已经融入到3D打印设备自身的技术性能和技术要求中，确保产品能够精准、低成本、高效率地生产。精益思想从具体的理论和方法角度可能会有时代特征，但其思想的本质却仍然有效。

现代的精益思想来源于1953年日本丰田公司提出的JIT（Just In Time，准时生产）。JIT的核心思想包括：消除无效劳动和浪费；持续改进，追求完美；关注个性化的需求；以人为本；降低库存，甚至到零库存。通过这种方式希望能够实现在正确的时间，生产正确数量的产品。JIT生产方式通过一系列的具体方法来实现，如看板管理、全员质量管理等。

精益生产是 JIT 生产的扩大版，对日本丰田公司早期做法进行了总结和完善。20 世纪 80 年代，在麻省理工学院教授的领导下，组织了一批专家，对西方的大批量生产方式和日本丰田公司的 JIT 生产方式做了详细的比较和研究。1990 年，研究团队出版了《改变世界的机器》一书，书中首次把日本丰田公司的生产方式定名为“精益生产”。精益生产的内涵超出了 JIT 生产，贯穿了企业生产经营活动的全过程，包括产品开发、协作配套、销售服务、财务管理等各个领域。精益生产以“多品种”、“小批量”为核心，提出对企业结构、组织、运营管理、供应链等全方位的变革，确保生产系统能够满足用户需求的不断变化。在这个变革过程中，强调消除一切无效劳动和资源浪费，实现零浪费、零库存、零不良和多品种柔性生产。

在实践中，专家们认识到精益生产的思想不仅仅对生产相关的环节有效，而且对企业的整个价值链管理也有效，从而发展出了“精益管理”的概念。1996 年，世界著名的精益管理大师（也是研究日本丰田公司的 JIT 生产方式的团队成员）詹姆斯·沃麦克和丹尼尔·琼斯出版了《精益思想》一书，提炼出精益管理五原则，即客户确定价值、识别价值流、价值流动、需求拉动、尽善尽美。当然，精益管理的核心仍然是消除浪费、创造价值，也就是精益思想。

客户确定价值，就是强调以客户的观点来确定企业从设计、生产到交付的全部过程，实现客户需求的最大满足。

识别价值流，就是针对价值链的全过程的活动，包括从概念、设计和工程，到投产的技术过程；从订单处理、计划，到送货的信息过程；从原材料到产品的物质转换过程，以及产品全生命周期的支持和服务过程。找到能够增值的活动，去掉不增值的活动，也就是去掉了浪费。

价值流动，就是指在批量的创造价值的连续活动中，采用持续改进、JIT、单件流等方法。为了实现这种连续流动，就必须要求每个过程和每个产品都是正确的，全面质量管理、6 Sigma、5S、TPM 等是实现价值流动的管理方法。

需求拉动，就是强调按客户的需求投入和产出，使用户精确地在他们需要的时间内得到需要的东西。拉动的过程就是按需生产的过程，也就减少了中间环节的浪费和效率瓶颈，如提前投入、库存、在制品等。拉动的方法主要是 JIT 生产和单件流。

尽善尽美，就是要强调闭环和不断优化改进，直到实现尽善尽美的价值创造过程。

近十年来，围绕精益管理，相关信息系统也被开发出来，并成为企业创造价值的重要工具。而且，精益管理的思想也被融合到企业的所有信息系统中。现在，精益管理成为被企业广泛接受的先进管理理念。

从最早的 JIT 生产，到现在精益管理系统，精益思想最终形成了包含多方面内容的管理理论和相应的软件工具的一个体系。未来来看，虽然这些具体的管理方法和软件工具可能会发生很大的变化，但精益思想本身将会与智慧工业融合在一起，通过全新的人机结合的方式实现。智慧工业的所有元素，如智慧机器的设计、智慧工厂的构造、智慧生产的规划、组织和运行、智慧的产品与服务等，都将会吸收和融合精益思想。可以确定，未来有关精益思想的一切都将通过智能化的方式自动进行。精益思想是智慧生产和智慧工厂设计必须具有的基本原则。

总之，具体技术和方法，甚至商业模式和管理模式都可能会过时，但工匠精神和精益思想不会过时，它们将会从传统工业继承过来并融合到智慧工业之中，成为智慧工业成功不可缺少的基础成分。

6.3 工业基准和个性化的空间

智慧工业的产出就是我们前面谈到的效用产品，它以智能、互联、共享为技术特征，用个性化定制的方式实现效用最大化，达成核心产品、期望产品和潜在产品的接近一致。要赋予用户充分的选择权，个性化定制是实现效用最大化的关键方法。必须明确，个性化定制并不意味着用户可以任意定制，而是在一定工业基准之上定制。工业基准的作用在于确保产品工程上的可行性、产品的基本质量保证、保障用户基本的人身安全和财产安全。在工业基准的基础上，除去维持工业基准的不可定制部分外，个性化定制的终极目标是让用户能够接近无限自由定制。如果制造商只是提供有限的可换部件选择，就不能称作个性化定制，而是工业 3.0 时代已经提出完整解决方案的大规模定制。

大多数用户并没有足够的知识了解一个具体产品涉及的工业技术，并不能从工程实现和工业基准的角度上提出合理化的需求。所以，现实意义上的个性化定制应该由生产商与用户之间协同完成。制造商提供技术实现、工业基准的支持，用户从个体需求的角度提供个性化要求，通过双方的有效互动来完成个性化定制的过程。

如何理解工业基准和个性化定制空间的关系？举一个例子，如果用户需要定制一个鸡蛋，你是不能对鸡蛋结构本身做定制的，但你可以选择不同的养鸡场、不同的品种、不同的母鸡下的蛋，也可以要求在鸡蛋外壳上画一幅画。但鸡蛋的结构取决于生物科学，并不取决于用户，这就是我们这里讨论的工业基准。由工业产品的科学性决定的部分就是用户不能定制的部分，其他才是用户可个性化定制的部分。但即便是可个性化定制的部分，也需要一些专业性支持。

现在，一些人认为个性化定制只是部分工业产品的趋势，或者区分一些产品是可以个性化的，一些产品是不能个性化的，这是一个完全错误的观点。**个性化定制生产是一个全新的思维模式和生产组织方式，是未来工业区别于传统工业的一个重要特征。任何产品都可以进行个性化的组织和生产，关键问题在于工业基准之上如何界定个性化空间，而不是要不要个性化定制。**

6.3.1 工业基准

工业基准是作为一个工业产品成为这个世界上一个元素的基本条件。工业基准确保了产品工程实现的可行性、产品的基本质量保证、产品的安全性等工业基本要求的实现，是一个基线。突破这个基线，要么是一个跨界的新产品，要么就是废品。也就是说，个性化定制的汽车首先得具备汽车的基本要求，如有合适的发动机、底盘、控制系统、减少风阻的科学外形设计，否则汽车就不能称为汽车。

当然，工业基准也并不是一成不变的，但它的变化取决于工业基础技术本身的革命，以及人类科技的进步。如果没有云计算技术的出现，我们要定制一台电脑，那么它的 CPU、存储器、内存、电源就是它必不可少的部分。而 CPU 的性能取决于集成电路的进步，人们可以选择落后的 CPU，但不能任意选择更高性能的 CPU。虽然摩尔定律告诉我们，18 个月芯片性能会提高一倍，但在这 18 个月当中，用户必须等待。现在，采用云计算的全新模式，用户可以自主选择 CPU 的数量、存储空间、内存大小，计算服务产品的工业基准发现了变化。

工业基准具有历史阶段性，与人类科学进步相关，也与人们的使用方式相关。随着软件定义一切的推进，工业基准的不可变部分，将会被软件封装在软件平台之下，用户通过软件操控，从而实现对实体世界的重新连接和组织，进而将会给用户带来更多的个性化选择。

工业基准对用户需求选择边界的影响既包括显性的影响，也包括一些隐性的影响，如图 6-3 所示。比如，不同材质的汽车座椅，耐用程度、安全系数、舒适程度都会有很大不同。但只要在工业基准之上，而且能够用现有技术生产出来，不影响用户的使用，用户都可以任意选择。与此相关的工业基准就是隐性的，用户主导权就会大一些。例如，汽车的不同外形与风阻相关，直接影响汽车的性能，用户必须接受制造商的建议来选择合适的汽车车厢外形，而不是用户任意想象汽车的造型，这就是显性的影响。对于与显性影响相关的部件，制造商尽可能预先设计出可选方案供用户选择。对于与隐性影响相关的部件，可以让用户自由提出需求，制造商给出一些辅助性的建议和技术参数，便于用户做出合理选择。

图 6-3　显性工业基准与隐性工业基准

不同行业的自身特点不同，技术发展阶段不同，工业基准就会存在不同。例如，服装、汽车、家电、建材等行业就存在巨大的行业差异，不同的行业有着完全不同的工业基准，具体产品的可定制范围就会存在较大的不同。

除不同行业的一般性的工业基准外，具体的制造商专有技术，如企业获取的专利，对于个性化定制空间也会产生正向的影响。专利越多，释放的能力就越大，个性化定制的空间也就越大。另外，不同企业的创新能力及装备水平，也决定了它的工业基准。很简单，一个柔性高的生产线可以支持用户更多的选择，而一个柔性差的生产线支持用户的选择就比较少。因此，不同企业的工业基准范围会有很大的不同，所释放的个性化空间也就会不同。这也是实现个性化定制必须建立在跨企业的社会化协同生产之上的一个原因。

6.3.2　个性化的空间

除了仅有少数部件组合而成的简单产品外，大多数复杂产品都会有个性化空间问题。个性化空间就是在工业基准之上允许用户自选部件或者自由定制的部件组合，并确保这些部件能够成为一个有效产品的组成部分。

2014 年 10 月，在美国纽约街头突然出现了一辆怪异的汽车，它的名字叫作 Strati，如图 6-4 所示。它是由美国 Local Motors 公司用 44 小时生产的一辆 3D 打印汽车。一般汽车需要 20 000 多个零件，而它的全身只有 40 多个零件。这辆汽车除了轮胎、线缆、电池、悬挂、电动引擎、挡风玻璃采取了传统的生产方式外，它的车架、车身、座椅、中控台、仪表盘、发动机罩都是用 3D 打印技术生产的部件。我们看到采用 3D 打印技术后，汽车除了少数部件成为不可任意选择的工业基准外，如果有足够多且充分考虑工程可行性的数字设计图可供选择，大多数部件就可以由用户自由打印出来。这也意味着，如果用户有 3D 打印机，只要采购一些部件，这辆汽车就可以由用户完成自主生产。另外，采用全新的 3D 打印技术，以前受到模具生产限制的一些部件工业基准变得失效，不再是限制个性化空间的因素。由此可以看出，工业基准虽然受制于工业技术本身，但技术的进步会让个性化定制的空间更大。反过来，个性化定制需求也会促使制造商加快基础技术的创新发展。

图 6-4　3D 打印汽车 Strati

3D 打印技术用于生产环节，现在还在开创性阶段，还有很多问题等待解决，大多数的现有产品仍然会按照传统的方式进行生产。未来来看，智能互联和共享是智能化产品的必要特征，产品将会增加智能的部分及软件部分。

一个常见的智能产品的结构一般会由六部分构成：物理部件、智能部件、连接部件、附加部件、基础软件、应用软件。每一类部件都可以根据工业基准的情况，确定出一个可定制的方式和定制的范围。对于不可变部分，制造商可以提供组合方案，帮助用户理解使用方式和范围；对于选件部分，制造商可以按照部件标准化的方式生产；对于可自由定制部分，制造商应提供技术支持与用户一起完成定制过程。如表 6-1 所示，是结合个性化定制汽车的案例所做的个性化空间分析表。这张表可以用来与用户沟通达成共识，也可以用来指导制造商进行智慧生产模式设计和智能工厂设计。准备为用户提供个性化定制产品的制造商，首先需要结合自身能力与资源能力，针对不同的产品类别确定不同的定制化空间，从而进一步细化产品生产方式和产品生产的边界。

表 6-1　个性化的定制空间分析

产品结构	说　明	定制可能性	汽车产品为例
物理部件	维持产品的工业基准	对于小型产品可自由定制，复杂产品可选方案但不可任意定制	发动机、底盘、储电设备
	可换部件	工业基准上的定制	轮胎、车厢、座椅、方向盘、电控、颜色、轮圈
智能部件	实现产品智能化的部件，增强物理部件的能力	工业基准上的可选定制	传感器、微处理器、数据存储装置、控制装置、引擎控制单元、防抱死智能系统、雨水感应自动雨刷器、触摸显示屏等
连接部件	与外部环境的连接	工业基准上的可选定制	接口、天线及有线或无线连接协议等
附加部件	装饰性部件	任意定制	汽车附加装饰
基础软件	智能部件的运行与控制，以及产品智能化的实现	可选但不可定制	操作系统软件、汽车操控与运维软件、用户界面
应用软件	用户可自行下载的应用软件，提升用户的舒适度	任意定制	支付、娱乐、生活等应用软件

总之，个性化定制是有空间范围的，并不会成为漫无边界的任意定制。在现有工业基准限制下，任何产品都有个性化定制空间问题，制造商需要进一步明确出来并与用户达成共识，用来指导智慧生产体系的建设。随着人类科学技术的突破，新的生产技术应用到生产环节，个性化定制空间将会进一步扩张。

6.3.3 “董雷对赌”分析

2013年的CCTV中国经济年度人物颁奖典礼高潮不在其颁奖过程，而在一场著名的对赌。在这次年会上，被誉为两代营销高手、两个经济模式代表人物的董明珠和雷军，现场下了一场对赌。这场对赌被业界称为“董雷对赌”。雷军说：“我5年后要超过你。”董明珠说：“不可能。”雷军：“全国人民作证，5年之内，如果我们的营业额击败格力，董总输我1块钱就行。”董明珠：“一块钱不要在这儿说，第一，我告诉你不可能。第二，要赌不是1个亿，我跟你赌10个亿。”对于年度营业收入超过1 400亿元的格力电器和700多亿元的小米手机来说，这个赌注不算大。

之所以引起广泛的关注，其实并不在于两人的知名度，也不在于赌注金额，而在于新模式和旧模式的看法。在很多人看来，小米手机的雷军是新经济的代表，采取了基于互联网的模式，有快速发展的潜力。而格力电器的董明珠则是传统模式的代表，有雄厚的核心技术，但增长缓慢。正如雷军所说，小米的盈利模式最重要的是轻资产。第一，它没有工厂，可以用世界上最好的工厂。第二，它没有渠道、没有零售店，所以它可以采用互联网的电商直销模式。第三，因为没有工厂、没有零售店，它可以把注意力全部放在产品研发上，放在和用户交流上。小米有4 000名员工，2 500人在做和用户沟通的工作，1 400人做研发。所以，它把所有的精力都放在了研发和用户服务上。而董明珠的底气在于格力电器工业能力和技术能力，拥有12项“国际领先”级技术，累计申请19 000项专利，申请发明专利近7 000项，生产出20个大类、400个系列、12 700多种规格的产品。

很多评论主要是从新旧模式的优劣势角度来讲的，这样的对赌好像可以说得通，但又没有什么意义。问题在于，现在是一个开放的时代，互相模仿很容易，没有永远成功的模式。模式完全可以互相借鉴，格力电器如果也采取互联网的模式，是不是能够很快打败小米手机呢？模式之争，也不会给用户带来核心价值，没有核心价值就不会有营收增长，所以本质上并不是模式之争。如果一方在说产品技术，另一方在说商业模式，那也不是有效的对赌，因为说的根本不是一回事，就更没有对赌的意义了。

我认为，实质上，“董雷之争”的本质是产品价值之争，如图 6-5 所示。格力电器拥有强大的技术专利和工业能力，具有强大的工业基准塑造能力，并因此认为拥有产品的核心价值塑造能力。小米手机的优势是充分利用公共的工业基准能力，通过强大的个性化研发能力，以及借助互联网模式让用户充分参与，从而为产品争取到更大的个性化空间。正是因为彼此各有优势，两人其实都没有错。

一个价值最大化的效用产品，在工业基准和个性化空间之间存在着关联。工业基准塑造能力越强大，给予用户的个性化空间就会越大。反之，在工业基准不变的基础上，如果能够想办法扩展个性化空间，如让用户参与、解决痛点问题等，也同样能够让价值最大化。二者同等重要，并不是其中一个办法比另一个办法更优越。从未来来看，工业基准的塑造能力和个性化空间塑造能力同样重要。具有工业基准优势的传统企业需要扩大个性化空间能力，而具有个性化空间扩展能力的新兴企业需要强化工业基准的塑造能力。双方都不能互相忽略对方的优势，而应该展开积极的学习和合作。

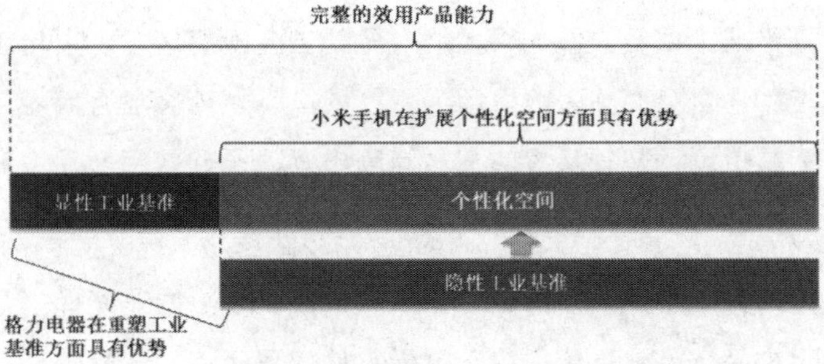

图 6-5　小米手机和格力电器的产品价值之争

分析这个案例的目的在于告诉大家，传统企业并不是没有优势，积累的技术和工业能力也同样重要，不要一谈到颠覆，就把这些核心价值也丢了。互联网企业也一定需要认识到，补齐短板，塑造核心技术能力仍然任重而道远，绝对不能轻视基础性技术，认为模式能改变一切。

6.4 智慧生产的基础设施——智慧工厂

现在，在地球上生活着的这一代人，从我们一出生起，所看到或所想到的工厂就是具有庞大空间的厂房、轰隆隆的流水线和围绕流水线忙忙碌碌的工人。虽然，随着技术的进步，工厂更加干净、整洁和整齐有序，但工厂的关键特征却没有根本性的变化。过去，工厂就是被大家理解为很多工人集中去生产的场所。从现在开始，有关工厂的一切都将开始变化。新一代工厂蓝图出现了，这就是智慧工厂。

什么是智慧工厂？简单来说，就是实现智慧生产的基础设施。近五年来，好像人类忽然之间开启了智慧工厂的切换模式，一下子涌出了很多智慧工厂的案例：有的突出互联网工厂，有的突出机器换人，也有的突出柔性生产线和定制生产。当然，我们首先得肯定这些正向积极的尝试。但问题在于，智慧工厂的目的是不是清晰，设计是不是合理，是不是具有前瞻性。智慧工厂意味着巨大投资，如果在 5 年内就失去它的价值，那么就可能造成极大浪费。

现在看来，很多智慧工厂还是在传统工业模式下进行的智能改造，这是一个需要认真思考的问题。如果人们对传统工业还有需求，那么是否是智慧工厂其实并不非常重要；但如果人们对传统工业没有需求，以传统工业为蓝本的智慧工厂注定会面临失败，因为生产的产品可能会没有人购买。因此，构建一个智慧工厂，必须从它的基本问题出发，面向效用产品生产的智慧生产需要什么样的智慧工厂？

在前面内容中我们全面讨论了智慧生产，它的目的是确保生产能够最大化实现效用产品，也就是让用户获得最大的效用价值。智慧生产从内涵方面有六个特征：个性化与大规模的统一、社会化生产、全程智慧化、动态的配置、虚实的生产活动、与商业模式的配合；从精神特质和思维模式的角度，应保持工匠精神和精益思维；从个性化定制实现的角度，智慧生产应能够在工业基准之上实现最大化的个性化空间。这些内容需要在智慧工厂层面得到充分实现，来支撑智慧生产的完成。智慧生产是基于社会化生产的，一个独立的工厂，只构成智慧生产的一个模块，它应该能够与其他智慧工厂一起满足智慧生产的需要。未来，从用户角度认为的生产工厂，只能是物理上分布而在数字视图上统一的虚拟工厂。从一个工厂开始，最终通过网络协作构成网络化的智慧生产蓝图。**智慧工厂的构建必须建立在对智慧生产的预期蓝图之上，而不是构建在现有的企业架构之内，否则工厂的价值就会大大降低。**

甚至，智慧工厂并不在用户直接联络的生产商的私有资产边界内，而是通过网络连接的方式在生产商的服务资源范围内，是一个虚拟的工厂，如图 6-6 所示。例如，苹果公司并没有生产工厂，它的手机产品是通过布局在中国的富士康工厂来代工完成的，用户是通过苹果公司建立了与生产工厂的连接。所以，智慧工厂并不一定要与智慧生产的组织者存在资产上的联系。随着智慧工厂逐渐成为社会化的公用基础设施，这种情形将会越来越多。

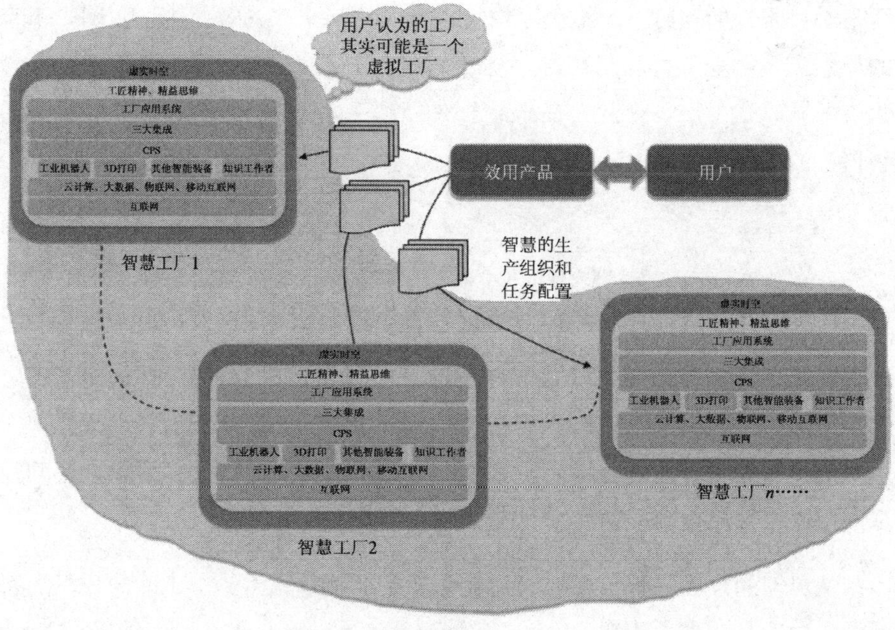

图 6-6　智慧生产的多工厂实现蓝图

除了规模庞大的大型工厂，基于 3D 打印技术的小微智慧工厂也是未来智慧工厂世界的组成部分。对于未来，不能一谈到工厂，就认为一定是规模庞大的厂房和大量机器，这是我们一定要抛弃的传统思维定势。3D 打印技术的出现，全面革新了生产技术，将是制造业的终极颠覆。3D 打印技术为构建基于互联网组织的小微工厂和用户的桌面自助工厂的实现提供了现实可能性。虽然，目前 3D 打印技术还受制于材料科学进步和自身技术进步的约束，但已经被证实可以在独立的零部件和单一材料产品生产中发挥作用，很多个零部件可以组装成复杂结构的产品。例如，3D 打印的汽车 Strati 只有 40 多个部件，如果由小微 3D 打印工厂生产，每个小微工厂只生产一个部件，最多只需要 40 多个小微 3D 打印工厂就可以协作完成。不能否认，3D 打印工厂也是我们未来的智慧工厂蓝图之一。

因此，我们对于智慧工厂的理解不能停留在大厂房、大机器的时代，而是必须以全新的视角、全新的观念来构造出适合这个时代的新工厂。本书也不准备花费大量的精力用来告诉企业如何把现有的大工厂改造成智慧工厂，而是站在未来的视野下，给大家描绘出一个面向未来的智慧工厂蓝图。未来的智慧工厂是基于智能互联的，分布在虚实时空的虚拟工厂，更是一个面向大众的共享式工厂。企业只有知道未来的工厂是什么样子的，才能够找到适合自己的工厂智慧化之路。

6.4.1 不仅仅是智能互联

智慧工厂作为面向智慧生产的基础设施，不能在旧有的工业格局下考虑它的构造，必须赋予它全新的特征，用全新的思维，并用全新的技术来实现；也不能仅仅站在企业私有资产的基础上定位智慧工厂，而是作为未来协同共享的基础资源来全新构造。

从目前的发展趋势及德国工业 4.0 战略的描绘来看，一个面向未来的智慧工厂应该具备六大特征：智能、互联、分布、精益、模块、自治，如图 6-7 所示。

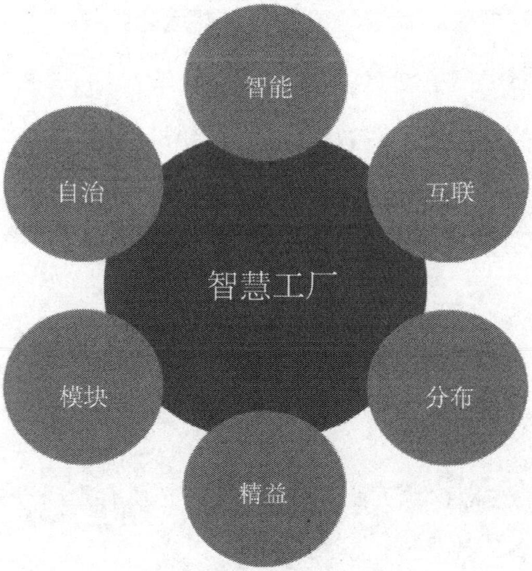

图 6-7　智慧工厂的特征

1. 智能

智慧工厂的“智能”的含义应该至少包括 6 个方面。

（1）应用智能。智慧工厂能够做到四知，即知道生产什么产品或部件，知道产品和材料从哪里来到哪里去，设备知道该如何精确操作，员工知道如何优化改进。

（2）智能技术利用。智慧工厂在设备级、模块级、系统级三个层次上都具有信息感知、传输、分析决策与执行的全方位智能。尤其在覆盖整个工厂的系统级层面，对工厂具有全方位的信息感知、传输、分析决策和执行能力。

（3）在纵向、横向、价值链的三个维度上能够自治实现技术集成、事务集成及应用集成。自治实现的意义在于无须人工干预的情况下自主实现自动连接、传输、分析和决策执行。

（4）人机接口智能化。人机接口智能化包括电子看板、移动终端、虚拟现实等，帮助知识型员工理解和优化生产系统。

（5）运维的智能化。运维的智能化包括运行监测、故障预警、故障应急处理、现场及远程维护支持等。

（6）动态的智能配置。在智慧工厂内，所有生产元素都应该支持根据不同产品生产需求所产生的动态的智能配置要求，并在生产完成后生产元素都能够被自动释放。动态的智能配置应具备支持用户在生产过程中更改需求的能力。

2. 互联

智能工厂的互联应包括3个层次。

其一，在工厂内部构建工业互联网，能够把所有生产设备、知识型员工、原材料、输送装备连接在一个网络之中。

其二，集成互联。通过网络来支持三大集成的实现，并能够与企业内部工业互联网连接和进行信息交互。

其三，社会化互联。智慧工厂能够通过虚拟化的方式把生产能力资源在互联网环境下释放，并与社会化的智慧生产、智慧产品、智慧物流、智慧建筑等系统网络连接，能够自主接受和完成生产任务需求。

3. 分布

智慧工厂将改变传统的一个厂房完成所有生产任务的格局，为应对个性化定制挑战，智慧工厂必须进行单元化、模块化的改造。一个工厂将只是智慧生产任务中的子任务单元，也对应着一组工艺组件和IT模块。从完成一个生产需求的角度，将由分布式工厂共同协同完成任务。这些分布式工厂可以分布在一个企业内部的不同地理位置，也可以分布在不同企业中。

4. 精益

精益思维将会渗透到智慧工厂的所有单元、所有流程及所有活动中，成为智慧工厂设计必须遵循的原则。尤其在智慧工厂的系统级层面，必须保持生产过程中的最低成本和最高效率，并能够建立不断优化改进的机制。所有的 IT 模块组件及工艺组件，以及它们的任意组合必须符合精益思维的要求。传统工业、企业围绕人机配合形成的精益管理方法，将主要由智慧工厂、智能机器的自治运行来实现。所以，智慧工厂的结构和布局、智能机器的自动运行设计都必须符合精益思维的要求。

5. 模块

以产品标准化为基础的传统工厂无法满足个性化定制的要求，为了应对个性化定制的挑战，智慧工厂必须从结构上进行根本性的变革。借助于智能技术的支持，分布式的智慧工厂模块及模块组合具有了可行性。模块化的分割是为了扩大个性化定制的空间，但最终是为了模块间的组合能满足用户的总体需要。所以，智能工厂模块的信息交互要如同在一个机器内部传输一样流畅。借助模块化，传统上串行的生产方式就可能变为串并行结合的方式，将会大大提高生产的效率。工厂级的模块、机器级模块，以及工艺操作级的模块都将与相应的 IT 模块相对应，从而通过 IT 模块的重新组合来实现个性化的生产。

6. 自治

智慧工厂是一个高度智能化的系统，自治是其必备的条件。“自治”的意思就是能够模仿人类分析决策和执行过程自动完成任务。工厂自治化的原因主要有两个：一方面是因为要实现大规模的个性化定制生产，人工已经无法做到让连续不断的不同产品协调生产，必须依赖机器和系统的自治；另一方面是因为自治能够减少人工的干预，减少由于人机交互导致的偏差，提高生产效率，对质量保证和生产率提升都有现实意义。

从以上六个方面的要素来看，智慧工厂是一个全新的组织和结构逻辑，单纯的机器换人是远远不够的。没有系统级的全新工厂思维，就不可能实现一个能够满足智慧生产需要的智慧工厂。

6.4.2 构造虚拟智慧工厂

智慧工厂是分布在虚实时空中的一个节点或若干节点的动态组合，为智慧生产实现提供基本的能力。持续创新和精益求精是智慧工厂的基本要求，也是涵盖一切的指导方针，是所有技术应用和所有生产细节应贯穿一致的基本要求，也就是要求工匠精神和精益思维在智慧工厂层面能够充分体现。

不能把智慧工厂简单地想象成一个庞大的厂房里面有很多智能机器人，需要知道这只是未来智慧工厂的一个可能图景。未来的智慧工厂也包括那些由几台或数十台 3D 打印机构成的微型工厂，甚至拥有一台 3D 打印机的一个家庭工厂。只要它们连上网，构成了虚拟智慧工厂的一个节点，就应该把它们也视作智慧工厂世界的一部分。当然，微型工厂是一个较为中远期的图景，而作为共享基础设施的大型工厂的智慧化改造仍然是现阶段的主要任务。下文描绘的虚拟智慧工厂蓝图仍然以大型工厂为基础。

智慧工厂必须构建在基于互联网的新一代信息技术之上，是云计算、大数据、物联网、移动互联网等技术的综合利用，并在此基础上形成了工业化的特征。云计算、大数据、物联网、移动互联网是智慧工厂得以实现的基础，为智慧工厂的具体需求，如工业云计算、工业大数据、工业互联网构建，提供了一个公共技术平台。

工业机器人、3D 打印、智能装备、知识工作者及知识自动化构成智慧工厂中基本的执行单元。工业机器人、3D 打印、智能装备是核心的生产装备，知识工作者充分利用人类智慧的优势及个体知识的积累，借助人机接口装备、知识自动化工具监控生产的运行、提供改进优化方案。机器和人在智慧工厂中处于高度融合的状态，信息通过各种智能技术在人和机器之间自由地流淌。所有执行单元都不是孤立的，它们处于智慧工厂所构建的基础网络之中，并能够根据具体的生产需求按照工艺组件及 IT 模块化的需求进行动态的配置组合，来实现高度的生产灵活性。所有执行单元的操作及其组合操作应符合精益化的要求，以用户为中心，实现拉动式的 JIT 生产和单件流生产方式，确保价值流的浪费环节被彻底消灭。由于建立在智能技术之上，精益思维在智慧工厂能够比传统工厂更容易落地和得到执行，并减少了人为因素的影响。从目前看来，虽然 3D 打印技术是革命性的生产技术，有希望从根本上优化和升级工业生产，但受制于材料技术的发展，以及 3D 打印机功能的单一化，还不能广泛普及使用，但建议工厂还是在所有可能的领域引入 3D 打印技术，以提高生产环节的灵活性，增加个性化生产的空间。

CPS 技术是智慧工厂能够实现的关键技术，通过它能够把智能生产单元连接起来，并实现信息、通信、计算和执行的全面融合，使复杂的个性化生产任务能够连续、精确地进行。相对企业熟知的 ERP、MES、DCS、CRM 等信息系统，CPS 是一个需要全新设计和开发的信息系统。CPS 可以视作一个庞大的软件定义工厂系统，所有物理的工厂元素、信息资源通过它进行系统化的连接和重新组织，它们能够相互独立地自动交换信息、触发动作和控制，是一个庞大的自治系统。基于 CPS 技术，一个智慧工厂可以被看作一个巨大的、一体化的智能机器。但到目前为止，CPS 技术还在研究和探索当中，一些企业成立了 CPS 研究中心，来研究更有针对性的 CPS 系统。

三大集成技术可以被认为是 CPS 技术实现的目标，也可以被认为是 CPS 技术之上的应用。三大集成，即基于价值链的端到端集成、不同企业或工厂间的横向集成、工厂内的纵向集成，如图 6-8 所示。通过三大集成，实现客户价值的一致化、生产效率的提升、个性化需求的满足。与 CPS 比较来看，CPS 是技术实现，而三大集成强调业务逻辑的组织。比如纵向集成，德国工业 4.0 战略中指出："取而代之的，是根据个性化需求定制的一组 IT 结构化模块，根据不同情况下产品生产的需要自动搭建出特定的结构（包括模型、数据、通信和算法等所有相关需求）"。三大集成一般是通过一系列的应用软件及它们的集成来实现的。目前来看，传统 ERP、MES、SCM 等信息系统具有一定的价值链和横向集成能力，但与工业 4.0 提出的基于 CPS 的集成还有一定差距。**一些人把纵向集成理解为传统 ERP、MES、DCS 系统的集成，这是不正确的。这种集成不能够支撑信息物理的融合，当然也不会满足个性**

化生产的需求。当然，ERP、MES、SCM 等传统信息系统也在演进中，组件化和云计算化是其最重要的趋势。如果工厂能够对传统的信息系统进行部分改造，适应智慧生产的需要，这也许是快速构建智慧工厂的方法。

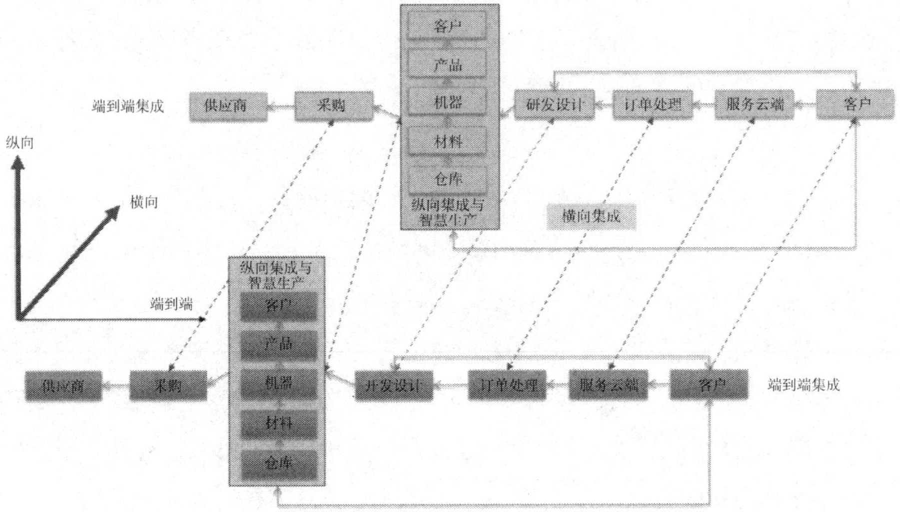

图 6-8　三大集成的逻辑

在三大集成之上，智慧工厂应该拥有工厂级的应用系统，如生产执行系统、面向工厂全局的工艺组件库与 IT 模块库、模拟仿真、大数据分析和优化、资源管理、需求与任务管理、与企业级应用的接口等。这一层次相当于工厂的大脑，控制一个独立工厂的按需自治运行。同时，工厂级的应用系统也是一个使能工具，实现智慧生产系统提出的生产任务需求。

工厂级的应用系统应该是一个全新的基于 CPS 的应用设计，而不应该理解为传统企业的 ERP+MES。传统企业的 IT 架构中，工厂应用级的任务主要是由 MES 系统实现的。传统的工厂是某一个企业的附属物，主要任务是生产执行，所以很少有独立的工厂级应用系统。传统企业必须明白，智慧工厂未来作为虚实世界的重要的共享基础设施，现有的 MES 系统作为工厂级应用是远远不能够满足需要的，更不能认为智慧工厂就是 MES 主导。就市场现状来看，还没有完全满足智慧工厂需要的工厂级应用系统解决方案，工厂级的应用系统应该是智慧工厂领域需要攻克的主要方向。

在智慧工厂意义上，与传统的 MES 系统的以执行生产任务为主不同，工厂级的应用系统应该具有自主决策，实现工厂按需自治运行和优化的能力。比如，根据不同的个性化生产需要，能够结合工厂的能力，形成 IT 模块组合和工艺组合，一方面反馈给智慧生产系统，另一方面能够把相应的控制系统和指令发布到所有智慧机器与工厂知识工作者，并监测和优化执行过程。工厂级的应用系统需要对具体的生产任务负责，确保在工厂层面以最优的成本与效率实现生产。另外，工厂级的应用系统应该能够支持把工厂能力释放到互联网中，实现跨界的协同生产。

智慧工厂作为一个物理上的实体，在虚实世界中应该能够表达为一个连接即生产的虚体，最终实现在虚实时空中的虚实一体化描述。智慧工厂的技术架构图如图 6-9 所示。

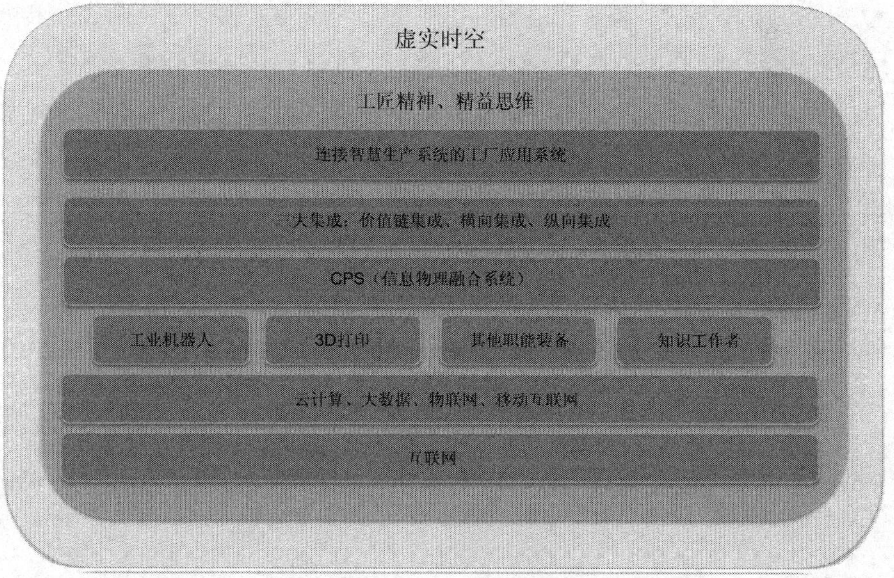

图 6-9 智慧工厂的技术架构图

当然，智慧工厂还涉及大量的技术细节，读者可以参考笔者撰写的《信息化 2.0+：云计算时代的信息化体系》、《智慧的维度：工业 4.0 时代的智慧制造》，或者参考其他专业书籍。总之，不能简单地把智慧工厂理解为机器换人，它是一系列的智慧技术的综合性利用。

6.5 云端共享制造资源——智慧工厂

在大规模生产模式下，基于社会需要大量的同质产品假设，生产围绕企业的生产计划进行，工厂只要连续不断地生产即可。而在以用户为中心的个性化定制生产模式下，生产取决于用户的选择，生产需求变得不可预测。如果不能建立与用户需求的有效连接，再智慧的工厂也可能面临停产的窘境，企业也无从按计划组织智慧工厂进行生产活动。因此，必须打破智慧工厂从属于一家企业的边界，让智慧工厂成为互联网上一个云端共享制造资源。把智慧生产的组织者和智慧工厂解耦合，让大规模社会化的智慧生产组织者能够利用所有互联网开放的制造资源。只有这样，才能在整个虚实世界中达到生产和需求的平衡，建立全新的生产和用户之间的互动关系。

6.5.1 工厂即资源

智慧工厂应视为具备某种产品制造能力的一个物理资源，在虚实时空世界里能够表达为一个节点。它的任务在于接受数字表达的用户需求，并转化为物理世界的输出。

按照共享经济的理念，一项资源并不是在私有状态下实现价值最大化，而是通过共享的模式实现价值最大化。**未来的智慧工厂应该如同一个优步专车或者滴滴专车一样，在一个平台中共享为一个资源，任意有制造需求的用**

户都能够在线找到并使用服务。与专车的接近同质化服务不同，工厂资源需要更加精确的能力描述，并能够在线完成资源连接。

智慧工厂资源的利用可以参考云计算的模式，提供弹性、可伸缩的服务，按需使用，按使用付费。若干的同类智慧工厂资源可以形成制造资源池，称为新工业生态的一个基础设施。

智慧工厂是一种能力资源，具有特定产品或部件的个性化生产制造能力是其本质。在最新的云制造理论中，智慧工厂制造能力资源可以展现为一种云制造服务。在制造资源虚拟化及制造资源池化的基础之上，通过软件对虚拟化制造资源和制造资源池进行封装，并通过能力+服务的方式展现出来。智慧工厂资源与云制造平台的结合，将会赋予全新的特征，具体如下。

- 随需供应：根据用户需要通过服务，服务是以标准化的形式呈现出来。
- 异构整合：基于 SOA 理念，异构资源被服务化封装，所以能够很方便地实现异构整合。
- 即时性：参考云计算的按需计算思想，服务永远就绪，能够即时响应服务需求。
- 动态性：制造资源动态匹配，需要则连接，不需要则关闭，资源也可以动态接入。
- 能力性：制造资源池化，封装为服务，本质是制造能力表现。
- 全周期：云制造能够对制造生命周期全部过程进行服务化，所以就能够实现跨阶段的资源配置。比如，A 的研发服务，与 C 的生产服务进行资源配置。
- 商业性：制造资源服务将被准确地计量和定价，并进行合理化运营。这也是云制造体现为一种商业模式的关键所在。

智慧工厂作为一种共享资源，与云制造平台相结合，将会形成全新的智慧工厂运营模式和商业模式，从而实现资源的价值最大化。

6.5.2 连接即生产

智慧工厂作为一种面向未来的制造基础设施，建立在数字化和智能化的基础上，为工厂资源转变为云制造服务提供了基础条件，但并不意味着它就可以直接连接网络转变为制造服务。工厂虚拟化是把物理工厂转变为云端资源的关键环节。

只有工厂资源池化，才有可能实现工厂资源服务化的封装，而制造资源的池化必须建立在制造资源的虚拟化之上。我们知道服务器虚拟化是通过一套虚拟化软件来实现的，而工厂资源的虚拟化比它要复杂得多。服务器虚拟化只面对一种资源，或少量的其他资源，而工厂资源虚拟化需要面对海量的、异构的、功能差异巨大的资源，还需要一些关键技术的突破。

理论上，工厂资源虚拟化就是实现物理的智慧工厂到虚拟工厂资源的透明映射。所谓透明，就是供需各方都能清晰明了它们的对应关系。一般来说，由工厂服务的提供者根据相关规范，对工厂资源进行语义化描述，并把工厂资源注册加入到云制造资源池中，服务的需求方能够对虚拟工厂资源进行查询和使用。

工厂资源虚拟化是连接物理资源和服务的中枢，它的目的就是便于资源的在线服务化的提供，以及对资源利用率的提升。如果不方便或者没有人使用服务，或者使用服务效率不高，这些问题都可以追溯到资源虚拟化层面。目前看来，工厂资源的虚拟化包括：分类、资源信息层次模型、资源利用模型、资源语义结构、资源的注册及发布等内容。现在，这些问题都在研究阶段，已知的方法是把工厂资源发布为一个 Web 服务，然后统一注册。通过这种方式来建立供需方的连接，需方应该能够通过网络来调用虚拟工厂资源。如果工厂虚拟化能够实现，对于建立在 CPS 技术基础上的智慧工厂，在理论上，用户可以自主完成制造服务过程。

工厂虚拟化是决定用户能否自主完成生产任务的关键环节。目前常见的方式，用户还是通过在线提交订单，由工厂主导完成生产任务，还不具备完整的用户主导生产能力。但随着技术的发展，相信未来的某个时间，用户远程自主连接和生产可以成为现实，就如同用户操作一个桌面 3D 打印机一样方便，实现连接即生产。

6.5.3 制造即服务

如果能够实现智慧工厂的虚拟化，用户能够连接即生产，那么制造就会成为真正的服务，制造本身将会围绕产品创新展开，而不再受制于资源的约束，制造业也将成为一个服务性创造业。

制造即服务要区别于制造服务化。制造服务化描述的是制造业服务比重增长的过程，强调增强制造服务附加值。以装备制造业为例，它有一个被称作“微笑曲线”的价值规律图，如图 6-10 所示。按照价值链顺序，制造的两端附加值最高，中间生产环节价值最低。那么制造业服务化，就意味着向微笑趋向的两端转移，增加投入和力量，从而实现增值。

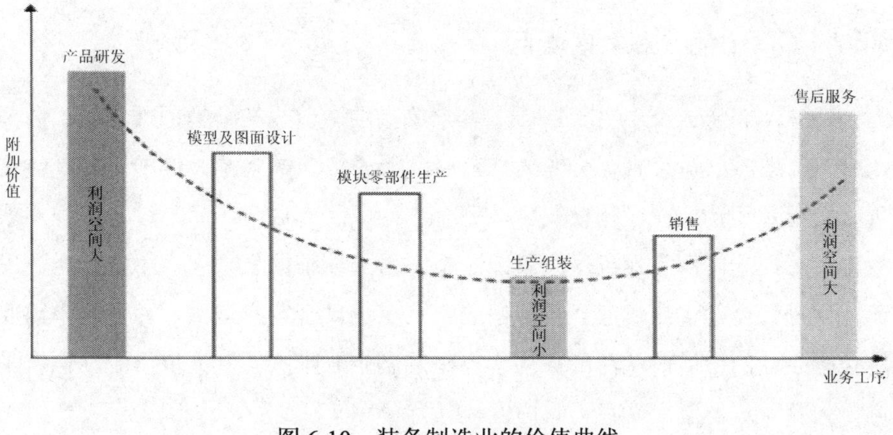

图 6-10　装备制造业的价值曲线

传统上，制造服务化的核心还是在强调增值服务，并没有改变制造的本质。与制造服务化不同，制造即服务强调制造全过程的服务化，不仅仅是设计服务和售后服务，尤其在智慧工厂环节，也将转变为基于互联网的制造服务。在智慧工厂云端共享的基础上，生产过程本身具有个性化定制生产的特征，这种个性化生产的过程就是一项针对性的服务。用户可以委托第三方进行产品设计，也可以直接由智慧工厂提供产品设计，或者用户自主进行产品设计，最终产品设计能够通过在线连接的智慧工厂生产出来，这就是未来的制造即服务蓝图。基于这个蓝图，制造业将演变为制造型服务业。

6.6 从 C2B 到 C2M：用户主导生产的商业模式

智慧工厂塑造了个性化定制的能力，但需要适合的商业模式把这种能力进行释放，并形成持续成长机制。C2M 就是工厂直连客户的模式，它让智慧工厂具备了商业上的可行性。

6.6.1 C2B：客户权利的崛起

C2B（Consumer to Business，客户到商业）首先在营销领域崛起。所谓 C2B，就是客户到商业，实现聚合客户，形成拉动式生产。最常见的具体实现方式就是团购。在团购模式中，哪个产品成团，哪个产品不成团，客户聚集已经形成了向商家倒推的力量。这个力量的结果就是，生产不再是企业发起，而是聚合的客户发起。新营销的重点在于聚合客户资源，并把客户需要转化为企业的价值，从而形成从客户出发到企业生产的倒推价值流。也就是说，先有客户价值，后有企业价值。

C2B 对企业价值也是明显的。由于 C2B 模式中，客户的集中需求已经形成，企业能够按照客户需求实现零库存、零浪费、零不良的精益生产。对企业来说，生产更加精准，成本更加低廉，效益也更加明显。而且通过客户的聚合，品牌价值得到放大，对企业长远发展也是有益无害的。在这个逆向的价值流中，由于客户已经在那里，所有的中间渠道环节变得没有必要，从而减少了成本，促使进一步的薄利多销，聚集更多客户，客户也能买到更便宜、更好的产品。所以说，C2B 模式充满了正能量，能够促进整体社会正向循环。

C2B 也意味着客户权利的崛起，客户具有了反向杀价的能力。反向团购成为近两年来兴起的最新模式。这种模式允许客户自己提出自己愿意出的价格，然后通过团购平台向供应商反向议价，双方都满意的情况下才能成团。这意味着客户在未来的销售活动中将会具有主导权，企业必须通过全面变革来应对这种主导权的变化。如果不变革，就可能被市场赋予的客户权利淘汰，也就是说，再也没有客户购买你的产品。

当然，C2B 的内涵要远远超过团购在销售环节的价值。它还包括让客户参与产品设计、参与生产过程、参与定价等诸多内涵。客户的需要不仅仅体现在价格上，还在于产品本身。总之，C2B 要强调的就是先要有客户需求，然后再组织生产。客户参与设计和参与生产的过程，也是一个群体创造的过程。

C2B 意味着制造的主导权转移，从制造商转移到客户。可能会有人认为这会对制造业不利，其实不然。制造商的核心价值就在于制造，整合资源提供优质产品和服务是它的基本能力。本来制造商就是要把产品卖给客户的，客户说了算，当然前提是客户愿意买，而制造商的价值仍然没有变，而且通过满足需求的产品交付，让它的能力变得更有价值。由于 C2B 模式建立了客户和制造商的直接连接，受到冲击最大的将是线下零售商店和中间渠道商。

实现 C2B，需要信息精准、快速、海量地从客户端传递到生产端。实现这个过程就需要充分利用互联网、移动互联网、云计算、大数据等新兴信息技术，这样才能够使效率和价值最大化。所以它们是属于新技术时代的营销模式，充满了新技术的基因。举例来说，客户参与设计进程，不同的客户提出不同的需求和意见，如何寻找到价值最大化的方案，就是一个大数据问题。还有就是，必须借助于移动互联网，才能够最大可能地聚集客户。

需要特别强调的是，C2B 的核心仍然是基于大规模生产的客户模式。虽然制造商让渡给客户部分权力，但并没有改变推式生产的本质。它的核心词是“客户”，而不是“用户”。客户针对的是大规模的商品销售，潜在的含义包括交易的达成。用户的含义则不仅仅是购买，而且也是生产的参与者。用户不是一个既定产品的交易对象，而是意味着对潜在需求的掌控。

6.6.2 C2M：用户主导生产

C2B 对传统的推式生产是一个改进，让用户获得了部分主导权，但没有改变大规模生产的本质。在智慧工厂的配合下，一个全新的商业模式出现了，那就是 C2M。

C2M（Customer to Manufacturer，用户直连工厂），按照纵向的思路，打通用户手机端定制—平台—设计师—生产工厂之间的纵向联系，实现用户的个性化定制。C2B 和 C2M 看起来只是一个字母的差异，很容易混淆，但实质上并不是一回事。C2B 可以认为是 B2C 的逆推，在不改变生产方式的情况下，从营销角度让渡给客户定价主导权和选择权，从而让生产需求显性化，实现拉式生产。而 C2M 不仅会影响需求规模和价格，还会影响生产的内容，使定制生产成为可能。

C2M 对于传统制造业而言，还是一种新兴的模式。但对于计算机领域的公有云（见图 6-11）来说，C2M 是它的本质。看明白公有云模式，我们就能够很容易地理解 C2M。在云计算出现以前，用户购买计算机只能选择计算机厂商销售的既定型号的产品。在后台云计算技术的支撑下，用户登录公有云平台，只要实现了网络连接，计算资源就可以以连续扩展的定制服务模式提供给用户，用户可以根据需要定制选择自己的 CPU、内存、存储、网络需求，享受完全个性化的计算服务。

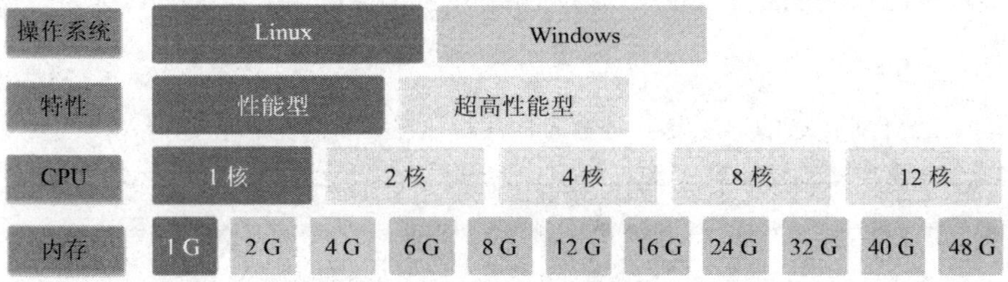

图 6-11　公有云定制服务示例

C2M 针对的不是一个企业的已有产品，而是工厂的个性化定制能力。工厂通过互联网上的 C2M 门户网站，释放个性化定制生产的空间，用户根据个性化需求，与制造工厂的能力进行匹配，达成一致后，制造工厂按需生产。在这个过程中，与 C2B 不同，价格往往不是决定性因素，而与用户个性化定制的范围相关。不同用户的个性化需求不同，价格之间没有可比性。C2M 门户网站首先给出的不是一个确定报价，而是一个最低基准，用户在此基础上通过添加个性化需求来实现最终定价。

一个独立的 C2M 网站只能与具有个性化定制生产能力的企业合作，建立从定制到生产服务的闭环。从市场看，目前 C2M 模式还处于初期的发展阶段，能够提供的定制产品数量还比较有限，最终能否成功，取决于传统工业向个性化定制工业转型的进程。这与 C2B 纯商业领域的运作不同，目前还不能适用于传统的所有工业产品。

一个 C2M 网站能否成功，取决于与制造工厂间垂直集成的实现程度，所发布的信息需要与制造工厂能力达成完全一致。在这个模式中，制造工厂成为一个基于互联网共享的基础设施，根据用户的需要建立连接并完成生产。生产完成后，相应的产能重新释放，可以满足其他的用户需要。

就目前来看，现有 C2M 模式释放的个性化空间还比较小，选择的产品种类还比较少。但从发展趋势看，它代表了新工业的趋势。除了目前看到的有第三方 C2M——必要商城模式外，一些制造商（如青岛红领服装、海尔商城）也开始开通自己的 C2M 门户网站，一个用户直连工厂的时代大门正在开启。

C2M 对传统的电子商务是致命的颠覆，它与智慧工厂一起把人类生活带到了个性化定制的时代，而且对传统制造模式的渠道链条直接短路，节省社会资源，提高生产效率。传统的电商本质上是一种销售渠道，而 C2M 构建的是工厂接口。过去是把销售渠道放到网上，而现在是要把工厂直接放在网上，从而形成全新的社会化供需结构，如图 6-12 所示。

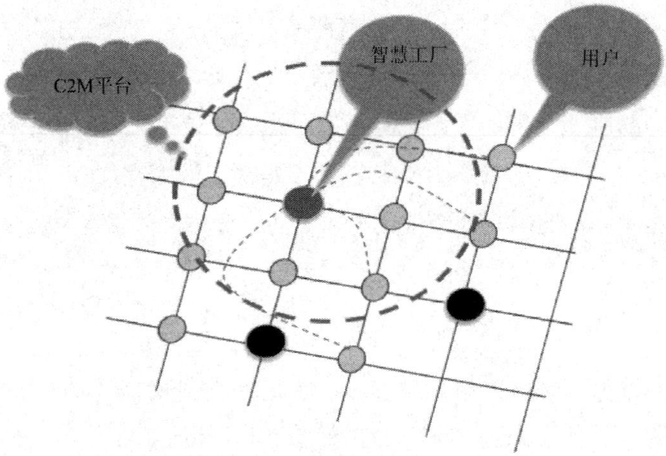

图 6-12　C2M 模式

C2M 并不排斥在传统电商发展中形成的成功模式，而是可以与这些成功模式进行结合，从而产生更大的效率。比如，C2M 与 O2O 的结合、C2M 与团购模式的结合。个性当中有共性，C2M 不能狭隘地认为每个人都是个性的，也可以集约共性需求，形成规模效应。关键在于，商业模式的设计是以个性化需求为出发点，还是以大规模生产为出发点。比如，小米手机的成功之处就在于它的反推生产，虽然产品单一，看起来是规模生产，但却是以个性化需求为出发点，对分布在网络中的零散的需求进行了聚集，从而产生了规模需求，本质上还是个性化生产。理解一种全新的商业模式，不能用僵化的思维，而是充分吸收各种模式的优势，C2M 也是如此。

6.7　善用大数据：打造智慧生产的闭环

6.7.1　大数据国家战略

随着虚实世界的不断推进，万物成为数字世界的节点，大数据逐渐成为人类关注和利用的焦点。简单来说，大数据字面上表达的意思是数据量多，但本质上的核心在于高效利用数据价值。大数据常见的解释归结为 4 个 V：Volume（大容量）、Variety（多样性）、Value（价值）、Velocity（速度），即高效率地从多元化海量数据中发现价值和利用价值。

很多传统企业的人很难理解大数据，觉得找不到大数据，或者觉得大数据是互联网企业的事情，与自己无关，这是完全错误的。传统企业找不到大数据的原因在于数字化程度还比较低，而互联网企业由于本身的业务属性，从一开始就建立在全数字环境下，所以对大数据的理解和利用就会更好。传统企业需要认识到大数据其实是来源于我们自己和我们所处的环境。如果我们自己和所处的环境都全面数字化了，大数据就自然而然形成了。

如图 6-13 所示，传统工业企业的大数据来源主要有三大类：（1）人类自己的活动及人类自己的智能装备，包括企业员工和用户；（2）智能生产装备和生产服务过程，包括各种传感器、工业机器人、智能装备、生产过程数据、智能产品数据；（3）所处的环境数据，包括各种工作环境及工厂环境数据。如果所有企业工作者和用户的活动数据、智能装备数据、智能生产装备和生产服务过程数据、所处的环境数据都能够被采集并存储，那么企业就拥有了一个巨大的数据宝库。企业推进智慧生产和智慧工厂的过程，就是一个大数据逐渐形成的过程。在企业自身智慧化、数字化的基础上，基于社会化大生产的智慧生产模式，大数据的来源不应该只局限于一个企业的私有资产范围，还应该包括各种合作资源的数据，既包括价值链环节的数据，也包括横向连接的协同生产的数据。

图 6-13 传统工业企业的大数据来源

智慧工业企业必须从生产要素的高度上认识大数据。从企业运行角度来看，大数据能够优化生产过程，预测市场趋势，定位精准客户人群，对企业经营整体提升起到关键作用。把大数据视作如劳动力和原材料一样的生产要素，输入大数据，输出更优质、成本更低的产品，实现更高盈利。现在已经有很多工业大数据的成功案例：通过工业大数据的应用，优化生产过程及原材料配比，节省了大量成本，从而降低产品的价格，产生市场竞争优势。对社会来说，如果一个行业通过大数据利用，能够平均降低 1%的生产成本，除本身产生巨大的财富外，这也是一个非常大的社会进步。

在国家层面，2015 年 8 月 31 日，国务院发布《关于印发促进大数据发展行动纲要的通知》，意味着大数据已经成为正式的国家战略。文件中提出："大数据推动社会生产要素的网络化共享、集约化整合、协作化开发和高效化利用，改变了传统的生产方式和经济运行机制，可显著提升经济运行水平和效率。大数据持续激发商业模式创新，不断催生新业态，已成为互联网等新兴领域促进业务创新增值、提升企业核心价值的重要驱动力。大数据产业正在成为新的经济增长点，将对未来信息产业格局产生重要影响。"重点提出建设工业和新兴产业大数据工程，“推动大数据在工业研发设计、生产制造、经营管理、市场营销、售后服务等产品全生命周期、产业链全流程各环节的应用，分析感知用户需求，提升产品附加价值，打造智能工厂。建立面向不同行业、不同环节的工业大数据资源聚合和分析应用平台。抓住互联网跨界融合机遇，促进大数据、物联网、云计算和三维（3D）打印技术、个性化定制等在制造业全产业链集成运用，推动制造模式变革和工业转型升级”。

前面谈到现在用户所处环境的全方位的碎片化，包括信息碎片化、应用碎片化、时间碎片化。碎片化的趋势无法逆转，只会越来越严重，而不会相反。碎片化意味着价值信息在海量的碎片数据中被隐藏起来，难以发现。因此，碎片化就意味着信息的熵增。大数据是对碎片化的逆向行动，把碎片化信息关系化和逻辑化，把碎片中的价值进行深度挖掘和重新发现，从而降低信息的熵增和不对称，驱动企业的正向运行。

工业企业应用大数据，重点应关注在智慧生产和智慧工厂方面的大数据利用。它将是提升生产效率和提升服务附加价值的关键策略，也是决定智慧生产方式和智慧工厂能否持续健康发展的关键所在。

6.7.2　飞轮效应

飞轮效应：指为了使静止的飞轮转动起来，一开始必须使很大的力气，一圈一圈反复地推，每转一圈都很费力，但是每一圈的努力都不会白费，飞轮会转动得越来越快。达到某一临界点后，飞轮的重力和冲力会成为推动力的一部分。这时，你无须再费更大的力气，飞轮依旧会快速转动，而且不停地转动。这就是“飞轮效应”。

在计算机领域，“飞轮效应”这个词最早来源于亚马逊，是指只要能够利用客户数据为第三方开发出增值服务，就能支持公司持续地、免费地为客户提供更多的服务，而更多的服务会产生更多的客户行为数据。同样，利用这些新产生的数据又能为第三方提供新的增值服务。

飞轮效应回答了大数据如何自生长，如何产生正向价值的内在机理。随着数据量的增多，企业能够提供更加丰富的服务，用户体验就会更加丰富，从而就能够吸引更多客户，进而能够进一步扩大数据来源，大数据的价值就会持续增长。而且，飞轮效应告诉我们，数据量的增长，会让数据驱动增值过程更加轻松和容易。以 C2M 为例，随着定制用户数量的增长，就会形成大量的定制化产品数据和用户画像数据，这些数据可以用来优化工厂释放的个性化定制空间，以及优化智慧工厂的结构和产能，使得个性化定制的能力更有针对性，从而吸引更多的用户定制。而 C2M 网站通过获取的用户数据，可以进一步探测到用户潜在的需求，从而能够进一步横向扩展定制产品，驱动个性化定制服务普及化。大数据的飞轮效应如图 6-14 所示。

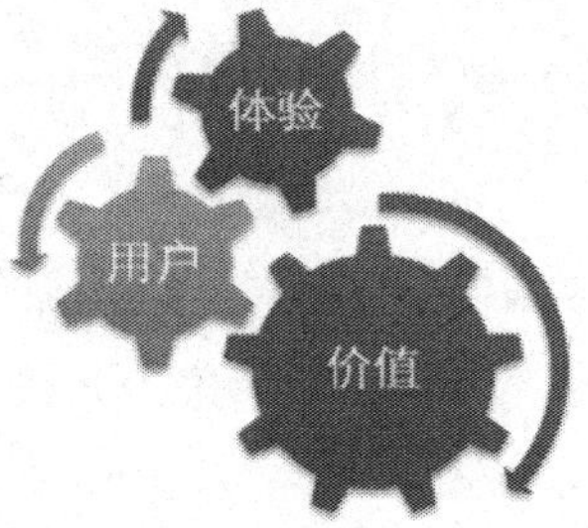

图 6-14　大数据的飞轮效应

由于飞轮效应的存在，支持个性化定制的智慧工业规模将会呈现级数化的增长，而不是缓慢增长。借助于大数据的飞轮效应，智慧工业将呈现加速度增长。一般情况下，人们预测未来总是基于现有的发展速度，而没有考虑到加速度效应。这意味着我们能够快速实现全社会化的智慧工业，比常规预期的速度要快。

智慧生产和智慧工厂必须注重采集和利用大数据，启动数据飞轮，形成正向驱动机制，加速工业新业态的优化和改进，从而创造全新的巨大财富。如果把智慧工厂比作一个发动机，那么数据就可以看作驱动发动机运转的石油。区别在于，发动机不会产生更多的石油，但智慧工厂的驱动能够产生更多的数据财富，数据财富再来源源不断地驱动智慧工厂优化和改进，这就是飞轮效应的魔力。

飞轮效应也告诉企业，时间越久，驱动飞轮会越来越轻松，企业现在只需要为此设立一个起点就可以做到。难点其实不在于我们是否坚持，而往往在于我们不愿意开始。转型智慧生产和智慧工厂也是如此，企业只需要为此设定一个开始，借助于大数据的飞轮效应，相信未来会越来越轻松。

6.7.3　工业大数据

工业大数据是指工业生产中的大数据，主要应用领域在智慧工厂。工业大数据不是今天才产生的，在过去工业自动化技术发展的黄金时代，各种传感器、自动化设备、DCS、SCADA 等自动化设备和系统就已经产生了大量的生产数据。这些数据具有实时性、动态性、海量化等独特特性，一直对工业、企业实现自动化监控、调度、质量管理等起着重要作用。在自动化数据基础上，近年来，以 GE 公司为代表，提出了工业大数据的概念。它既是工业自动化数据概念的延伸和扩大，同时又是目前大数据概念的一个分支领域，连接了工业企业和大数据，同时给工业自动化数据赋予了全新的内涵，让我们能够从大数据的眼光对自动化数据进行全新的审视、组织和利用。从最新的研究进展来看，工业大数据仅仅关注自动化装备的数据是不够的，至少还应该包括 5 个方面的数据：（1）传感器及智能装备数据；（2）原材料及生产过程数据；（3）智能产品的全生命周期数据；（4）工厂环境数据；（5）用户直连工厂定制数据。由此看出，作为开放共享的基础设施，智慧工厂的数据内容应不仅限于工厂本身的设备，还应包括内外部互联数据。

一般来说，大数据包括数据采集、数据存储、数据挖掘与分析、价值利用 4 个环节。大家一般会重点关注数据挖掘与分析、价值利用，而忽略了数据采集和数据存储过程。笔者认为，大数据的价值关键在于未来，而不是当下，现在人类利用数据价值的技术还是非常有限的，关键在于为未来储备好资源。就如同中国人喜欢储蓄，目的就是为了将来有一天来应对不时之需。数据对企业也是如此，它是一种不断增值的财富，所以目前最重要的工作还不是数据挖掘和分析，而在于把数据采集和数据存储问题先做好，才能为未来做好准备。个性化定制西装的案例——红领服装，就是在积累十多年的数据基础上，才实现了西装的个性化定制。总之，有意识地强化数据采集和数据存储对大多数传统企业来说应该是可以立即开始的好习惯。

近两年，“数据湖”的概念和技术正在兴起。虽然还存在一些争议，但对于大数据应用起始阶段的企业还是比较有用的。与其将数据放置在专用的数据集市，企业不如按照原有的格式将数据迁移到数据湖。数据湖的设想非常简单，就是把各种元数据先放置到一个如同大湖一样的存储空间中，任何需要分析数据的人都可以自由取用数据。一句话就是，先把数据存起来，以备调用。这与传统上目的性很强的数据采集和存储的观念不同，而是面向未来的一种想法。合理性在于，数据的财富其实我们现在了解得有限，与其盲目地用来分析，还不如我们先放在一起。当然，在数据采集和存储开始之前，就要关注数据的标准化及一致性，避免出现一个浑浊不堪的数据湖。

参照迈克尔·波特与 PTC 公司总裁詹姆斯·贺普曼在《哈佛商业评论》上最新撰写的文章“物联网时代企业竞争战略”，工业大数据的分析和利用主要有 4 种模型：描述型、诊断型、预测型、对症型。描述型主要是捕捉运行状态、环境等信息；诊断型主要是用来检测性能降低和故障发生的原因；预测型主要是对尚未发生的可能性进行分析，做到预防性处理；对症型主要是帮助使用者找到办法来纠正问题或者改善结果。

工业大数据的利用可以给企业自身、用户和合作伙伴带来价值，并借助于大数据工作，把个性化定制需求—智慧生产组织—智慧工厂生产—产品服务的开环过程变成一个闭环，使得整个智慧生产系统能够持续优化和改进。工业大数据创造价值的流程如图 6-15 所示。实践证明，通过工业大数据的利用，可以有效降低成本，提高效率，精益思维也能够在智慧生产和智慧工厂环节得到充分体现。

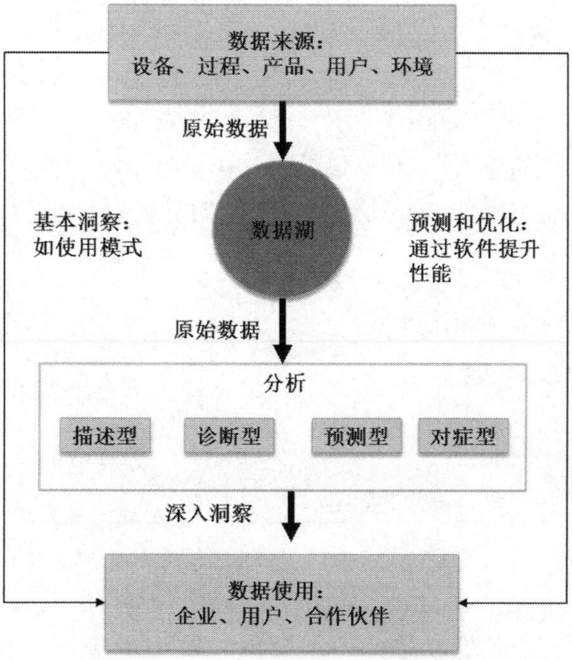

图 6-15　工业大数据创造价值的流程

美国 GE 公司提出了一个由 Proficy Historian 5.0 和 Proficy Historian Analysis 两个系统组成的工业大数据解决方案。企业能将海量数据置于上下文中研究、分析和可视化，并迅速采取相应的行动，从而改善运营。其中，Proficy Historian 5.0 的作用主要用来管理工业大数据。在 GE 能源的监测与诊断中心的应用中，Proficy Historian Analysis 监测 60 个国家 1 500 多台汽轮机的运行，将数据容量从 5 000 万兆字节降到 1 000 万兆字节，数据量大大减少。年复一年的系统分析要求访问大量的时间序列数据集，以前这一工作会花费好几天的时间，而现在，短短的几分钟内即可完成。此外，通过利用历史数据和高级分析实现数据脉络化和可行性信息，减少停机时间，为公司节约了数百万美元，客户满意度也得到了加倍提高。据称，Proficy Historian 5.0 单台服务器拥有超过 1 500 万个标签，能同时连接 3 000 多个客户端/采集器，单个归档容量可高达 256GB，采样频率可为毫秒。它还能提供一流的 HMI 展示、工作流和行业领先的分析功能。

6.7.4 闭环经济

在自动控制理论中，闭环（闭环结构）也叫反馈控制系统，是将系统输出量的测量值与所期望的给定值相比较，由此产生一个偏差信号，利用此偏差信号进行调节控制，使输出值尽量接近于期望值。闭环控制系统的示意图如图 6-16 所示。

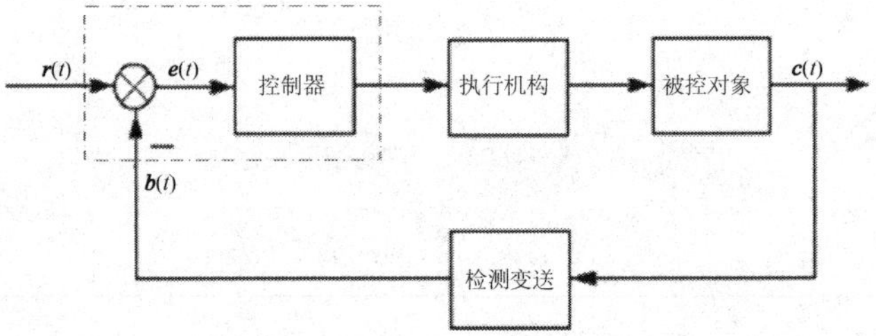

图 6-16　闭环控制系统示意图（数据来源：互联网）

一个闭环系统能够不断优化系统的性能，减少运行的偏差，不断让系统的运行结果优化提升达到预期值。类似自动控制领域的闭环控制系统，在管理学科中的过程改进方法叫作戴明循环，也被称为 PDCA 管理方法。大多数的标准化管理体系与管理信息系统都采用了戴明循环的原理，如质量管理体系、风险管理、IT 服务管理等。

戴明循环研究起源于 20 世纪 20 年代，有“统计质量控制之父”之称的著名统计学家沃特·阿曼德·休哈特（Walter A. Shewhart）在当时引入了“计划—执行—检查（Plan-Do-See，PDS）”的概念。后来，美国统计学家戴明将休哈特的 PDS 循环进一步发展成为：计划—执行—检查—处理（Plan-Do-Check-Act，PDCA），即戴明循环。戴明循环有 3 个鲜明的特征，从而构成了一个从宏观到微观持续改进的体系。

（1）大环带小环。如果把整个企业的工作作为一个大的戴明循环，那么各个部门、小组，还有各自小的戴明循环，就像一个行星轮系一样，大环带动小环，一级带一级，有机地构成一个运转的体系。

（2）阶梯式上升。戴明循环不是在同一水平上循环，每循环一次，就解决一部分问题，取得一部分成果，工作就前进一步，水平就提高一步。到了下一次循环，又有了新的目标和内容，更上一层楼。

（3）科学管理方法的综合应用。戴明循环最初以质量管理的 7 种工具为主的统计处理方法及工业工程中工作研究的方法，作为进行工作和发现、解决问题的工具。同样，在其他的管理领域，应用相应的管理工具，就能够让戴明循环发挥它的作用。

戴明循环构造了一种持续改进经济运行系统的机制，具备这一特征的经济活动可以称为闭环经济。闭环经济是一个不断增值的经济，具有创造财富的一个内在机制。要让一个系统源源不断地创造财富，常规情况下必须形成闭环经济模式。要让一个系统保持持续地优化改进，戴明循环是一个有效的方法。

现在，智慧技术应用于传统企业，所有的企业活动都将转变为自动化或者自治运行的系统。在智慧工业体系中，核心包括 4 个实体：用户、智慧生产组织者、智慧工厂、效用产品，这 4 个实体之间通过需求信息和生产服务活动关联在一起，形成一个闭环。最初始的时候，用户提出一个定制化需求，在智慧生产系统中完成规划、组织、配置生产任务，然后通过智慧工厂进行生产执行，完成效用产品并交付给用户。如果产品的效用能够实现最大化交付，就意味着用户体验的提升，从而使用户愿意把更多的需求交付给这个智慧生产系统来完成，从而形成一个持续增长的机制。

传统的方法要实现上述智慧生产体系的优化改进，就需要按照戴明循环的方法制订一系列管理措施，来实现局部最优、总体最优。通过传统管理的方式，PDCA 只能串行进行，效率肯定是低下的，而且不同环节的数据没有聚合，不能发现其中的关联性。而大数据在完全数字化的环境中，将会成为闭环经济实现的关键驱动力量。

借助于大数据采集、存储、挖掘和分析，为优化改进活动提供信息和知识支持，从而建立起一个实时的闭环机制。而且，不仅仅针对整体的智慧生产体系，大数据机制对于每个具体的实体活动的自我优化改进也能够提供价值。例如，通过对用户数据的挖掘分析，用来改进用户体验设计；通过智慧生产数据的挖掘分析，让生产活动更加精益；通过对智慧工厂数据的挖掘分析，优化智慧工厂布局和生产过程；通过对用户使用产品数据的收集、存储和挖掘分析，优化产品性能，提升效用价值，这就实现了戴明循环中提出的大环带小环的系统机制。大数据驱动的闭环经济示意图如图 6-17 所示。

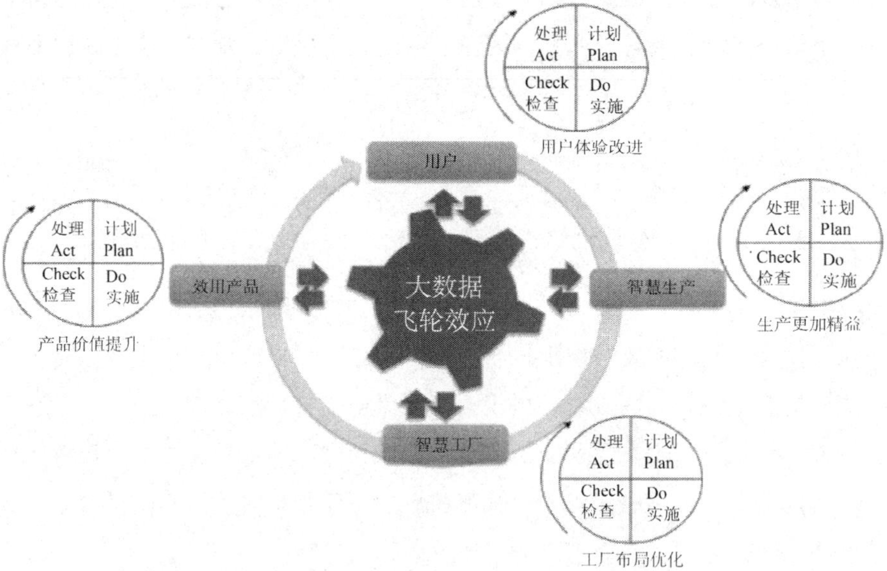

图 6-17　大数据驱动的闭环经济示意图

基于大数据的飞轮效应，大数据将会呈现级数式增长，数据量的增加，将能够让数据价值更加精准，从而推动系统不断优化提升，最终实现智慧生产体系的阶梯式上升。

在大数据精准分析和预测的基础上，知识工作者或信息系统能够识别发现的问题或机会，并结合融入到信息系统中的管理方法，由人启动或者信息系统自动触发相应信息系统中的改进机制，完成优化改进的执行，从而实现整体系统的阶梯上升目标。

充分利用大数据是促进形成智慧生产闭环，实现闭环经济的重要方法。大数据是驱动智慧生产体系不断完善、不断优化的核心驱动力量，也是智慧工业财富之源。

6.8　智慧工业实施路线图

智慧工业的核心建设内容是内在的智慧生产系统和智慧工厂的构建，目的是满足虚实时空世界中普适用户的效用产品需要。其中，普适用户是指具有自由选择权和购买需求的任意一般性用户，与目前一些企业提供贵宾服务的少数 VIP 客户不同；效用产品就是效用价值突出，潜在产品、核心产品与期望产品基本一致或接近一致的产品，个性化定制是效用产品实现的主要方式。大规模个性化定制是智慧工业区别于传统工业的关键特征，智慧工业实施的核心就是把大规模个性化定制生产的模式落地。

6.8.1　智慧工业的逻辑

构建智慧工业的战略方向应该放在逻辑的梳理上，而不是直接落地到一个智慧工厂，或者是机器换人。

第一，要思考的问题是，需要面对什么样的一般性用户个性化定制需求，而不是针对小众的 VIP 客户需求。从目前个性化定制的实践来看，智慧生产只是能力的展现，针对的是需要该定制能力的一个用户群体，而不是如传统一样先细分客户再定义产品。例如，眼镜定制考虑的对象是所有需要定制眼镜的人，并为之提供定制能力；西装定制针对所有可能的潜在用户，而不是具体的某一些人。

第二，需要梳理的问题是，用户究竟需要的是什么样的效用产品，效用的本质是什么。例如，如果用户认为汽车仅仅是代步工具，那么运输就是它最大的效用，而用户如果把汽车作为交通服务的一个场景，效用就是不一样的；再例如，用户需要计算资源，效用最大化的方法是云计算产品，而不是一个计算机产品。

第三，针对用户需要的效用产品，在智慧生产系统中要根据内外部资源，包括协作工厂，明确可提供效用产品的个性化空间，并尽可能释放个性化空间，让用户通过对个性化空间的选择实现效用最大化。用户确定效用产品需求目标后，智慧生产系统应该从社会化协作生产视野上，采用动态配置的模式，并结合商业模式，保障个性化定制能够连续不断地实现。同时，智慧生产系统的安排要充分考虑精益原则和创新机制，确保工匠精神和精益思维能够贯穿始终。

第四，在智慧生产系统确定后，智慧工厂作为实施智慧生产的基础设施，每一个工厂及内部结构应该是智能化和模块化的，便于根据不同的定制需求进行模块和工艺重组。智慧工厂应释放出来，成为一个共享开放的基础设施，而不是一家企业私有，来确保智慧工厂的效用最大化。智慧工厂应该是一个精益的生产中心，充分利用智能机器和智能产品，生产出智能化的效用产品，并确保产品与用户预期一致。

第五，根据智慧工厂的定位选择智能机器、工业机器人、3D 打印设备，并按照任务目标和精益要求进行布局，合理安排原材料存储与传送路径，确保精益原则。并借助于云计算、大数据、移动互联网、物联网及 CPS 系统，实现横向集成、价值链集成、纵向集成。确保人机接口的便利和实用，满足知识创新的需求，以及员工远程监控和管理需要，实现人机互动水平达到一个较高的层次。

第六，必须把大数据视作智慧工业的驱动力量，实现整个系统逻辑的不断优化和提升。挖掘和利用大数据自身的飞轮效应，让大数据自身的价值不断增长，从而驱动整体系统不断优化提升。所有的元数据应该建立标准，并能够实施采集存储到数据湖中，为大数据利用提供基础。应构建大数据分析和预测平台，大数据要能够描述状态、诊断问题、预测趋势、支持对症解决，以实现系统的持续优化改进。

另外，需要强调的是，智慧工业的所有业务逻辑是在虚实时空中进行的，符合虚实时空的基本规律，即要实现虚实一体化、时空一体化，以及虚实时空四要素的统一表达。否则，业务逻辑可能不能精确实现。并且，所有智慧工业的元素在时空背景中能够自动优化和自治实现。比如，能够根据不同用户的时空位置需求，自动匹配最合适的智慧工厂。智慧工业的逻辑示意图如图 6-18 所示。

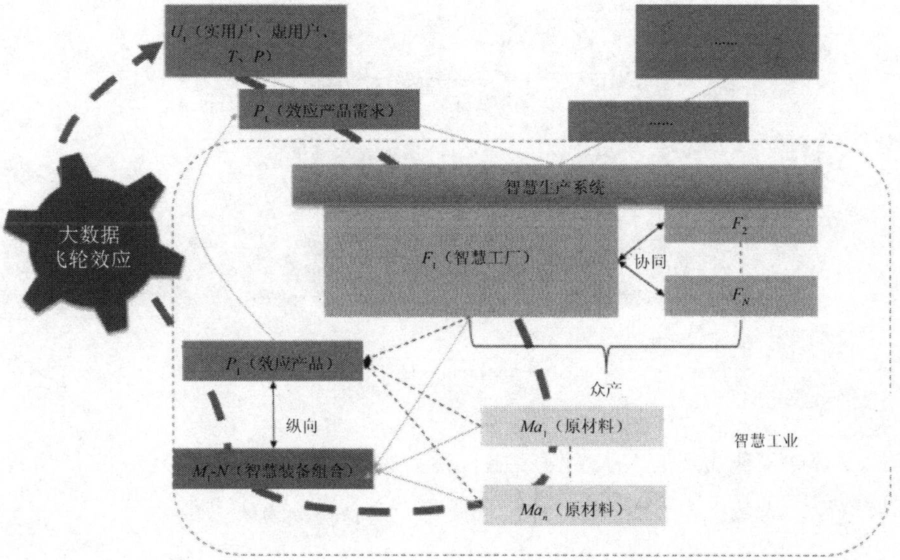

图 6-18　智慧工业的逻辑示意图

梳理智慧工业逻辑的意义在于把握实施的先后顺序，从而让整个智慧工业体系更有价值，避免投资风险。

6.8.2 建设智慧工业技术体系

在理解智慧工业逻辑的基础上，它的实施最终落实到一个智慧工业技术体系的实施上。要现实智慧工业的逻辑，必须以九大关键技术为基础，四个工业基本元素全面智慧化，实施五项集成，建设六大价值网络，最终成为一个能够满足个性化定制需要的智慧工业体系，如图 6-19 所示。当然，这个体系是智慧工业的技术实现体系，其核心是实现前述的业务逻辑。以上描绘的智慧工业体系在笔者撰写的《智慧的维度：工业 4.0 时代的智慧制造》一书中有详细介绍，这里不再详细解读，读者可以参考。

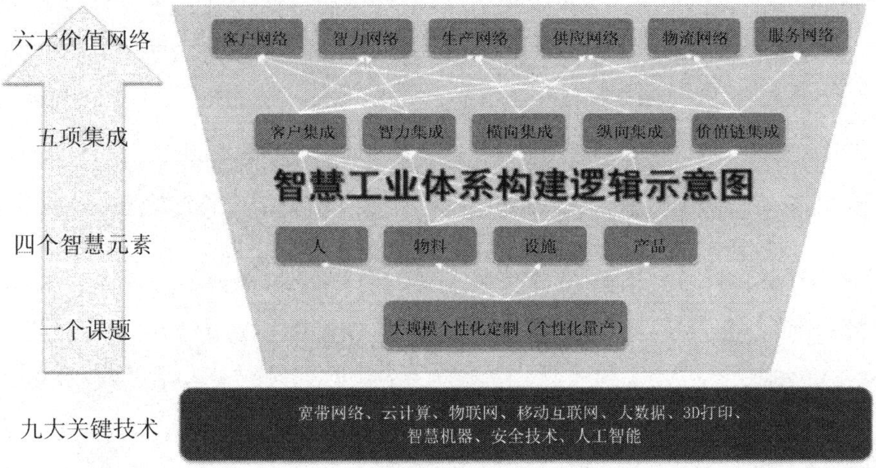

图 6-19 智慧工业的技术体系蓝图

智慧工业实施的九大关键技术包括：宽带网络、云计算、物联网、移动互联网、大数据、3D 打印、智慧机器、安全技术、人工智能。

智慧工业的四个智慧元素：智慧的构建必须从最小单元开始，或者说最终落实到基本元素的智慧化。主要有四类基本元素：人，包括内部员工、用户及合作伙伴；物料，包括原材料、能源等；设施，包括生产设备、传送设备、工厂环境、厂房等；产品，包括在制品和最终产品。

智慧工业的五项集成：德国工业 4.0 强调横向集成、端到端的价值链集成、纵向集成，主要针对智慧生产系统和智慧工厂构建，但实现智慧工业整体逻辑还是不够的，还需要加上对客户的集成，以及内外部智力资源的集成。客户集成是把客户资源聚集在一起，无论是个性化还是共性需求，都要形成规模才会具有价值。智力资源集成主要目的是实现创意和创新，为智慧生产提供智力资源。

智慧工业的六大价值网络：在五项集成的基础上，将会按照核心价值形成六大价值网络，分别是客户网络、智力网络、生产网络、供应网络、物流网络、服务网络。这六个网络是核心价值的划分，技术基础基本相同，但价值产生的规律不同。智慧工业的价值最终建立在这六大网络之上。

构建智慧工业技术体系的目的是实现智慧工业的业务逻辑。二者描述的是一个问题的两个侧面，一个是业务逻辑，一个是技术实现。二者的目的只有一个，就是实现以个性化定制为特征的智慧工业。后面的章节将会继续谈到，传统工业向智慧工业转型，仅仅梳理业务逻辑和打造技术体系还远远不够，还需要配套的组织变革、管理变革、竞争模式变革。

6.8.3　渐进式变革

无论是梳理智慧工业的业务逻辑，还是打造技术体系，对一个传统企业来说都是一个复杂的课题，很难一次性实施。另外，任何的变革都意味着风险的承担，都有可能面临投资或转型失败。因此，建议传统企业采取渐进式变革方式，不要急于求成、不能一步到位，通过局部建立模式，充分利用大数据进行改进优化模式，在实践中进行检验，局部检验成熟后再扩展到整体。

在具体实践中建议企业采用贝壳生长模式（见图 6-20），在构建公共信息平台的基础上，从一款产品的个性化定制开始探索，成功后再进行整条生产线的改造，再成功后再进行传统工厂向智慧工厂的迁移，再扩展到一个业务板块。每前进一步，验证成功一步，就固化模式，最终完成整体系统的变革。

确保在每一个里程碑变革中，都能够按照智慧工业的业务逻辑进行梳理和技术改造。开始的过程可能只是具备了一些智慧工业的特征，距离完整的智慧工业体系还较远，随着里程碑变革的叠加，最终将逐步接近智慧工业的蓝图。同时，充分利用大数据的闭环机制，在每一个验证过程中，采集所有相关数据，并对数据进行分析和利用，确保局部最优，一直到最后整体系统最优。

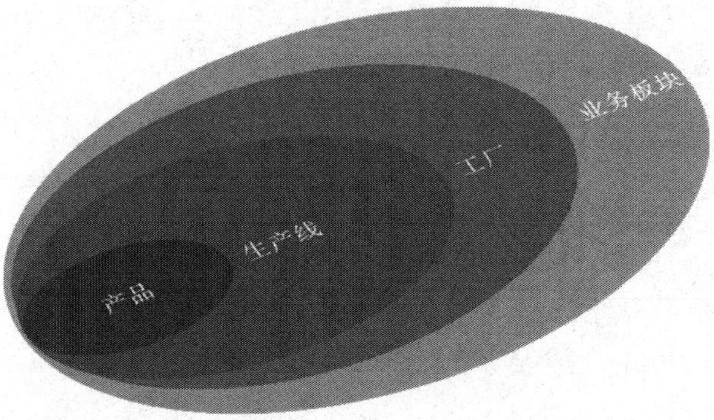

图 6-20　渐变式变革——贝壳模型

由于不确定因素还有很多，理论和技术上还没有完全成熟，不建议传统企业采取激进变革的方式转变为智慧企业，而是准备用 5～10 年的时间采用渐进式变革的方式到达智慧工业蓝图。

第 7 章
Chapter 7
全员创客化，培育有活力的小团队

据新闻报道，“海尔集团这个世界最大的白色家电企业通过自身再造，正由中国最大的家电制造企业整体转型为创业平台。目前，海尔创业平台已经吸引了企业内外 98 家孵化园区，1 328 家风投机构，在全社会孵化和孕育着 2 000 多家创客小微公司，已成功推出雷神游戏笔记本、天樽空调、免清洗洗衣机等 1 081 个创新产品及创业项目”。海尔集团由制造产品到制造创客的转变不是一个特例，而是一种必然趋势。不是因为海尔集团实施了创客化才证明了创客化是真理，而是创客化首先是真理，海尔集团走在正确的方向上。大型企业通过内部创客化运动，形成了大量的小微企业，从而为企业激发了全新的活力。通过“众产式”的制造，来应对个性化的众需，这就是智慧工业文明的要求。全员创客化，就是未来传统工业企业应对大规模个性化需求的组织转型方案。

小组织比大组织更有活力，这种活力表现在市场上就是一种能量，所以本书把这种具有活力和能量的小微企业称为能量子，或者量子化企业。个性化诉求不能通过个别少量的大企业来实现，一定会催生大量的量子化企业，从而实现多对多的需求和供应关系，世界才可能是均衡的，否则，一定会在一些环节产生瓶颈。创客运动是一种浪潮，它的合理性在于，在互联网开启的大门中提供了无穷多的机会和诱惑。在虚实时空的新工业世界里，人人都将会是一个创客，从而形成人人为我、我为人人的格局。每个创客都需要认识未来量子化的工业世界，并找到属于自己位置，这样才能够有可能赢得未来。

7.1　众造应对众需

7.1.1　不可逆转的趋势

“创客”的原意是指有想法和创意，并努力把想法或创意变为现实的人。但现在，技术应用的普适化，让每个人都可以成为创客，不再是精英的专利。创客天然有活力，一方面是因为做的事情是基于自己的兴趣和特长；另一方面是因为创客是为自己工作，自己决定一切。从这一点上，创客是自驱动的，不是外力推动的，所以能够自我成长。基于信息新技术的利用，创客的这一优势正在使它成为激发经济活力的全新力量。

在讨论企业全员创客化趋势之前，首先看一个类似的众造应对众需的例子。在云计算领域，大家都知道一个模式，那就是 SaaS（Software as a Service，软件即服务），它的发展经过就很好地演绎了众造应对众需的必然性。

SaaS 并不是一开始就有的模式，它只有十几年的历史，是经过 ASP 发展而来的。ASP，即应用服务提供商（Application Service Provider），它的思想是由一个集中管理应用服务的服务商通过互联网提供应用租用服务，用户按照合同和服务水平获得服务。应用服务商负责企业应用的建设、管理和服务，从而让企业专心于自己的业务发展。这应该是最早的应用交付方式和使用方式的变革。这样还有一个好处就是，ASP 可以专注于一个领域的应用，形成专业价值，降低应用部署风险。在 ASP 刚出现时，它引起了风险投资的追逐，认为它代表未来趋势。但随着时间推移，ASP 的缺点开始逐渐暴露。例如，基于技术上一对一的服务，商业上的一对多服务，不能有效地解决成本问题；用户对信息安全的不信任；服务范围和服务内容太宽泛，不容易定义；没有很适合的软件作为服务，结果什么都做但什么都没做好。总体来说，ASP 的最大问题就是一家软件服务商永远无法应对无穷多的用户需要，导致性价比无法控制，从而最终被用户抛弃。而 SaaS 一出现就是非常明确的，把软件作为服务，建立起一个平台，实现多应用多用户的模式。所谓多应用，就是通过开发平台，支持多个软件开发商提供更加丰富的应用软件。多用户，通过同一种软件平台，租用给不同的用户，从而降低用户的费用。SaaS 的成功为云计算的提出提供了关键性的启发，由软件即服务迅速发展为现在的 X 即服务。应该说，没有多供应对需求多样化的机制，SaaS 就不会成功。

现在，传统工业企业面临着同样的问题，一个统一出口的单一企业是永远无法应对无穷变化的个性化需求的（见图 7-1）。即便一个企业采用智慧生产和智慧工厂，企业具备了应对个性化定制生产的能力，但随之而来会产生诸多的瓶颈问题：渠道限制、创意限制、运营限制等，而且没有足够主动的人来满足个性化需求。传统的垂直金字塔式的组织结构，把生产限制在一个条块当中，即便企业拥有了智慧生产能力，也无法进行操作，或者成本效率低下。这就意味着企业要是没有演变为共享平台，平台没有众多的供应接口，就不可能应对无穷多的个性化需求。

如果用无穷多的个性化需求向后拉动生产，而不采用合适的组织方式，是没有办法做到有效应对的。这就意味着传统工业必须缩减中间环节，构造内部对外的多接口，同时要让内部充满创业的活力。传统的命令式组织结构无法做到多接口和活力的双重保证，而创客就是最好的方式。众产应对众需的创客模式如图 7-2 所示。

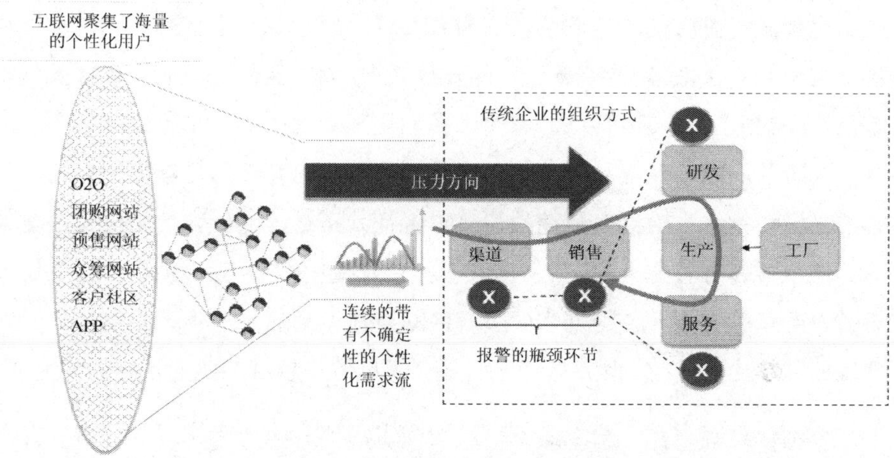

图 7-1　传统组织模式无法应对个性化众需

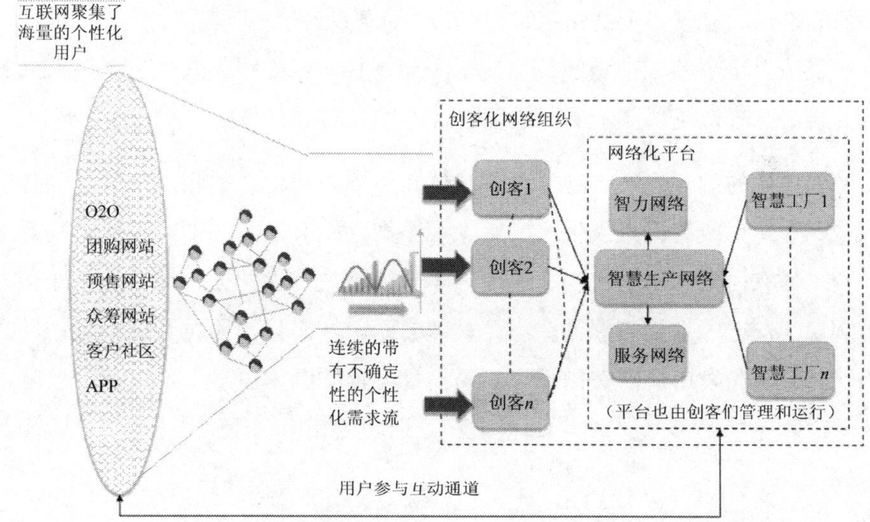

图 7-2　众产应对众需的创客模式

7.1.2　众造与众需的双重动力

前面讨论过，技术正在向高端化演进，必然导致用户使用的更加便利，应用也会变得更加具有普适性，这为人人成为创客奠定了基础。同时，智慧生产系统的平台化，以及智慧工厂的开放共享，为工业创客提供了生产条件。有创意、有想法的人都可以成为创客，并利用互联网中的共享资源完成生产。基于全新的新技术环境和智慧工业体系的建立，**创客不再是精英的专利，创客的平民化是这一次创客浪潮的最突出特征。**正是因为创客的平民化，这意味着这个群体有着庞大的基础，拥有巨大的发展潜力。正是由于智慧工厂成为共享的基础设施，使得创客的生产活动能够做到虚实一体、供需一体。智慧工厂共享化的目的，很大意义上就是要满足越来越多的工业创客们的需要。

个性化定制需求本质上是无穷尽的需求，也意味着无穷尽的财富。并不会因为用户需要个性化定制，很多人就会失去工作，而是不改变现状才会失去工作。个性化定制本质上需要更多的人工作，来应对这样的巨大挑战。创客们的财富就蕴藏在个性化定制当中。从创意设计、生产制造，到物流运输、用户服务，每个领域都是创客们的乐园。只要创客能够在人人生产、人人服务的新工业时代找到属于自己的新位置，就一切都有可能。

创客化的进程一经启动，就不可休止。从工业生产的角度来看，创客就意味着众造，或者说人人生产。用人人生产来应对众需，即个性化定制需求是一个具有内生动力的进程。基于人类未来潜在需求的无止境特性，即使人类实现了众造，也不可能彻底满足众需的要求。而且，通过众造模式，提升用户体验，激发用户潜在需求，新的需求会继续触发更多众造进程，也就意味着需要更多创客力量来实现。众需和众造的互相驱动示意图如图 7-3 所示。

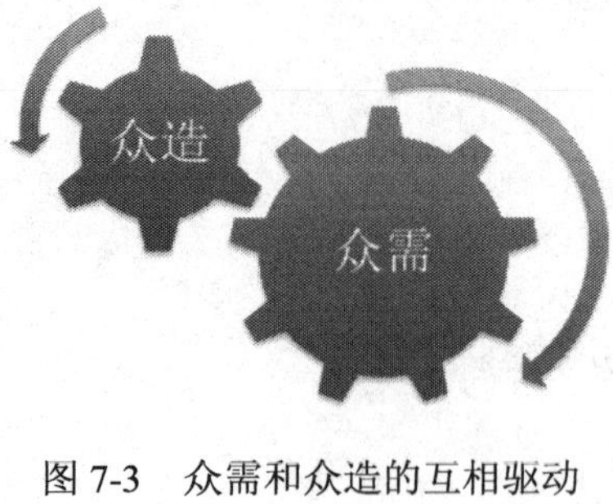

图 7-3　众需和众造的互相驱动

7.1.3　拆除边界，迎接浪潮

创客对传统的大企业来说，意味着组织结构、技术结构的全面重组。创客意味着与用户直接对接，传统大企业服务和支持创客就是以用户为中心、资源效用最大化的表现。传统企业必须转变为一个创客生态乐园，让创客获得足够的资源、充分的服务、足够的自主空间，这就需要企业建立全新的组织来为创客服务。同时，传统企业需要把工厂、基础设施等硬的资源通过软件可定义的方式转变为共享的基础设施，以便为创客的生产活动提供足够的基础平台支撑。面对创客，需要建立的软性新组织应至少包括创客投融资平台、创客支持服务中心等，也需要建立智慧工厂等全新的基础设施，以便为创客提供共享的生产资源。

传统企业创客化的一个蓝图就是，**创客们将会群体拆除传统企业的边界篱笆，让传统企业成为真正的社会化企业。传统企业的硬资源将会变成共享资产，传统企业的概念将会只有资产的边界，但没有业务活动的边界。**在众造和众需的双轮驱动下，逐渐就会看到这样一个图景：无论一个传统企业资产规模如何大、资源如何丰富，但都会最终到达天花板。也就是说，一个传统企业有限的资产和资源将会成为制约众造的瓶颈。在这种情况下，内部创客一定会突破传统企业的边界，充分利用社会化的资源，并与社会化的创客合流，成为大众创客中的一员。创客化就意味着企业不能保持传统的清晰边界，与其如此，企业应在一开始就拆除企业自身的篱笆墙，让自己成为一个开放共享的社会化企业。当然，在初始阶段，对于内部创客，企业可以给予资源和资产利用的优先权或优惠权，并保障自己的投资权益。

3D 打印技术、激光切割机等新型制造装备的发展，将对创客化浪潮起到积极的促进作用。基于桌面的数字制造技术，意味着任何人都可以成为一个生产者，一个家庭就可以成为一个小型的智慧工厂。创客们无须租用共享的大型工厂，创客们将更加独立，能够把精力更多地转移到创意服务领域，成为一个创新服务制造商。桌面生产工具为社会化的工业创客提供了可能性，基于互联网+，它们的产品将与大公司没有区别。而且，众筹平台为社会化创客们提供了融资渠道，让产品真正具有竞争力。根据新闻报道，上线还不到1年的京东产品众筹平台总筹资额破10亿元，成为国内首个迎来10亿级体量的产品众筹平台。数据显示，京东众筹的总参与人数超过200万，发起的项目总数已经超过2 000个，用户数超200万，千万级的众筹项目已达14个，百万级项目超200个。虽然现在规模还比较小，但成长速度惊人，假以时日，创客的力量将会最终形成。传统大企业如果不从内部进行创客化改造，外部创客力量就会最终冲破传统企业篱笆墙，形成致命的冲击。与其被创客们外部攻破，传统大企业不如抓住先机，内造创客，开门迎客。

在国家层面，2015年6月16日国务院发布《国务院关于大力推进大众创业万众创新若干政策措施的意见》，提出一系列的推动“大众创业、万众创新”的优惠政策和措施。自此，创客化运动不再是民间自发运动，成为一项国家战略。可以预见到，创客化运动将会迎来新一波浪潮。

企业创客化的演进也意味着企业传统管理模式的彻底颠覆，创客利益机制不再受制于内部薪酬体系，而是来源于用户的贡献和与企业达成的分利机制。这就是我们后面章节将要谈到的分利和自治的未来管理模式。

7.2 塑造有活力的小团队

7.2.1 从科层制到创客化组织

传统企业管理核心有两点，一个是劳动分工，一个是管控体系。劳动分工是让每个岗位的人能够更加熟练地操作，从而带来效率。而管控体系的目的是让企业的运行过程减少偏差，从而实现管控目标。就工业企业而言，劳动分工和管控体系都是围绕大规模生产模式形成的，是大规模生产的最佳匹配。通过合理的劳动分工和精细的管理，就能让大规模生产以高效率、低成本的方式完成，从而实现企业效益的最大化。而组织结构就是实现分工管理和管控体系的载体，目的是把工作进行合理分工、组织、协调及管控。

在创客化浪潮出现之前，传统企业组织结构模式发展经历了两个阶段：第一个阶段是自第一次工业革命以来，信息技术广泛应用以前，大约 200 年左右采用科层制管理模式。这期间虽有局部变化，但本质没变。第二个阶段是信息技术广泛应用于企业之后发展起来的扁平化组织。**现在，随着新一代信息技术的应用推广，以及智慧工业的崛起，企业组织结构模式正在进入第三个阶段：全员创客化，组织无边界阶段。**

科层制是一种类似金字塔结构的组织方式，以少数精英为中心，把权力按照职能和职位进行分工和分层，从而建立起一个管控体系。科层制起源于政府机构的管理模式，理论的代表性人物是德国社会学家马克斯·韦伯。

马克斯·韦伯提出了一个理想型科层制，提出建立明确的权威等级，命令和任务层层下达，上一层给下一层分派任务，并对下一层执行情况进行控制和监督。同时，每一个组织成员都有明确的分工，权力和责任都有明确的规定。每个层次都有严格的规章制度，要求组织成员按章行事。另外，科层制还有公私分离、量才用人、职权对等、资产公用等特点。在马克斯·韦伯看来，科层制在当时具有技术上的优越性。它的合理性在于，把一个企业变成了一个庞大的机械化的机器，所有零部件都按照各自的分工根据规则进行运转。只要最高领导者的战略决策没有问题，战略目标就能通过科层制得到执行。

但问题在于，科层制中的所有人就如同一个庞大机器上的螺母，每个人都被紧密地关联在一起，个人变得可有可无。每个人除了努力升级之外，并没有其他的动力来完成工作任务。在大多数情况下，除企业的最高领导者之外的员工都渐渐养成了机械的照章办事的习惯，创造力慢慢消失殆尽。最后的可能情形是，所有人都看着企业高层热烈地宣扬企业的战略目标，但并没有人觉得和自己有关。这是因为每个人更多地关注的是具体分工任务的实现，实现了就能拿到薪水或者升职，而战略与此并没有直接关系。时间久了，传统企业的组织内已经没有一个员工真正地关心企业战略是否实现，也没有人会给战略提供改进和优化的建议。科层制在员工之中建立了垂直的强连接关系，所有人都固化在一个垂直链条上，就连简单的横向合作也难以实现。

科层制在发展过程中，也出现了职能制、事业部制等多种变形，但只是在精英之中的分权，并没有改变科层制的本质。

在信息技术出现以后，尤其是互联网出现以后，把整个世界拉平了，人们能够更加方便地横向联系，这时候就出现了扁平化组织的概念。扁平化组织就是借助信息技术的手段，减少层级，同时保障企业运行管控的有效性。

关于扁平化组织，有个管理半径的道理很能说明问题。按照科层制层层管控的思路，在传统模式下，每个人一般只能有效管理 7～8 个人，如果管理半径能够扩大，那么管理效率就能显著提升。很简单，如果一个组织是 3 层结构，管理半径是 7 个人，那么组织就可以管理 49 个人；如果管理半径扩大到 10 个人，那么组织就可以管理 100 个人。没有信息技术辅助的时候，如果一个组织有 100 个人，按照 7 个人的管理半径，需要建立四层的组织结构。而借助信息技术，管理半径扩大到 10 个人，只要三层组织结构即可。通过信息的手段，增加管理半径，减少冗余人员，提高组织效率，这就是扁平化组织的逻辑。

扁平化组织的好处也是明显的，层级降低就意味着组织响应速度更快、信息失真更小、执行精度更高。从 20 世纪 90 年代末期开始，扁平化组织逐渐成为大型企业的主流组织结构模式。信息的利用还有一个附加作用，就是人与人的横向联系更加方便了。人不仅仅可以在纵向链条上工作，还可以与其他部门进行信息交流，并由此产生了网络化组织，一些信息技术利用较好的企业逐渐建立了网络化组织结构。由于网络化组织的出现，一定规模的企业组织结构可以更加扁平，而且可以运行得更加有效。

常见的网络化组织结构形式是按照职能和项目任务组织成二维结构，在这个二维的网络结构中，每个人都成为一个网络节点。同时，按照传统的制度化、层级化管理模式，每个人都会受到两个维度的管控，成为网络中被固定的一员。

从科层制到扁平化组织，再到网络化组织，组织结构越来越扁平，也越来越有效率。问题在于，每个员工虽然更加灵活和沟通便利，但以分工理论和科层制管控体系约束的本质并没有变。每个员工从垂直线条的约束到网络化双线条的界定，人都是被分工和权责牢牢地固定住了，对员工创造力进行破坏的因素并没有消除。而且由单线的任务驱动，到横纵双线的驱动，员工需要疲于奔命完成任务，根本没有时间思考，也没有活力创造。虽然是在网络当中，但这样的网络是一个面向管控的职能分工网络，人被紧绷在网络中的每个节点上。按照梅特卡夫定律，网络的价值与节点平方成正比，但一张紧绷的网络就如同一个节点一样，并不能真正产生网络的价值。

现在到了让网络化组织的每个节点爆发活力的时候，也到了为组织创造全新活力的时候，那就是让这张强连接、紧耦合的管理网络变成一个创造网络和价值网络。唯一的做法就是释放每个节点，给予完全自由。节点上员工不再对命令负责，只对用户和自己负责。这样的节点就是创客，这样的组织就是创客化组织。企业的组织结构从科层制、扁平化组织，终将演变为创客化组织，如图 7-4 所示。创客化组织是不同于以往面向管控的职能网络的能力协作网络。

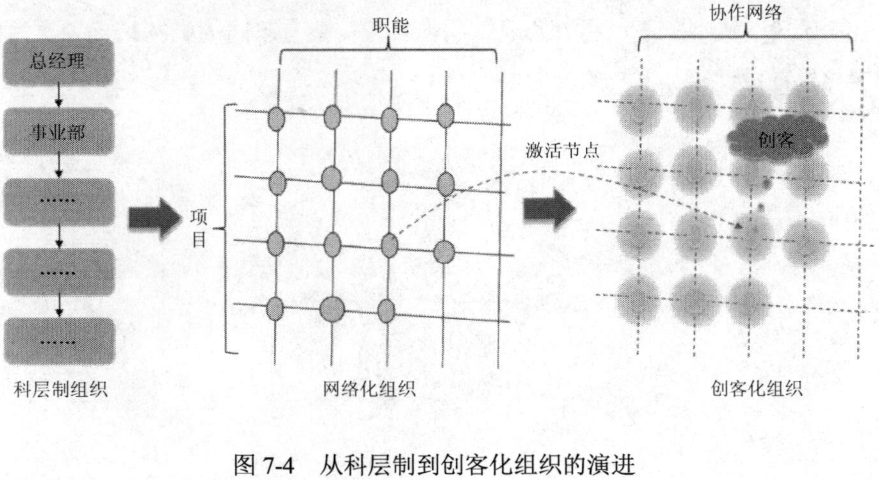

图 7-4　从科层制到创客化组织的演进

7.2.2 企业创客化，以激发活力为出发点

企业创客化不能简单地理解为企业最高层一声令下，或者用过去常说的一把手工程，强硬地推广下去。企业创客化是一场系统性的革命，需要足够的主动力和驱动力才有可能成功。

第一，每个员工需要接受创客化思想的教育和培训，激发自身的创造性力量，不是“要我干”，而是“我要干”。企业要打破刚性工作制，解除传统管理体制对员工创造性的束缚，形成创客化运动的氛围。

第二，需要员工自身有想法，而且是经过筛选的好想法，并且渴望把想法变为现实，这就拥有了动力之源。不能期待每个人都有好想法，也不是每个人都希望成为创客，认可个体的差异性，让具有好想法的人成为创客团队的组织者，其他人围绕创客展开工作。

第三，好想法是基础，但不能说“你去干吧”，好想法就能变成现实，企业得至少提供三方面的支持让好想法变成现实：资源、资金和机制，如图 7-5 所示。相信创客团队主观创造性，并给予最大的支持，就如同一个风险投资商在投资一个项目。企业也可以通过搭建平台，为创客提供外部的融资通道。企业需要对创客实现想法过程的不同阶段有针对性地建立配套的机制。比如，初始阶段、成型阶段、引爆阶段、成熟阶段需要有不同的机制来支撑，为创客化进程提供源源不断的动力。

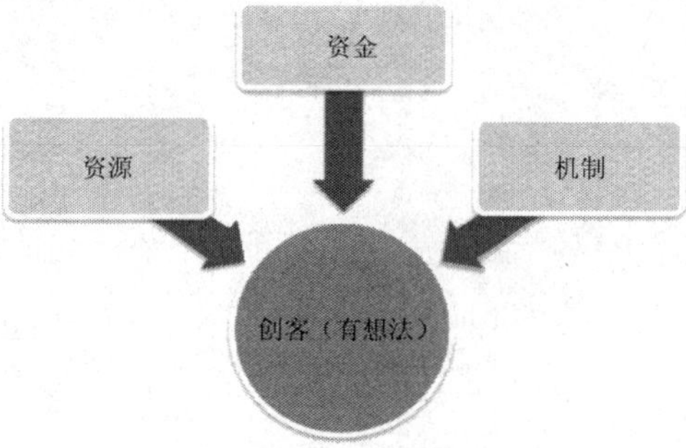

图 7-5 激发创客的活力

第四，为创客们建立服务环境。创客团队规模都比较小，需要很多的公共服务，如财务管理、法律支持、工厂服务、采购服务、物流服务、客户服务等。企业可以把资产性资源和原有的管理资源转变为服务资源。尤其是智慧生产系统和智慧工厂，都可以打造成开放共享的服务，创客们可以通过租用服务的方式获取支持。这样既能让企业资源价值得到最大化发挥，也能给创客团队输入价值服务。由此也可以看出，智慧生产系统和智慧工厂绝对不能按照传统工业模式建设，需要用开放共享的全新思维构造。

目前，国内家电巨头海尔集团正在把制造产品的传统企业打造成制造创客平台，从而激发了全新的活力，海尔集团也由过去 30 多年的企业创业阶段演进到全员创业、万众创新的新阶段，每年创客平台上会诞生 1 000 多个创客项目。现在，海尔集团正在由原来一个核心团队的智慧变成 1 000 多个团队的智慧，由一家公司的力量变成 1 000 多个创客的力量，这种力量剧增带来的潜在财富是无法估量的。

海尔集团也不再是过去理解的一个公司的总部，而是一个创客孵化平台。这个大平台下面还包括三个子平台：第一个平台是 Hope 平台，这个平台主要是把全球的用户需求汇聚起来。同时，能够把全球一流的资源方汇聚起来，让需求方和资源方形成一个充分的交互，在交互过程中，会诞生无数个好的创意和好的项目，是一个产生创客项目的平台。第二个平台就是海创汇的平台，项目诞生以后就会到海创汇平台上来，风投投资方和项目方交互，完全依赖市场驱动。第三个平台是海立方，是创客社区，分享和产生创客经验、体会和管理思路，在交互过程中，不断提升和发展。三个平台相辅相成，一体化运营。

同时，海尔集团通过建设另外两个平台来激活创客活力：一个是投资驱动平台，一个是用户付薪平台。投资驱动平台就是有好的项目立项，企业可以投资孵化，管理层可以跟投，这个投资孵化的目的不仅仅是投资金，更主要的是开放资源，系统开放，把一流的创客和资源吸引进来。用户付薪平台，不是企业考核创客，而是完全由用户考核创客，项目做得用户黏度越来越高，用户口碑越来越好，这样使得项目按照互联网的方式，不仅有企业价值，同时还有网络价值，项目成功的概率和创业成功的概率也非常大[3]。

在创客化进展的不同阶段，海尔还建立了不同的机制，来推动创客到创业的不断成熟。以薪酬为例，在创业阶段，员工一般只有基本薪酬，大概为四五千元；在项目成型阶段，项目开始进入拐点，产品开始有了客户预约，并且达到了最初签约时的拐点目标和额度的时候，在基本薪酬以外，还会有超过既定目标部分的利润分享；在引爆阶段，创客公司慢慢形成规模，具有了“江湖地位”之后，创业者可以跟投一部分，如出资 10 万元占股 20%，这时候创业者的收入除了基本薪酬、分享薪酬以外，还有分红；在成熟阶段，创客已经演变为一个小微公司，围绕小微公司已经形成小的产业生态圈，商业模式相对成熟，除了海尔集团的天使基金可以跟投，还可以引入外部投资人，帮助企业做大上市[4]。在服务方面，海尔集团帮助创客团队对接外部资源和人才，提供人力资源、财务服务等职能，提供相应的职能性服务。

从海尔集团的实践案例可以看到，企业的创客化转型绝对不是一次短期运动，而是一个面向未来的新组织蓝图，目的是激活企业全新的活力。

7.2.3 目标一致的弱耦合，塑造有活力的小团队

创客团队不应该被塑造成传统企业的翻版，或者是传统企业的小微版，而是完全建立在互联网+基础上的全新团队。

一个创客团队应该是创客们的团队，而不是一个刚性的职能组织。创客团队应该是一个有共同想法的组合，是因为想法一致而团聚在一起，而不是建立在传统的刚性制度约束之上。创客团队中的每个人应该也是创客，这样的创客团队才是有活力的。团队内部由于能力不同，贡献可能不同，会形成

3 http://gd.sina.com.cn/finance/money/2015-03-10/0940152585.html

4 http://company.chinaventure.com.cn/14/145/1406167909.shtml

不同的分利机制，但绝对不应该形成命令机制。所有的工作形式是通过自愿协作完成的，建立在基于互联网的弱耦合之上。如果创客团队内部是一个等级森严的科层机制，那也就失去了创客的意义。创客的意义在于激活传统机制中被僵化的节点，创客中的成员也应该被充分激活。总之，**创客团队应该是一个目标一致的网络共同体，而不是一个班组。**

海尔集团的雷神游戏笔记本创客团队就是一个典型的例子。媒体报道说，"第一款雷神在京东上销售时，一周之内有 18 万人预约，开卖 21 分钟，3 000 台笔记本就被抢购一空。这个战绩在笔记本电脑行业内简直可以被称为小米式现象"。戏剧性在于，这是一台售价近 6 000 元的笔记本，而且是一个全新的品牌。创造这个奇迹的团队由 85 后的三个年轻人创建：李艳兵、李宁和李欣，三个人都是雷神产品经理。他们利用互联网交互平台深入挖掘了 3 万条用户数据，整合代工厂和设计资源，克服了各种困难，还在 2014 年年底引入了天使投资。在 1 年的时间内，雷神把海尔从未做过的游戏笔记本做到行业第二，仅 11 月 11 日"光棍节"一天就售出一万台。一年三人小团队还给海尔集团上缴了 1 200 万元净利润，这样的人均产出水平是传统企业永远无法做到的。这个案例告诉我们，激发创客活力所产生的爆发力是非常惊人的，这也许正是海尔集团下定决心把海尔集团打造成创客平台的原因之一。

创客团队与外部的协作也应该是打破传统企业边界的弱耦合。抓住用户需求需要社会化网络的力量，整合制造资源也需要外部的力量，这些都不应该建立在传统企业供产销的刚性边界之上，这样显然会限制创客们的活力。海尔集团的雷神团队已经说明了这一点，他们通过互联网交互平台把握用户需求，寻找产品机会，通过与外部更专业的代工厂和设计资源合作，利用海尔集团的售后服务体系提供服务，最终完成了一个具有价值的效用产品，市场的成功已经证明了这一点。创客团队应站在互联网的全网视野上，开始自己的创新工作，而不是依赖刚性体制，这样才有可能做出完美的产品，才有可能取得用户满意和市场奇迹。所以，要形成全面的活力，创客团队的外部协作机制也应该建立在弱耦合之上。

以互联网+为基础，敢于解除紧耦合，打造有活力的小团队，就是创客的力量，这也是新工业时代创客化组织的力量。

7.2.4 趋势：大企业的碎片化

前面讨论过，我们每个人正在面临碎片化的环境，包括信息、时间和应用，都将全面碎片化。而现在，围绕传统大企业展开的创客化运动，将会把我们一直认为坚不可摧的组织——企业全面碎片化（见图 7-6）。企业碎片将会以弱耦合的协作机制靠拢在一起，但作为整体的、铁板一块的企业概念未来将会不再存在。传统的企业将只剩下固定资产的边界，其他的所有商业边界都将不再存在，并化为碎片在互联网世界找到自己的位置。

图 7-6　传统企业都将碎片化分解

笔者和大多数人一样，过去都认为一个大企业除非遇到经营不善才会土崩瓦解，而现在瓦解的过程正在内部展开，一切都按照正向的意义在前进，而不是经营不善。我们之所以认为企业坚不可摧，是因为我们从一开始在书上读到的、我们亲眼看到的，以及我们曾经工作过的企业看起来都是不可分解的，在潜意识里我们认为分解就意味着倒闭。

但实质上，现代意义的企业是从第一次工业革命之后才产生的，只有约250 年的历史，如果人类寿命能有 300 多岁，也许就不会觉得企业碎片化是多么不可思议的事了。因为在 250 多年前，世界上的工业、企业还都不存在。在过去的 250 年当中，人类发展了很多关于企业管理的理论，让企业看起来更加完美和坚不可摧，一切都看起来井然有序，严密运行。但是，企业创客化组织的建立，终于到了要终结我们过去认为的完美企业的时刻了。

创客化组织的价值毋庸置疑，符合人类的天性，激发人类创造活力，是一种不可逆转的趋势。而且从生产需要来说，众产应对众需也是未来的必然趋势。这两点就必然导致企业创客化组织的建立，传统企业创客化组织建立的进程或早或晚，但看起来不可避免。所有创客化组织并不是以企业为中心，而是以用户价值为中心。因此，这就会必然导致创客和企业内其他创客、社会创客、企业资源之间是弱耦合关系。企业不能命令一个创客做任何事情，而只能服务于创客来获取最大价值。创客们是完全自由的，可以与世界上任何其他组织产生业务关系，传统企业的边界将会完全消失。未来，如果从整个互联网全网的角度来看，传统企业内形成的创客化组织只是网络连接比较频繁的碎片，类似于社交网络的朋友圈，而不是连接成一个紧密的平面。

企业的碎片化与社会化碎片不同的地方在于，企业建设的平台有了一批最初的用户，而创客则拥有基础的依赖力量。但这种结合是非强制的，建立在弱耦合关系之上。也许有一天，创客们可能不再使用孵化平台的服务，如果它足够大的话。这时候，传统企业将会完全碎片化。那么，碎片化后的传统企业将会留下什么呢？答案就是股权关系和企业给创客的投资获得的回报，这也是将在本书后面章节谈到的分工到分利的管理模式转变。

讨论到这里，只希望告诉传统企业一个未来的事实：为了应对新工业的挑战，传统企业必须开始启动向创客化组织的转变。创客化组织转变的结果只有一个，就是有着近 250 年历史的传统企业将会彻底地瓦解为碎片化状态，维系它的将是分利关系。总之，传统企业希望固守不变是不行的，必须积极地推进创客化组织，接受碎片化时代的到来，否则可能就不是碎片化的问题，而是面临被时代淘汰的问题。

7.3 创客化企业世界蓝图

7.3.1 量子物理的启示

传统的企业组织也好，管理模式也罢，本质上都是建立在牛顿物理学基础上，也就是可见的实体规律，推动则有加速度，不推动则保持原状态。而虚实世界的发展，越来越接近量子物理。不可见的虚体规律占了上风，庞大的刚体企业变为活跃的创客化企业。世界由确定性为基础，变得必须以不确定性为基础。例如，**大规模生产时代的用户群是确定的、生产是确定的、工厂是确定的，而现在却必须以互联网中不确定用户需求为基础，构建的生产机制和工厂都是弹性可变的。过去的生产机理是粗放宏观的，而现在需要精细到每个细节。过去的组织是一个大企业集团才有力量，现在是活力团队才有力量。**这些不同，我们已经不能从传统的以牛顿物理学为基础的理论中找到答案，而必须以全新的基础来寻找答案。还是物理学，近 100 多年最新发展起来的量子力学正在带给我们答案。要知道，第一次工业革命发生时，还是牛顿物理学风行的时代，工业只能构建在牛顿物理学之上。人类对世界本质认识的提升，必然产生全新的社会组织观念。未来的智慧工业，将会引入人类的最新发现：量子物理学的对物质世界的解读。基于牛顿物理学的工业组织时代将要进入尾声，基于量子物理学的工业组织正在建立。

要探索创客化企业世界的运行规律，已经没有现成理论可遵循，我们只能求助理解万物的最基础科学——物理学来寻找答案。现在，近 100 多年最新发展起来的最新物理学——量子力学正在带给我们答案。

量子力学是描写微观物质的一种物理学理论，许多物理学理论和科学，如原子物理学、固体物理学、核物理学和粒子物理学，以及其他相关的学科，都是以量子力学为基础的。它的影响力基本上可以说与爱因斯坦相对论并驾齐驱，是目前人类认识世界和宇宙的两大支柱之一。

所谓量子，就是描述能量只能以最小单位的整数倍来传递的现象。它有几个非常重要的理论和现象，具体如下。

不确定性原理：在我们周边的宏观世界里，每一件事情看起来都是可以准确测量的。比如，知道了汽车的速度和位置，那么若干时间以后汽车的位置一定是可以准确预测和测量的。传统上的物理学，核心就是因果论，所有事情看起来都有因果关系。但在量子的世界里，一切好像不太对劲，首当其冲的就是在量子力学中发现的不确定性原理。这个原理是说，如果我们知道微观粒子的能量，那就不能确定它的位置，至于位置在哪里，只是一个概率；反之，确定了位置就确定不了能量。

波粒二象性：在量子力学体系中，基本的粒子都具有波粒二象性，即我们在测量一个粒子的行为时，它有时候表现为实体粒子，有时候表现为波动图像。而量子力学证明，这种特性本质上是由于基本粒子的量子态表现出来的，由于我们的测量导致了波粒二象性的结果。而这一点也说明了一个道理，微观体系中具体的粒子和它的环境是一个整体，不能把它分开。例如，学过高中物理的人都知道，原子由质子、中子和电子构成，一般想象中电子应该像一个小球围绕原子核转动，但后来人们发现，电子通过一个双缝时也有像水波一样的衍射图像。

薛定谔方程：为了描写微观粒子状态随时间变化的规律，就需要找出波函数所满足的运动方程。这个方程是薛定谔在 1926 年首先找到的，被称为薛定谔方程。力学量取值的概率分布如何，这个分布随时间如何变化，这些问题都可以通过求解波函数的薛定谔方程得到解答。量子力学中求解粒子问题常归结为解薛定谔方程或定态薛定谔方程。简单来说，如果知道粒子现在的状态，那么通过薛定谔方程就能计算其未来的状态。这是不是与我们现在讨论的大数据预测很接近呢？

量子纠缠：假设两个粒子在经过短时间的彼此耦合之后，单独搅扰其中任意一个粒子，尽管两个粒子之间可能相隔很长一段距离，但还是会不可避免地影响到另外一个粒子的性质，这种关联现象称为量子纠缠。往往由多个粒子组成的量子系统，其状态无法被分离为其组成的单个粒子的状态，在这种情况下，单个粒子的状态被称为是纠缠的。纠缠的粒子有惊人的特性，这些特性违背一般的直觉。比如说，对一个粒子的测量，也会影响到另一个遥远的、与被测量的粒子纠缠的粒子。最新计算机发展，已经把量子纠缠应用到通信领域。

基本粒子：指人们认知的构成物质的最小、最基本的单位。但是因为物理学的不断发展，人类对物质构成的认知逐渐深入，基本粒子的定义随时间也是有所变化的。目前在粒子物理学中，标准模型理论认为的基本粒子可以分为夸克、轻子、规范玻色子和希格斯粒子四大类。其中，夸克和轻子又被称为费米子，规范玻色子和希格斯粒子被称为玻色子。粒子还有另一种属性——自旋。自旋把粒子分成两大类，自旋为半整数（1/2、3/2）的粒子称为费米子，为整数（0、1、2）的粒子称为玻色子。费米子构成了我们所认识的物质世界，典型的费米子有大家熟知的电子，还有构成质子和中子的夸克等。而玻色子是传递作用力的粒子，如光子、介子、胶子、W 和 Z 玻色子等。而在量子物理领域最新发展弦理论，认为基本粒子可能不是电子、光子、中微子和夸克之类的粒子。这些看起来像粒子一样的东西实际上都是很小的闭合弦，闭合弦的不同振动和运动就产生出各种不同的基本粒子。这个理论现在还有待实验的证实。

自旋：在量子力学中，自旋是粒子所具有的一种内在性质，虽然有时会与古典力学中的自转相类比，但实际上本质是迥异的。古典意义中的自转，是物体对于其质心的旋转，如地球每日的自转是顺着一个通过地心的极轴所做的转动。自旋视为一种内在性质，是粒子与生俱来带有的一种角动量，并且其量值是量子化的，无法被改变。形象地说，自旋为 0 的粒子从各个方向看都一样，就像一个点；自旋为 1 的粒子在旋转 360° 后看起来一样；自旋为 2 的粒子旋转 180° 、自旋为 1/2 的粒子必须旋转 2 圈才会一样。自旋为 1/2 的粒子组成宇宙的一切，而自旋为 0、1、2 的粒子产生物质粒子间的力。费米子自旋都是半整数，而玻色子自旋为整数。比如，电子、夸克等自旋为 1/2，而光子的自旋为 1，希格斯粒子自旋为 0。

泡利不相容原理：泡利原理表述为全同费密子体系中不能有两个或两个以上的粒子同时处于相同的单粒子态。原子核外电子的状态可以用主量子数 n、轨道角动量子数 l、磁量子数 ***ml*** 和自旋磁量子数 ***ms*** 4 个量子数决定。它们的取值 $n=1,2,3,\cdots$；$l=0,1,2,\cdots$，$n-1$；$ml=0,\pm1,\pm2,\cdots,\pm l$。因此，泡利不相容原理也可以表述为原子内不可能有两个电子具有完全相同的 4 个量子数。在量子物理世界，费米子符合泡利不相容原理，而玻色子则不符合这个原理。

量子力学的理论还在不断地实验验证中，一些理论还需要等待最终证实。2013 年，欧洲世界最强大的粒子加速器——大型强子对撞机（LHC）发现了量子力学预言的希格斯粒子，引起了全世界的轰动。但与希格斯粒子相关的希格斯机制还在不断测试验证中，希格斯机制是用来解释其他的粒子为什么有质量的基本理论。至于粒子到底是不是一根闭弦，还在期待获得验证中。虽然量子力学还在不断完善和发展，但到目前已经验证的事实已经对人类的发展起到了巨大的促进作用，是我们已知的大多数现代科学（物理、化学、新材料、计算机等学科）的基础。

从以上几点我们可以得到一个结论，量子力学回答了微观世界的运行规律，而且在实践中得到了大量的验证。

7.3.2 创客化企业世界蓝图

如果把已有的传统大型工业企业全面创客化，再加上社会化的创客力量，地球上将会形成无穷多的创客化小微企业。这些小微企业就如同浩瀚宇宙中的星辰一样，正在形成一个创客化企业世界。这个世界中的运行规律如何进行？

就如星辰一样，并不是所有的星辰我们都能看得见，有孵化中、有没有成熟就死亡、有成熟后失去活力多种情形，只有那些有活力的、闪闪发光的星辰我们才能看得见。在笔者撰写的《智慧的维度：工业 4.0 时代的智慧制造》一书中，把这些具有活力和能量的小微企业称为量子化企业，也就是具有能量的企业。也可以把量子化企业称为活跃的、有力量的创客企业，它是无限创客团队中的一个子集，它们构成了浩瀚创客化企业宇宙中的可见部分。另外，在《智慧的维度：工业 4.0 时代的智慧制造》一书中，研究发现这些活跃的小微企业在企业宇宙中的运行规律与量子物理世界的一些规律比较近似，这也是把这些活力创客化企业称为量子化企业的原因。考虑到量子化概念的物理性太强，为便于理解，本书把《智慧的维度：工业 4.0 时代的智慧制造》一书中的表述全部改写为创客化语径，便于读者阅读，但需要注意区分有活力的创客和无活力的创客的区别。

一个大型企业创客化之后，会形成大量的不同类型的创客化小微企业，它们具备一定的能力，根据自己的绩效实现自己的价值。这些创客化企业数量很多，围绕核心价值实现了一个创客化企业群，遍布全球的创客化企业就构成了规模庞大的创客化企业宇宙。一般来说，根据价值的不同，创客化企业可以分为以下几类，不同类别的企业在创客化企业宇宙中发挥不同的价值。

客户型：以互联网思维为主要思考方式，并与其他量子企业进行协作，采用互联网商业模式实现零散客户的汇集，并把不确定性的客户需求转变为确定的生产任务，这些生产任务成为其他类型的创客化企业的工作目标。这些企业的作用就是专门用来把散落在不同时空的个性化需求进行聚集，形成真实的客户需求，并对客户需求进行响应。同时，与客户服务型创客企业协作完成产品生命周期的服务。

创意型：组织内外部的智力资源，基于互联网和智慧工具，根据客户需求进行创业和产品设计。它的最终设计数据与工厂型企业直接交互，并导入生产进程。

工厂型：按照客户需求，组织实现个性化生产，主要基于智慧生产网络和云制造，在体系中被定义为一个虚拟工厂拥有者。

资源型：为生产过程提供原材料支持，主要运行智慧供应网络，对于生产需要制订合理的采购方案，确定合理的库存，准时满足生产需要。同样要基于智慧制造体系和云制造。

生产服务型：主要是为生产过程提供故障响应、维护维修、物流传送等服务工作。

客户服务型：实现售出产品后的服务，以及把产品价值转为服务价值的过程，它以服务网络为依托。

金融型：为其他类型的创客化企业提供融资支持和支付支持，实现在线的高效资金配置。

管理服务型：为其他类型的创客化企业提供人力资源、财务管理、办公管理、企业资源管理等公共管理服务，这类服务未来将会以云服务的方式提供。

孵化器型：培育和培养创客，并提供创客运行辅导和支持。类似于量子物理中的希格斯粒子，为基本粒子赋予质量。

不同类型的创客化企业在经济学意义上都是小微企业，在智慧工业体系中是不可或缺的网络节点。它们的价值来源于网络协作，它们的运行受市场化供需关系的自然规律约束，同时通过适当的价值导向，使整体体系的价值最大化。这里的“价值导向”不是通过强制命令实现的，而是通过平台服务来实现。未来企业间的竞争是网络协作能力的竞争和平台能力的竞争。

从社会角度来看，遍布全球的、海量的创客化企业构成了一个企业宇宙，如图 7-7 所示。这些具备完整功能或者不完整功能的企业在网络化的虚拟世界内被软件所定义，成为一个网络中的应用节点。每个单独的小企业与其他小企业一起构成一个制造工厂、虚拟化子公司、虚拟化的集团，并由不同的行业网络交织在一起，构成类似于宇宙的结构。围绕一个个客户节点，它就像一个引力场，把其他创客型企业聚拢在周围，形成一个价值环。这个价值环就如同一个太阳系，它与其他的恒星系不断相互作用，构成更大的网络结构，形成星系，最后大量的星系组成宇宙。这个宇宙与自然宇宙有相似的地方，但它一定有边界，并不是无穷数量的，受人为因素的影响，人们可调控和完善这个宇宙的运行。世界上所有创客型企业最终都是通过互联网连在一起的，只不过有的是生产价值链的关系，有的是供需关系，有的是资源协作关系，但最终它们构成了我们丰富多彩的现实世界。借鉴量子力学的说法，创客化企业之间的弱耦合关系，有的是强作用力，有的是弱作用力，有的是电磁作用力，有的是引力。

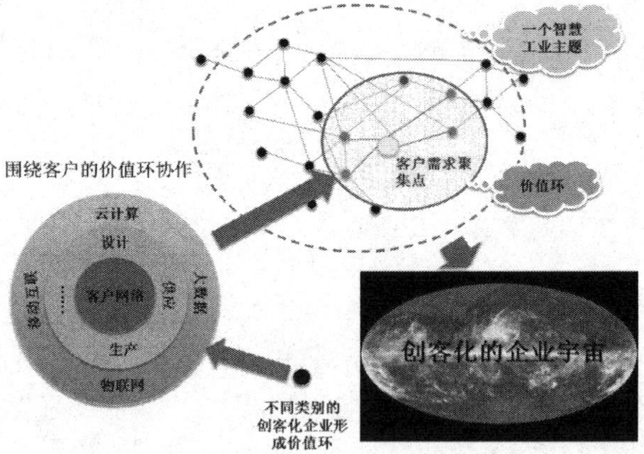

图 7-7　创客化企业世界的构成示意图

由创客化企业构成的企业世界中，无法通过一只有形的手进行调控，只能按照自然规律运行。在网络中的客户聚集形成了一个个动态的价值环，这些价值环以客户为中心，在智慧工业系统的支持下运行。由无数的价值环的价值连接形成了智慧工业的一个个主题，这些面向主题的智慧工业网络连接在一起形成未来创客化的智慧工业体系。

7.3.3 市场化的自治运行

创客化企业与量子力学的关联在于，由于客户需求的不确定属性，赋予了整个智慧工业网络的量子化属性。

单独的创客化企业就如同一个小粒子一样，类似于量子力学波函数，一定有一个能够表达它的状态函数，也有它在网络中的波粒二象性。创客化企业受到外部环境或平台服务的影响，产生了不同的强弱关系。例如，在同一价值环中，同一时刻不会出现同一状态的生产型量子企业，自然排斥冗余。这是不是有点泡利不相容原理的意味？而经济环境中的蝴蝶效应反映出的就是各种元素的纠缠关系，也与量子纠缠相类似。一个美国小企业的变化，可能会引发连锁反应，最终影响到中国一个小企业的变化，从而引发智慧工业网络中的飓风，最终导致工业网络中的局部出现崩溃重组。但笔者相信，这些过程都是自治完成的。现在很多大型企业的倒闭就是例子，但未来就不会这样。未来的可能情形是，一个大企业资产边界中或平台服务中的某一个创客化企业倒闭，但由于智慧工业网络的多节点属性，这种情况应该很快能够自治恢复。我们没有看到量子物理世界的崩塌，创客化的世界同样也不会。

创客化的未来已经不能用有限的管理手段来管理，而必须依赖市场的力量，以及自然的规律。虽然我们不知道未来会怎样，但通过量子力学世界，我们其实能够对创客化的企业宇宙中的行为进行预测，从而发现全新的机会。有一点是毫无疑问的，我们每个人的未来生活都将更加舒适，人类需求都会被创客们的活力充分满足，这就是创客世界的终极意义。

就如同宇宙一样，星辰会有生死存亡，创客化的工业世界也会有生死存亡。创客化企业宇宙是一个动态的宇宙，每一天它里面的创客都在不断动态产生、动态消亡当中。通过这种动态过程，不断进行优化和改善，最终构造出未来的新工业世界。

7.4 创业就是要找到创客化工业世界的位置

现在，如果你打算在工业领域创业，那么问题就是你要找到创客化工业世界中的位置，并成为一个有活力的节点。可能永远无法像老一代企业家那样固守几十年就做一件事，把一个企业做到规模庞大，但你能用自己的能力把这个浩然宇宙中黑暗的地方点亮。在未来的动态化、协作化、创客化的全球性智慧工业网络中，一切都在变化中，找对位置才能发挥价值。

正是因为它的变化，创客化工业世界随处都有机会。我们可以想象一下星辰，宇宙深处超新星爆炸随时都有可能发生，每一刻都会有某处特别明亮。**在网络化的智慧工业世界中，每一刻都有可能在某一点聚集起大量用户，形成一次网络风暴。**在网络风暴的中心，负责聚集客户的客户型节点迅速通过网络组织起一个价值环，加入价值环并成为其中一个节点，其他的创客也就找到了自己的位置。下一次风暴在下一个节点形成，又会形成一个新的价值环。每个价值环可以视作一个智慧工业的主题价值网络，这个网络在不断变换新的位置，每一次变换位置，就会聚起全新的成员结构。以网络协作为工作方式的虚拟化工业组织，不断在创客化工业世界中形成或者消失，一切都会以不确定性为基础。

对一个已经存在的企业，识别用户、定位产品比较重要，而对于一个创业者，只有几人的小团队，做好一件事的前提首先是找对位置。只有找对了位置，才有可能进一步准确定位用户、产品和商业模式。创客团队的小规模属性，就意味着只要能做好一件事就是成功，那么做好一件事的前提就是你在准确的时间到达了准确的位置。

一个小规模创客团队，就意味着没有能力做详细的市场分析，也没有能力组织规模庞大的资产，但有一点至少是能够把握的，那就是团队自身的能力。当然，这种能力也包括资源整合的能力。在评估好团队自身能力的基础上，需要进一步明确的问题是，究竟适合做 TO C 的业务还是 TO B 的业务。如果一个创客选择的是 TO C 的业务，那么选择只有一个，就是努力成为智慧工业网络中的一个引爆点。打造引爆点，吸引用户，获取需求信息，并把不确定的需求转化为产能需求就是你的核心价值。比如，团购、预售、定制、众筹、O2O 等电商就是这种类型的创客。你需要拥有充分的营销策略和能力，穷尽一切互联网的营销方法，并设计精巧的商业模式，来应对个性化用户的挑战。如果一个创客选择的是 TO B 的业务，那就意味着团队的能力不在于整合终端客户，而是强在专业能力。这样的选项会比较多，如创意型、工厂型、资源型、生产服务型、客户服务型、管理服务型。如果碰巧你还有金融资源和孵化资源，你还可以成为金融型或孵化器型创客。在这些类型当中，结合团队能力选择其中一种，就是一个基本的定位。只有这个定位是明确的，你的预期客户才会明确，产品和商业模式才有可能定位准确。当定位为一个 TO B 的业务，在当下以用户为中心的时代，这类创客必须寻求参与一些价值环，并尽可能靠近价值环的中心——客户型创客，建立紧密的协作关系，在不确定的用户需求流到来之前做好就绪准备，确保价值能够被吸收和传递。创客还需要充分借力平台的力量，并把可驾驭的平台力量作为自身能力评估的一部分。创客的定位类型如图 7-8 所示。

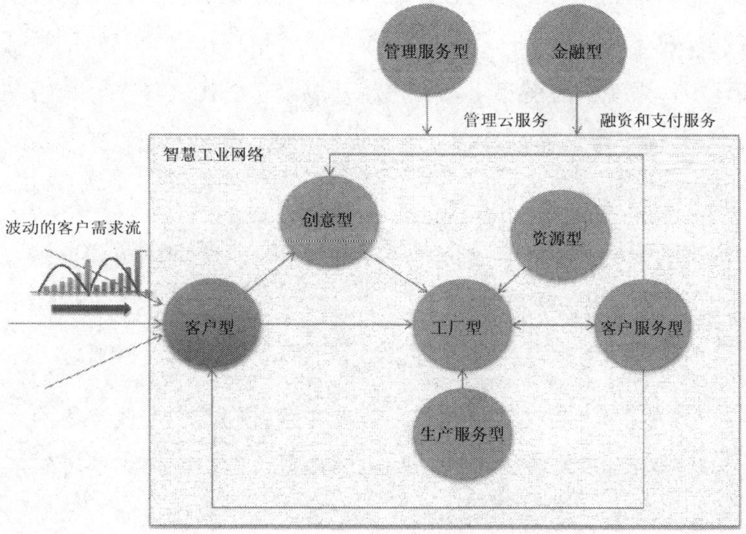

图 7-8　创客的定位类型

创业并不是做什么都可以，而是在团队能力评估基础上，从定位一个团队最合适的位置开始。不管一个创客最后选择提供什么样的产品或服务，定位都是第一位的，它的本质就是创客在潜在用户心目中的预期价值。

7.5 大数据——消除创客化世界的熵增

由于用户需求的不确定性，创客化企业的生产和服务就存在不确定性，创客化企业间的协作也会存在不确定性。对不确定性的度量在物理学领域的概念就是熵，后来被香农引入到信息论成为信息熵。

最早“熵”的概念是由德国物理学家克劳修斯于 1865 年提出的，主要针对化学及热力学领域。熵，科学化的解释就是一种测量在动力学方面不能做功的能量总数。通俗来说，熵用来计算一个系统中的无序状态，是描述系统状态的函数。熵的具体值可能意义不大，但它是增大还是减小意义比较大，直接描述了系统混乱程度是增强还是降低，或者说社会的组织性程度是增强还是降低。在熵的理论中，得出了两个关键的定理：其一，如果系统处在可逆的循环中，系统的熵变等于 0，也就是熵没有变化；其二，如果在一个封闭系统中，任何不可逆的过程都会导致熵的增加。熵的增加意味着系统越乱，而系统越有序，则熵就越小。

在信息论中，熵用来表示信息的不确定性。与物理的熵理论稍有不同，信息熵越大，系统无序程度越高，而信息量越小；反之，信息熵越小，系统有序程度越高，而信息量越大。所以，信息熵往往也称为负熵。

在一个被创客化的大型企业中，或者在整合创客化企业宇宙中，存在大量的创客化企业，这些创客化企业如果完全自由地运行，随着时间的推移，不确定性程度显然会增加，相互协作和竞争就会越来越无序。这种情况不可避免，因为它的来源就在于用户需求的不确定性。而且，由于生产制造是一个不可逆的过程，根据熵的理论，熵只会不断增加。我们知道，如果一个组织内部的失序就意味着内耗增加，组织的价值就会降低。因此，创客化企业行为的完全放任自由，对智慧工业网络的良性运行也会造成损害，必须要采取一些措施，来降低创客化企业的无序状态。创客化企业的无序状态增强，除用户需求的不确定性外，还来源于由于自身规模小、信息整合能力不足而存在的信息不对称，信息不对称就会导致决策和执行行为的紊乱。虽然，市场的供需机制也能够缓慢地改善无序状态，但意味着缓慢和效率低下。

现在人类知道，最大化利用信息的负熵效应，对于降低社会系统的无序有一定帮助。利用信息的负熵效应，让整个智慧工业网络中的信息呈现出完全对称的状态，这样有助于降低创客化企业的熵增。但仅仅通过信息对称，也不足以完全实现量子制造的有序，需要一些其他的方式来实现熵的降低，最终实现平衡。

量子物理学就给了我们一个很好的启示。在很长的一段时间内，一群著名的物理学家在研究一个问题，那就是为什么电子不能落到原子核上，而是在相对固定的轨道上运行？最后，通过量子场理论的研究，发现原来只有这样运行才是电子的低能量状态，因此就不会进一步塌缩。想一想也很可怕，如果原子中的电子都不是现在这样运行的，那么整体世界上的物质，包括我们都将不存在。微观的粒子处于量子场中，除粒子的自身属性外，场给它施加了各种无形的外力，使得整体运行处于低能量状态，而不会失序。那么对于一个创客化的大型企业来说，建立一个类似物理学的场（在物理学中，它是一个与时空相关的可变物理量，这个物理量能够存储粒子的能量，与整个空间相关但有边界）就很重要，来确保创客化企业的熵不会出现不断增长的状态。在过去，有一个词叫作“平台竞争”，但平台是有形和有限的，还不足以描述这种企业从系统级别施加这种影响。企业的“场”可以理解为一个立体的多维度的平台，比平台更加无形，也更加无处不在，所有的创客化企业都处于这样的“场”中。通过这个多维度平台为创客提供服务，进行导向，最终把无序状态转为有序状态。在社会创客当中，政府的服务提供了类似的效果。

每个小的创客化企业由于视野有限，容易陷入局部正确的思维错误当中。企业需要通过充分利用大数据技术，采集尽可能多的数据，并把数据形成各个层次的数据主题，为体系中创客化企业提供全方位的数据支持。这种数据支持不是片段的，而是随需供应的。

智慧生产系统和智慧工厂也为产生源源不断的数据资源提供了基础，包括末端的传感器数据、生产过程数据、管理数据、用户及产品数据、物流数据、供应数据，以及外部的环境数据等，都是大数据服务的数据来源。

这些数据应该有足够的自动机制来推送数据，让所有需要数据的人能够实时看到。而且，对于缺少的数据还应该有定制的机制，提供数据反馈和纠正机制。总之，要让创客们感受到数据的无处不在，所需即得。在传统企业转型智慧企业的过程中，企业的多维度平台是提供大数据服务的责任方，并把它作为创客公共服务的一部分。平台要能够不断优化，来加速数据的传递和数据流转，增加数据的透明性，最终实现消除创客化世界的熵增，从而让创客永远保持活力。

第 8 章

Chapter 8

接受分利与自治的无管理世界

自从 1776 年亚当·斯密提出分工理论以来，伴随三次工业革命，分工理论已经精细到极致，一直占据着工业管理的主导位置。当然，分工意味着高质量和高效率，有这两点就说明它曾经是一个非常正确的理论。但现在看来，分工理论开始变得不合时宜。在新工业时代，创客化企业将占据统治地位，在这些创客化企业内部虽然还存在分工的价值，但在管理的主干上将开始进入自治的无管理阶段。自治的无管理又如何取得正向的激励？只有一个办法，那就是分利。分利将是新工业管理的核心思维，在分利的基础上实现管理的自治化，从而实现企业和社会的整体进步。分利并不是一群人坐在一起，如同分一块肉一样你多我少地零和博弈，而是通过市场的规则自治实现。

8.1　管理新思维：从分工到分利

8.1.1　早期的野蛮管理——分工时代

“管理”是一个古老的概念，甚至在人类有文字、能够记录人类活动之前就存在。只要存在组织，组织要实现既定的目标，组织就会希望通过管理来实现集体协作，最终实现组织的利益最大化。从人类的角度来看，这种组织利益最大化满足了人类的需求。管理是一种组织行为，从人类早期开始就用来协调组织和人的关系，激发组织的力量，从而创造价值。

文明早期，人类已经发现与其他人的共同协作能够放大自己的能力，从而让自己的需求也能得到最好的满足。原始部落时代如此，农业文明时代如此，工业文明时代更是如此。在协作的过程中，人们发现对于某一项具体的任务，某一些人会比其他人更适合做这项工作，并因此产生了劳动分工。分工的目的就是更有效地利用不同人的技能。从分工开始，为了完成一个目标，就需要管理和协调不同的工作任务。围绕谁来协调的问题，就产生了管理者。管理者全体还会逐渐分层，形成权力层级。最高层级的人成为了组织的领袖，由他来负责具体任务的分配，并由此诞生了科层制。不过，除去行政阶层，早期社会中的分工主要还是建立在人类天性之上，并没有严格的制度来限制分工的构成和协作任务的实现。

亚当·斯密的分工理论是早期管理理论发展过程中的一个重要里程碑。亚当·斯密是自由主义经济学的奠基人，他认为市场上有一双“看不见的手”来实现资源的最好配置和最有效率的回报，从而实现经济的自然和谐。1776 年，他撰写出版的《国富论》在当时引起了轰动，到今天仍然是我们认识经济规律的重要著作。书中提出劳动的专业化分工是市场机制的重要支柱，他用一个小案例证明了劳动分工是效率之源。例如，大头针的生产，书中说：“如果 10 个工人独立工作，不进行专业化分工，这些人最多造 200 根针，甚至有些人可能一天也造不出一根针。而如果进行适当的分工，他们就能造出大量的针。”他认为分工导致生产效率提高的原因有 3 个：（1）分工能够让个人的专业性增强，从而提高效率；（2）工作变化会导致时间消耗，分工后每个人不需要工作变化，把这种时间消耗减少了；（3）机器生产方式只有在分工的基础上才能进行。亚当·斯密把分工上升到了理论的高度，受到了第一次工业革命中新兴企业家的欢迎，被迅速地运用到刚刚兴起的工厂当中，并以此为基础建立了最早的工厂制度。

不过，**亚当·斯密也发现了分工存在的问题：“如果一个人一生只消磨于从事一些简单的操作……慢慢就会丧失运用智力的习惯……对特定的职业掌握的程度……似乎是以牺牲其智力、社交等为代价获得的。**”问题在当时已经提出来了，效率的获得是以牺牲智力财富为代价的。但是，在资本家决定资源分配的时代，人们忽略了这一点。工业刚刚兴起，到处都是物质稀缺，只要能够大规模生产、效率足够高和成本足够低，企业就会积累巨大的财富。而普通人也随着工业的发展，生活得到极大改善。在这种情况下，几乎没有人关注个人的价值，而是更加关注组织的价值。

围绕分工及生产任务的达成，就需要一系列围绕劳动力展开的工作，包括招募、培训、纪律和激励。要知道，工业革命之前的大多数人都是农民或手工业者，他们独立和自给自足。工厂围绕分工形成的单调的、年复一年的工作，在当时情况下是一件没有吸引力的事情。例如，招募工人就是困难的事，尤其是熟练工人。甚至当时有一个说法：“最饥饿的工人是最好的工人。”而且，资本的力量希望把工人的工资限制在最低水平上，也限制了工人主动性的发挥。由于人的天性与机器工作的不协调，导致工人用破坏生产设备来应对工厂的机械分工工作。在第一次工业革命中，英国就爆发了卢德运动：英国工人以破坏机器为手段反对工厂主压迫和剥削的自发工人运动。传说第一个捣毁机器的工人的名字叫卢德，并因而记入历史。正因为如此，随后的工厂管理者开始考虑采取激励措施，如公正的工资。亚当·斯密认为，“工资是对勤奋的激励，人们需要公正的工资”。在没有完成工作任务时，还有严厉的处罚措施，最早的围绕分工的管理理论和方法就产生了。

对于工业文明早期讨论这么多，只想说明一个道理，**现在我们所看到的工业方式在早期也并不是被大多数普通人所热烈接受的。分工理论并不是完美无缺，而是一开始就有着对人类天性的扭曲。人们通过分工被绑定在机器上，固化在组织里，也是在不断反抗中逐渐接受的。**

到大批量生产的时代，机器和流水线的普遍使用，使分工协作成为企业管理的主要模式。分工协作理论在流水线大批量生产发展过程中得到了进一步发展。企业管理大师钱德勒就认为，大批量生产的效率来源是“经由技术和组织创新使得少量的劳动就可以生产大量的产品。大批量生产方式的效率来源于企业内部分工体系的深化，来源于在机器代替人力基础上形成的分工协作体系，来源于发展新的机器、采用更好的原料和集中使用资源，以及建立新的组织设计及作业程序”。

随后的 100 多年中，工业活动中的分工已经深入骨髓，人们也慢慢接受了现实。再加上后续管理学家的不断研究和提出新的理论，让工人得到足够的福利和人性关怀。1911 年，泰勒提出科学管理理论后，早期的野蛮分工和资本家决定一切的时代逐渐结束。随着科学管理的推行，企业开始重视每个工人具体的工作需要，管理也成为一门独立科学。在这个过程中，中间管理层出现了，组织和人的关系上升到一个全新的阶段。**科学管理的副作用是，一些科学化的、标准化的管理方法代替了经验管理，但人也被制度化了。**

科学管理的早期阶段，主要的研究内容还是如何管理人的问题，人是被管理的对象。1954 年是一个分界岭，被称为“现代管理学之父”的彼得·德鲁克在其著作《管理实践》中提出并加以明确界定了人力资源的概念。以人为本的时代到来了，关怀人、激发员工活力成为新的管理内容。到现在，人力资源管理理论不断成熟，并在实践中得到进一步发展，为企业所广泛接受。人们开始认识到，员工不是生产线中的一个配套机器，或者是一个螺钉，而是一种资源，可以产生利润，一个分权的时代开始了。

8.1.2 人力是一种资源——分权时代

1954 年，马斯洛在他撰写出版的《动机与个性》一书中提出了人的需求层次论。他提出，人的动机由多种不同性质的需求所组成。在书中，他把动机分为 5 层：生理需求、安全需求、爱与归属的需求、尊重需求、自我实现的需求。在 1970 年新版书中，增加了知的需求和美的需求。其中，知的需求指对己、对人、对事物变化有所理解的需求；美的需求指对美好事物欣赏并希望周围事物有秩序、有结构、顺自然、循真理等心理需求。马斯洛认为，随着每一级需求被满足，重要性就会降低，人们会沿着需求阶梯不断上升，直到自我实现的需求满足，反之则不断下移。在马斯洛解开人类动机之谜以后，组织和人的关系开始全新的进步，“以人为本”不仅仅是一个概念，开始有了有针对性的措施。为个人的自我实现和创造性提供途径，开始成为管理科学的全新内容。

1957 年，道格拉斯·麦格雷戈在《企业的人性方面》一书中提出了人性问题的讨论。他指出，各种管理人员以他们对人性的假设为依据，可用不同的方式来组织、控制和激励。基于这种思想，他提出了有关人性的两种截然不同的观点：一种是消极的 X 理论，即人性本恶；另一种是基本上积极的 Y 理论，即人性本善。X 理论阐述了独裁式的管理风格，而 Y 理论则阐述了民主式的管理风格。Y 理论是一个将个人目标和组织目标融合的观点，主要内容包括：一般人并非天生厌恶工作，工作是一种满足的来源；人为了达成其本身已经承诺的目标，能够“自我督导”和“自我控制”；人对于目标的承诺，就是由于达成目标后产生的一种报酬；只要情况适当，一般人不但能学会承担责任，而且能学会争取责任；以想象力、智力和创造力来解决组织上各项问题的能力，本来就是大多数人均拥有的能力，而非少数人所独具的能力；在现代产业生活的情况下，常人的智慧潜能仅有一部分已被利用。以 Y 理论为基础，很多企业开始建立正向积极的氛围，提供工作自主权，减少严格的外部控制，鼓励自我控制，以及利用工作本身的挑战性来激励员工。Y 理论让企业逐渐认识到，尊重员工，使员工认同组织目标才会更有效率，而不是强制控制。

从第二次工业革命开始，大规模生产经由流水线生产的方式更加普遍，产品标准化对应的标准化管理成为管理的核心。大规模生产产生的规模经济吸引企业进一步扩大规模。随着企业规模的扩大，企业创业者已经无法靠自己进行有效的管理，必须让出一些权力给一个庞大的技术管理层，因此各种职能部门不断成长起来。一项研究发现，1899—1947年，管理的员工数量与从事生产的工人数量的比率从9.9%上升到22.2%。围绕大规模生产的计划、组织、领导、协调和控制的工作变得更加重要了，具有新想法和创新意识的管理人才成为竞争的重点。而且，流水线等新兴生产技术的出现，使得需要更多专业性的人才参与到管理过程中。拥有知识的人，开始参与企业的核心管理过程。现在，这些人就形成了我们通俗所说的白领阶层。

早期的管理层起到的主要作用就是上传下达，作为没有信息系统时代的信息系统。一群具有知识的管理层出现了，他们不安于接受只是一个庞大系统的螺钉，希望权责对等，能够拥有足够的权力来承担更大的责任。一个庞大的拥有知识、期待自我实现的管理层成为驱动世界前进的力量。马斯洛理论和Y理论已经说明，对人的心理需求满足和人性的肯定，是组织有效率的关键。对于这样的一群人，单纯的金钱激励已经变得不再重要，自我实现的需求更加强烈。分权开始进入视野，让管理者拥有更大权力来满足自我实现的需求。

所谓分权，就是现代企业组织为发挥低层组织的主动性和创造性，把生产管理决策权分给下属组织，企业高层管理者只关心最重要的问题。思科公司的总裁约翰·钱伯斯在实践中提出“分权理论”，认为最出色的领导不是大包大揽，事必躬亲，其关键在于如何把员工合理地统筹安排。他说：“很久以前我就学会了如何放手，你不能让自我成为障碍。要想让公司成为高增长公司的唯一办法就是聘用在各自专业领域里比你更好、更聪明的人，使他们熟悉他们要做的事情，要随时与他们沟通与交流，以便让他们不断地找到你为他们设定的方向，然后你就可以走开了。”思科摈弃了指令性管理法，采用科学目标的管理法，有效提升了企业管理的水平和层次。思科公司规定，任何人都不能对员工的具体工作指手画脚，上司只能够大体定制一个方向，具体操作由员工自由发挥。这样一来，在目标的实现上，员工有很大的灵活范围来采用具体方法。实践证明，员工自己的方式总是会将工作完成得更好、更快，员工往往会有更多创新的东西。

围绕分权，扁平化组织被广泛采用。一方面它能提高组织的效率，另一方面，它也能够实施管理分权，以便让下属产生更好的态度，鼓励个人责任和主动性。一些企业也开始尝试员工参与企业决策的新模式，比如组织一个员工委员会，它的成员能够掌握企业的运行数据，参与企业的战略决策。到现在为止，扁平化组织已经成为企业最主要的管理形式。在扁平化组织发展过程中，信息技术发挥了巨大作用，消减了交换信息的中间环节，让每个人都能够专注于创造性工作。

从 2007 年开始，美国的软件工程师 Brian Robertson 提出了合弄制，通过类似社区网络的模式把分权思维演绎到了极致，现在开始流行硅谷。合弄制简单来说，就是大家为了共同目标一起努力。最初，它来源于一个关于城市的思考：当一个城市越来越大时，这个城市的人均创新会增加；但当一个公司越来越大时，这个公司的人均创新反而会减少。这是因为在城市里人和商业都是自发组织的，而在公司里你得听命于上级。“市长”不是城市的 CEO，他并不直接或间接管理市民或任何一家公司。一个公司要卖什么产品，一个自由职业者要搞什么创作，自己就可以做主，根本没有“上级领导”可供请示。像这样的自由个体越多，他们之间互相碰撞出火花的可能性就越大，创新当然越强。那么，一个企业有没有可能像城市一样，给予创新者充分自由，取消上下级的领导，从而创造出不断成长的活力呢？合弄制就是回答这个问题的尝试，城市的发展给了合弄制一个最好的启示。从最早的分工理论到合弄制的演进历程如表 8-1 所示。

表 8-1　工业领域主要管理理论发展进程

管理理论	分工理论	科学管理	事业部制	JIT 生产	价值链	合弄制
提出时间	1776 年	1911 年	1924 年	1953 年	1985 年	2007 年
提出者	亚当·斯密	弗雷德里克·温斯洛·泰勒	斯隆	丰田公司	迈克尔·波特	Brian Robertson
关注核心	劳动生产率	生产效率	集权与分权管理	高质量、低消耗、生产效率	战略价值环节的优势	个体社会化协作
组织形式	工厂制手工业	大工厂	大集团公司	大集团公司	跨国企业	互联网企业

合弄制的基本想法就是，CEO 正式放弃在公司决策和管理中大部分的权利，并且赋予每位员工充分的施行自己创意灵感的权利和足够的保护，这种思路可以一直延伸到基层员工。听起来好像是前面讨论的分权机制，但事实上根本不是一回事，而是一个全新的组织管理方式。

合弄制以有目标的组织为前提，认为所有组织，尤其是公司一定是要实现目标的。围绕目标，通过管治会议的民主模式，把目标分成很多价值性的功用，与传统的职能部门不同，这种功用是临时的，任务结束就取消了。然后围绕功用会建立一个圈，类似社交圈，圈中有角色，角色有明确的职责和权力，这个角色也是通过管治会议确定的。前面的工作好像与传统的分层管理近似，只不过用管治会议替代了 CEO、替代了人力资源部的岗位设置功能。再进一步，就与传统管理完全不同了。传统的分工是岗位职责固化，把人向岗位上分，是一种被动分工。而合弄制在确定角色责权后，每个角色由每个人自主选择承担，虽然圈也有一个圈主，但其只是一个组织者，决策是由圈中所有角色组织管治会议共同决定的，其余的时间，每个角色自主决定做什么，不受任何人的命令和控制。圈主只有一个权力，就是对于没有完成角色任务的人可以把他踢出圈子，重新寻找自愿者。按照这个办法，圈中可以再有圈，最终包括了所有工作和所有人。打个比方，圈就与微信群类似，每个人可以加入若干个群，可以在这个群做群主，在另外的群做成员。过去的领导者只能做领导者，现在领导者也可能是员工。通过管治会议让所有人拥有权力，通过人主动选择角色，实现自我主动分工，而不是被动分工。自己的工作能够独立做主，不受制于上级的命令。合弃制建立了一个协作制替代层级制管理的模式，平等和民主替代了命令和管治。另外，它是一个动态的组织，一切以组织目标实现为目的。

以上的讨论证明，分权主要有两个原因：一个是因为大规模的生产导致企业规模的增长，需要管理层力量；另一个是因为人类对人本身特性的全新理论发现。

8.1.3 知识资本的力量——分利时代

大规模生产进行了近 250 年，人们围绕大规模生产建立的管理理论也发展了很多。但回到最初的问题，我们再认真想一想，企业的目标是什么？是创造财富。财富的来源究竟是什么？是提高效率、降低成本，还是从创新中获得巨大财富？哪一个是主导性力量？在应对物质稀缺的大规模生产时代，人们需要快速地生产产品，越多越好，越便宜越好，所以只要能够提高效率、降低成本，生产出符合工业标准的高质量产品即可。而在个性化定制的智慧工业时代，劳动被机器替代，人们专注于创新工作，创新是企业的核心竞争力，而不是成本和效率。知识资本开始崛起，知识工作者成为推动世界的主导力量。只有知识工作者的创新才是未来财富的根源。知识成为资本，而不是可以随意支配的资源。被动的分工不可接受，分权也已经没有吸引力，终极的分权就是全权负责，从而没有分权，分权再也没有了激励作用。分工和分权已经不能激励知识工作者，他们需要足够的空间来实现自己的想法。

看看在前面讨论的合弃制，企业不再是一个分工和薪酬激励的地方，而是一个分享创意、创造知识、协作创富的地方。Y 理论已经告诉我们，每个人都有创造力和自控力，每个人的智慧都没有充分发挥，不需要一群人管理另外一群人，只要把人类中每个人的智慧发挥出来，就是巨大的财富。

合弄制对传统管理是一个巨大进步，为个人发挥自主创新创造了条件。但是，它有一个前提，所有人都必须围绕企业共同的目标努力，不能任意选择目标。所有人虽然没有层级的限制，但是还是处在各种角色的框架中。目标和角色职责构成了全新的管理机器，只不过给了每个人主动分工选择权、参与决策权、自主工作权。合弄制的问题有两个：如果一个人希望有更独立的目标，并希望为独立目标奋斗，是不是就要被踢出去呢？如果一个人有很好的创意性工作，那么他的价值如何在利益上体现出来？我们不能只考虑进行工作权力的平等分享，而不考虑每个人的利益分享。

合弄制是分权的极致，但分权走到极致后，一个显而易见的问题就是如何分利？是一只有形的手进行分利，还是通过无形的手进行分利？有形的手就是传统上的薪酬管理机制，而无形的手就是市场机制。

笔者认为，**创客化运动是对合弄制的进一步发展，是在分权机制上与分利机制的结合，可以认为创客化运动就是合弄制的分利模式。我们不可能只让员工与我们分享平等的工作、贡献他们的创意，而不把这种创意贡献与个人的权益关联起来。**当然，合弄制中围绕目标的民主原则、平等原则、自主原则仍然是有益的组成部分。合弄制的社区化运作方式，也可以作为创客们的协作工作模式样本。与合弄制不同，创客化运动的好处是最终要把每个人的创意落实到一个小微公司的孵化，从而让每个人都成为创业家和合伙人，从而实现终极分利。

前面讨论过，随着智慧工业时代的到来，在众造与众需的双重动力的驱动下，创客化运动不可逆转。传统管理的主要职能在智慧工业时代都会发生根本性的变化，这也意味着全员创客化不仅仅是一种全新的组织形式，还是一种全新的管理模式。如表 8-2 所示，比较了传统工业与智慧工业管理职能内涵的不同。

表 8-2　传统工业与智慧工业管理职能内涵的不同

管理职能	传统工业	智慧工业
计划	计划部门根据目标进行规划和安排	用户、创客、系统协同生成

续表

管理职能	传统工业	智慧工业
组织	科层制或网络化组织	创客化组织
人力资源管理	招募、培训、绩效、薪酬、沟通	人的网络协作、绩效自负
指导和领导	管理者对员工的引导和影响	自学习、自治管理
控制	监督、检查、纠正措施	自治、大数据、自纠正

传统的管理主要有五项职能：计划、组织、人力资源管理、指导和领导、控制。而在智慧工业模式下，计划并不由企业自己做主，一切都来源于市场，来源于用户的个性化定制需求。计划应由用户、创客互动形成需求目标，并借助系统自动产生。个性化定制的相关案例就说明了这一点，生产计划来源于用户提交的个性化定制需求，系统后台自动计算生成数据，一切都是实时发生的。过去的组织方式是以制度为基础的层级管理，而在智慧工业时代，由具有自主能动性的创客化组织自治实现。过去的人力资源管理职能，在智慧工业时代通过全新网络化协作实现，人的加入与否是从个体的主动性出发实现的自主分工，绩效从市场上完成，并自动完成分配。原来领导和被领导的关系变为创客间和投资人间的对等合作，创客内部自学习、自管理。过去需要建立复杂管理制度的控制措施，创客化组织借助于大数据支撑，通过自治和自纠正实现。总之，传统的管理职能将会被创客化组织的自治管理和大数据系统的支持所替代。

没有人管理创客，也就意味着创客们的管理需要建立在自治的基础上。显而易见，创客们的价值实现不是通过绩效考核和薪酬体系实现的，而应该来源于市场机制，由客户所给予的。创客们从市场上的获益按照合伙人的规则再进一步与资源平台和投资人分享。创客们不再是员工，而是利益分享者，或者说合伙人。

在海尔集团创客化的实践当中，创客走向成熟的每一阶段，都有相应的分利机制。例如，在成熟阶段，创客已经演变为一个小微公司。围绕小微公司已经形成了小规模的产业生态圈，商业模式相对成熟后，除了海尔自己的投资外，还可以引入外部投资人，直到创客企业做大上市。创客最终成为一个不受制于平台的合伙人，其与母公司建立在股权关系之上，而不是上下级管理关系之上。

从创客的类型来看，客户型的创客可以直接从市场上通过满足终端用户需要，来实现自身利益的分配，而其他类型的创客可以通过价值环的协作，从需求方那里获得相应收益。这些收益完全在市场化的原则下，按照供需平衡原则自动完成了分配，无须用一个薪酬体系来管理。如果所有的交易过程和支付都在互联网上完成，利益的分配工作就通过市场交易行为自动完成了。现在，智慧制造理论前沿的云制造就是致力于解决制造资源在线配置和协同的问题，并且已经有商业化网站在运作。云制造的基本功能就是实现在线的制造能力协同、在线的交易和支付。创客化还有一个好处就是，分利机制是建立在自治的市场规则之上，无须企业为此承担成本。企业要做的事情就是孵化创客、服务创客，让创客成长起来，通过市场规则就可以实现利益的分配过程。

创客团队内部当然也是创客，可以根据股权比例获得利益的再分配，并最终把分利机制覆盖到所有人。本质上，这种利益分配也是我们前面谈过的知识资本分配财富的过程。

当然，创客化运动可能只是一种最有可能的分利模式，或许还有更好的模式。回顾企业管理理论的发展过程我们就会发现，**在早期的资本主导时代，由资本主导分工，追求资本价值最大化，员工为了薪水被动分工。随着中间管理层的崛起，劳动力变为人力资源，人性特质被充分关注，分权模式盛行。但随着智慧工业时代的到来，智慧技术迅速发展，创客化运动崛起，最终就会达到人人分享财富的人人分利阶段，社会进步的财富将通过新的模式进行再一次的重新分配。**

在智慧工业时代，基于创客化组织的分利模式将成为主要的企业管理模式，分工不是不存在了，而是由被动分工变为个人自由选择的主动分工；分权也不是不存在了，而是权力以更加民主化的方式被平等分享。

分工、分权、分利，用通俗的语言来说就是责、权、利，也是我们常说的责、权、利相一致，但是以谁为出发点，结果则完全不同。问题在于，**早期以分责为管理的中心，权力和利益是责任的附加，是为完成责任的必要权力和必要利益。中期阶段，以分权为中心，责任和利益是分权的结果，分责变为权力上的自主选择，利益是权力上的责任绩效。而现在和未来阶段，以知识资本为出发点，知识资本和金融资本进行利益博弈，以利益分配为管理的主干，分责由个体主动选择，权力建立对等基础上的自动授予而不是被动给予。**分工、分权、分利只是不同时代的焦点问题，它们之间没有非彼即此的关系。人类每一次对自我认识的升华，总是建立在已有知识之上，原有的知识也不会消失，而是会以全新的方式融入到新时代当中。

8.2 驾驭新工业的自治管理：大数据

8.2.1 数据驱动创客

管理的主轴从分权转变为分利，并不是说传统的管理都没有了，而是通过自治的方法把传统的管理活动转变为一个数据自驱动的体系。

从用户开始，以用户为中心，驱动一些人围绕用户工作，其他的人再围绕这些人工作，一环扣一环，所有人都在以用户为中心的价值环中，如图 8-1所示。如果用户不接受一项服务，所有的自治环节都产生一个向后的自驱动，价值环就被否决了。那么这个价值环就失去了价值，应该被淘汰掉，从而建立一个新的价值环。这就是一只无形的手——市场规则决定的管理规则。在价值环的每个细节工作中，传统的管理方法不是没有用，而是融合在每个责任者以用户为中心实现价值的过程中。

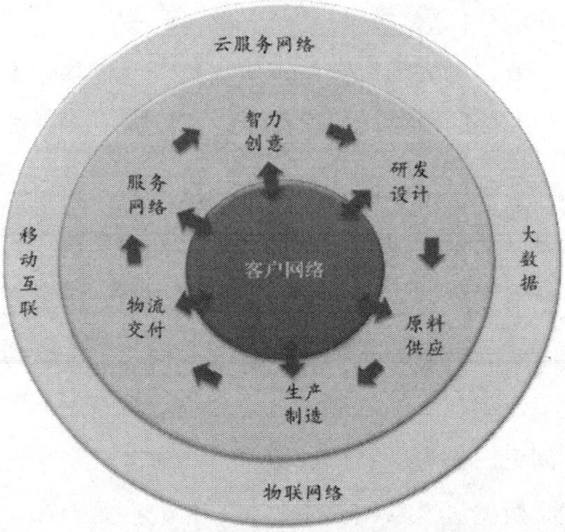

图 8-1　价值环模型

海尔集团 CEO 张瑞敏举了这样一个例子：“原来你有上级，现在没有上级了，用户就是你的上级，如果能够找到用户就找到了你的上级，你必须要给用户创造价值。举一个例子，我们给用户送货，过去有一个比较大的考核体系，通过信息了解用户的意见，然后确定送货员的工作怎么样。现在公开告诉用户，如果送货员给你把货送晚了，这些货就不收钱了，超时免单，这是最大的考核。这就等于把所有人都驱动起来了，用户驱动力量最大。过去我们靠电话、信息系统，那里面有很多造假的内容，非常复杂，现在这些系统都不需要了，直接由用户考核。如果我给用户创造的价值大，就可以从超值里面分享利益；如果没有，就不应该在这里干了，我们把这个叫作解约驱动。是用户和你解约，不能创造用户价值的必须解约。”这个例子告诉我们，创新不是管理出来的，而是通过建立一个业务和数据的自驱动机制来实现。

如何驱动这个自治体系的运行？依赖用户打电话？依赖一个管理考核文档？依赖精明管理者的指导？都不可能做到，唯一依赖的就是客观数据。所有未来的管理工作都必须建立在数据之上。市场规则是无形的手，但市场的手往往是后验的，数据手发挥着比市场的手更大的作用。企业创客化形成了庞大的创客化企业世界，支撑这个世界运行的关键就在于数据。前面讨论过，大数据能够降低创客化世界的熵增，本质上就是通过数据本身及数据分析对创客决策行动进行理性的引导，从而减少创客化组织的盲目性。

作为一个不具有强大整合能力的创客团队，要实现合理自治管理，建立一个数据驱动体系是非常关键的。所有必要内外部元数据应该能够被收集到一个随时取用的数据湖中，以此来应对各种可能的分析需要。虽然创客团队很小，但如果有了庞大的数据支持，它就能够像一个大公司一样采取理性行动。在初始情况下，创客组织依赖平台数据驱动，然后创客组织会进入自治管理循环过程：创意、实施、监测、改进。在这个过程中，创客的行动会产生新的数据，这些数据进入数据湖中，与平台数据融合在一起，产生更大的价值，驱动着创客自治管理的不断改进。这个不断循环的过程，让数据更加丰富和更加有价值，创客获取的支持就会更加丰富，最终形成一个自驱动机制，如图 8-2 所示。从管理的角度来看，创客的自治行动并不是随意行动，而是在数据支持之下的理性行动。

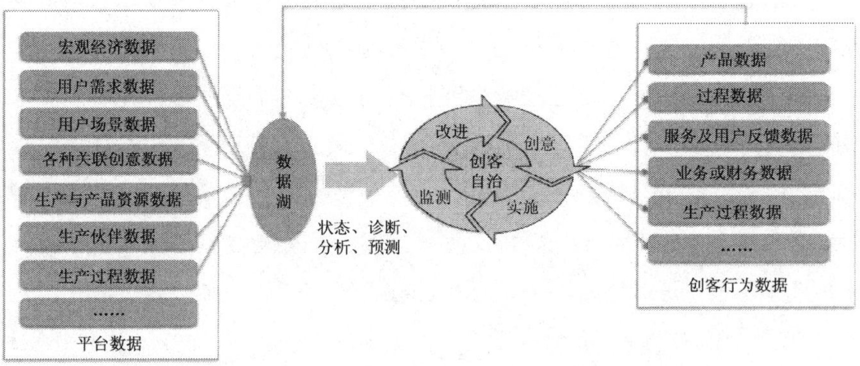

图 8-2　数据驱动的创客自治行动

8.2.2　实时性与自成长

企业需要认识到实时的数据才是价值最大化的。国外的信息专家对数据生命周期进行了研究，发现一般情况下，随着时间推移，数据的引用次数会下降，信息的价值就会衰减，如图 8-3 所示。机会转瞬即逝，利用实时数据是成功的关键。传统企业的数据获取从决策、研发、调查中心，再到用户，很多轮的论证反馈，看起来管理得很系统、很科学，但实质上完全没有用。等论证清楚了，机会也就没了。新兴公司的做法完全不同，他们通过论坛、微博等社交工具直接接触用户，能够第一时间获得用户的反馈体验，工作人员也能第一时间对产品和服务进行改进。小米手机是这样，海尔集团雷神游戏笔记本创客团队也是如此。这就说明，数据存量不是最重要的，数据保持新鲜度才是关键。

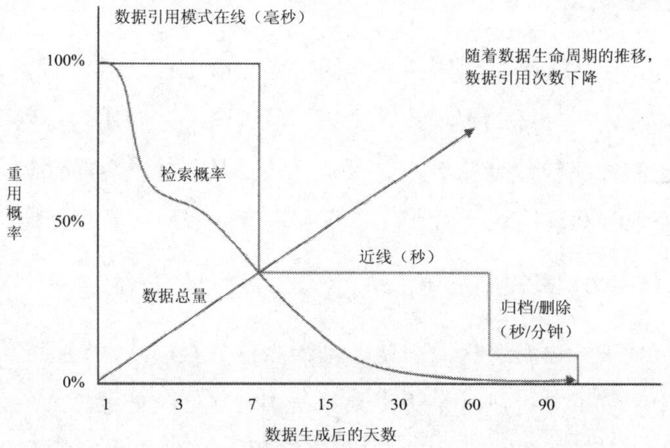

图 8-3　数据价值会随着时间衰减

要实现数据的实时性，关键在于数据自我成长机制的建立。数据飞轮效应，就是一个数据自成长的规律。在《飞轮效应》一书中写道：“当达到一个数据积累的临界点后，数据飞轮的重力和冲力转化为推动力的一部分，此时，企业无须花费更多的力气，甚至无须费力，轮子依旧会不停地快速转动，企业就会进入管理无领导的自动巡航状态。”这也说明，如果数据能够自动成长，数据将会足够丰富，从而能够替代传统的管理，进入数据驱动的无管理阶段。而且，由于数据自我成长机制的存在，只要新工业体系健康运行，数据就会源源不断地产生，实时的数据就会不断进入数据飞轮当中。

当数据的自成长机制建立后，所有管理活动就可以利用这些数据进行自驱动，而无须通过管理指令。在庞大智慧工业体系中，所有的环节都建立在自治运行的基础上。整个价值链活动，包括客户需求的提出、创意设计、生产运行、物流运输、产品服务，整个链条都被数据所包围，由数据进行自主驱动。

数据驱动具有比传统的管理方法更强大的优势，不仅仅表现在超越少数精英的大脑智慧方面，而是具有全新的特性。这种特性主要表现在 3 个方面，具体如下。

1. 过程的可视化管理

传统的管理往往是基于结果导向的，而智慧工业通过对所有智能机器和材料、活动、人、环境的实时数据采集，能够帮助实时用户了解到所有资源及生产过程的性能，并且能够通过可视化的工具更加一目了然地了解机器的操作和体系运行状况，这样就避免了直到生产完成后才发现问题。

2. 更精确的问题分析和解决

传统管理工作也有分析，但是是基于少量的数据结合管理者的定性判断完成的。而智慧工业可以基于历史数据和实时数据，更加深入地确定问题的根源。同时，通过因果性和相关性数据分析，能够更快地找到解决问题的方法。

3. 超前预测与超前行动

预测是传统管理很难做到的，更不要期望实时预测。而基于历史数据和实时数据，可以通过建模仿真的工具，对未来可能的演化进行精准的实时滚动预测，从而帮助提前预知问题，做出更有针对性的优化改进措施。

应该说，基于数据的管理比传统上基于制度的管理更加具有优越性和实时性，便于管理者采取更加精准的行动，从而应对多变的用户个性化需求。

8.2.3　5M1E 的数据驱动分析

5M1E（人、机、料、法、测、环）是传统工业企业非常重要的生产现场管理方法，也是从第一次工业革命以来，历次工业革命不断改进和完善的重点。在质量管理当中，有关现场的这 6 个方面被认为是影响质量波动的可能原因领域。这 6 个方面也往往以被画成鱼骨图的方式来识别不合格产品形成的原因。

- 人（Man）：操作者的技术熟练程度、习惯等。
- 机器（Machine）：精度、自动化和生产能力等。
- 材料（Material）：材料供应、材料特性和功能。
- 方法（Method）：这里包括加工工艺、工装选择、操作规程等。
- 测量（Measurement）：测量标准、测量方法。
- 环境（Environment）：工作地的温度、湿度、照明和清洁等。

针对这 6 个方面，我们来分析一下智慧工业是如何实现数据驱动管理的。很明显，在未来的智慧工业环境中，具体的管理活动将被数据驱动和智能机器的自治行动（本质上也是数据驱动的）所替代。传统的管理活动变为数据驱动，并依据数据采取准确和优化的行动。通过对 5M1E 的分析，我们就能够认识到数据是如何驱动智慧工业管理活动的，如表 8-3 所示。

表 8-3　5M1E管理的数据驱动分析

5M1E 管理	管理目标	传统管理方法	数据驱动的管理
人	要求所有人能够熟练操作	培训考核； 持证上岗； 制度文件； ……	传统的执行工作被智能机器替代，知识工作者并不在具体操作过程中，主要工作是监控过程数据，并采取改进行动
机器	机器完好，且能满足生产需要	设备管理办法； 设备管理台账； 定期检查和维护 ……	智能机器具有智能感知、自治功能，具有柔性，能支持预测性维护和故障报警，并能够支持远程的监控和维护。通过数据驱动确保设备就绪状态

续表

5M1E 管理	管理目标	传统管理方法	数据驱动的管理
材料	材料准确，供应及时，并满足需要	材料管理制度； 材料变更制度； 不合格品隔离； 材料可追溯保证； ……	所有材料被智能化识别和管理，不合格品通过数据驱动自动隔离，所有数据都可以自动追溯
方法	所有操作按照标准化的工艺要求进行，工艺操作规程明确	工艺操作规程； 作业指导书； 现场看板； 质量控制点设置； 变更控制； ……	所有的工艺组件被 IT 模块化，工艺程序通过 IT 模块的全新自治组合实现。组合需求来源于个性化产品生产需要
测量	产品测量方法与产品特性相适应，并能够准确测量	测量器具与测量技术； 测量规程； 检测记录； 标识和区分不合格； ……	基于全程的智能化，包括智能产品的自治监测功能，测量活动不再是独立的管理活动，而是实时进行，并能够自动滚动预测，辅助工厂知识工作者采取行动
环境	满足生产需要的环境要求，并改善措施	管理制度； 生产技术环境要求； 记录表格； 现场 5S； ……	所有的环境数据被传感器自动采集，实时数据被用来监控及预测分析，驱动智能机器或人力资源保持环境良好

除了在 5M1E 每个细节方面实现数据驱动外，在智能工业环境中，所有的数据都被采集起来，还可以进行 6 个方面的综合性分析和预测，从而采取全局性的优化改进措施。在德国工业 4.0 中还描述了这样的场景：处于生产过程中的智能产品就是一个信息代理，它能够告知生产设备状态如何，还需要安装什么部件，从而触发生产设备完成工作。这些活动的完成都建立在基于 CPS 的自治生产系统之上，数据在不同生产元素间进行自由交互，从而完成了智能化的操作。

5M1E 只是传统工业企业管理的一部分，但与此类似，我们可以看到，在未来智慧工业时代，传统的管理活动一方面会融入到智能元素的自治化操作当中，另外的一些与人有关的工作将转变为数据驱动，如图 8-4 所示。传统上用管理文件系统构造的管理体系，将会被多维度的数据系统替代。

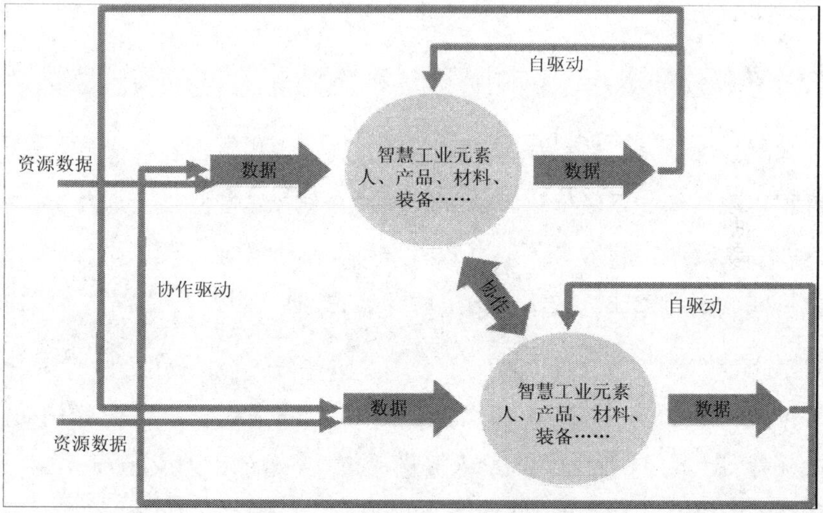

图 8-4　智慧工业的数据驱动

在确立智慧工业时代的分利机制之后，传统的管理活动大多数将会被多数据驱动的活动所替代，管理原则和方法将会融入到全新的人和机器、机器和机器的互动关系当中。企业中的人与人之间，只要利益机制确立，就再无管理和被管理之分，而是被全新的协作机制替代。

8.3　基于技术的自治是未来管理的细节

很显然，所有的数据都与技术平台相关，元数据首先依存于不同的技术平台当中，然后才是大数据系统的采集和分析。基于技术的自治管理才是管理的最基础问题，所有的基础管理问题都将会融合到技术平台自身。最基础的管理将会依赖技术自身的性能，而不是深入到细枝末节的管理程序文件。

也就是说，人类在管理细节的知识积累，将会通过技术的方式体现出来。来看看下面三个案例就会明白这一点。

8.3.1 机械外骨骼

传统管理的基本原理就是戴明循环，通过计划—执行—监督—优化四个过程实现系统的不断优化。企业管理层希望员工能实现企业目标，就通过这四个过程来实现对员工的有效管理。而基于智能的技术平台，这四个过程可能会瞬间完成，这就是这里所要讨论的自治管理，技术平台与管理融合。

机械外骨骼，又被称为“外骨骼装甲”或“外骨骼机甲”，其结构类似昆虫的外骨骼，能穿在人身上，给人提供保护、额外的动力或能力，增强人体机能。它的用途很多，可以帮助残疾人运动，让士兵举起重物或健步如飞，但却不会疲劳和受伤。

机械外骨骼增强人体机能的核心技术就是 CPS，通过传感器以每秒几百次，甚至几千次的速度把测量到的数据传给中央处理器。在中央处理器中存储有一个计算模型，这个模型能够计算外骨骼手臂、腿和背部方位及运动。通过计算分析出人的动作意图，并模仿人的动作，让每个机械关节内的每条人工肌肉准确地执行运动，从而给人增加了外部力量。看起来很简单，但这些动作是在瞬间完成的，实质上包括了信息感知、信息传输、信息分析、信息决策、动作执行的全过程。同时，每次执行动作的数据和效果可以记录下来，对下一次的动作进行优化改进。

前面讨论过，未来的智慧生产系统和智慧工厂正是以与外骨骼类似的 CPS 技术为基础的，每一个生产过程也将会在瞬间完成。这个过程是自治发生的，并不需要人来发出指令。人类对生产活动的管理要求：计划—执行—监督—优化，将会融合在这一瞬间自治完成的动作当中。很多机器协同起来，就构成了智慧工厂。同样，智慧工厂整体识别生产任务、感知生产状态、执行生产工艺、监测和改进都会以类似的方式完成，传统的管理细节融合在这一自治生产过程中。

8.3.2 3D 打印

3D 打印技术在 20 世纪 80 年代就已经诞生了，但到今天才突然受到重视，根本原因在于它终于成为一项普适技术，而不是一种小众技术。

3D 打印与以往的制造技术不同，它能够做到把虚拟世界看到的东西输出到现实世界，这种能力是前所未有的。3D 打印技术实现了虚拟世界和现实世界的融合，这就是不同于以往之处。用 3D 打印进行直接制造，改变了我们传统上对制造的看法，是从根本上颠覆传统制造的力量。

与传统制造模式相比，3D 打印具有显著的特性，使得它比传统制造显得更有价值。

复杂和简单变得统一：一般来说，复杂和简单是相对矛盾的，复杂意味着更长时间、更长工序和更多人力成本。而从 3D 打印技术来看，由于无须组装、一次成型，这意味着复杂产品生产和简单产品生产变得一样。举个例子，塑料的俄罗斯套娃玩具如果按照传统加工方法，得连续做很多个大小不一的套娃，然后组装在一起。而 3D 打印技术就可以实现一次性完成。

多样化与成本无关：现在制造业都面临着客户个性化需求产生的多样化产品的挑战，按照传统的生产模式，每一种产品都需要不同的模具、加工工艺，成本增加是很显然的。而 3D 打印让多样化产品只与三维设计图相关，而与生产成本没有直接的关系。

突破传统的制造限制：3D 打印能够跨越结构的限制，如球中套球，可以一次性成型，无须考虑复杂的工艺去实现。另外，制造工艺往往需要特殊的生产技能，对工人的技能水平要求较高，而 3D 打印不需要这样的技能，只要有设计文件，一切都由机器来完成。

实现制造服务化，即时生产：只要有三维设计图导入，3D 打印技术就能在线即时完成生产，实现真正的按需制造，这对于传统制造是不可想象的。

精准制造：我们传统的制造一定会产生一些偏差，所以会有精益的要求，而 3D 打印技术只要技术精度足够，就能所见即所得，完美复现设计目标。

无限创造性：3D 打印只要材料允许，从原理上能够打印一切，不受生产设备的约束。因此，它能够实现对无限创造性的支持。一句话，只要你能设计出来，3D 打印就能够制造出来。

从以上特性我们可以看出，用 3D 打印技术进行生产，只要拥有产品数字图纸，输入进去，产品就能输出出来，无须任何的管理工作。如果 3D 打印生产的只是一个独立的单件产品，传统工厂的工艺管理、生产管理、质量管理、现场管理等管理工作就变得毫无价值，产品的质量只与 3D 打印机的性能和功能相关。如果用户期望产品达到一定的技术要求，就只能选择精度更高的 3D 打印设备。3D 打印机的软件一般还具有工艺规划、故障自诊断、故障自停机等功能，有关工厂生产的所有细节都融合到 3D 打印的技术当中。对 3D 打印制造过程的管理，主要建立在 3D 打印机本身的特性之上，与外部环境关联不大，这就是这里要说的基于技术的自治，而不是外部的管理手段。

虽然现在 3D 打印技术还在探索中，还不能打印一切，但从 3D 打印这个例子可以得到一个结论：在智能机器遍布的智慧工厂中，基础的管理自治与智能机器自身的性能相关。当你选择了相应的技术平台后，也就决定了产品的生产效率和质量。

8.3.3 滴滴打车

在没有滴滴打车之前，出租车和人的合作达成主要有两种方式。一种是等待模式，人站在路边等，或者车在大楼前等，直到对方过来。还有一种情况就是预约模式，人打电话给出租车公司的客服，然后客服呼叫司机到指定位置接客人。要确保服务质量的话，预约过程就需要一个管理流程，来协同客户、出租车和客服之间的关系。

而滴滴打车不同，出租车和用户的关系是在技术平台上自动达成的，并不需要第三方的干预。当用户在某一时间某一地点登录时，个人的位置信息就会自动显示在地图上，同时，附近的出租车也都会同时基于位置显示出来。当用户输入到达位置和出行时间后，附近的司机就开始抢单，抢到订单的出租车就和用户形成了交易关系。系统也会记录用户订单成功的次数和爽单次数，司机可以看到用户的诚信度，然后决定是否抢单。而服务完成后，用户也可以评价司机的服务。在这个过程中，出租车和用户合作的达成、过程的监督、优化改进都包含在系统的技术设计当中，并不需要为此设定额外的管理程序，除非是投诉等例外情况发生。从这个过程我们可以看出，对用户的租车过程的管理融合在技术设计当中，或者是说融合在商业模式当中，是由系统自治来完成的。滴滴打车的工作流程如图 8-5 所示。

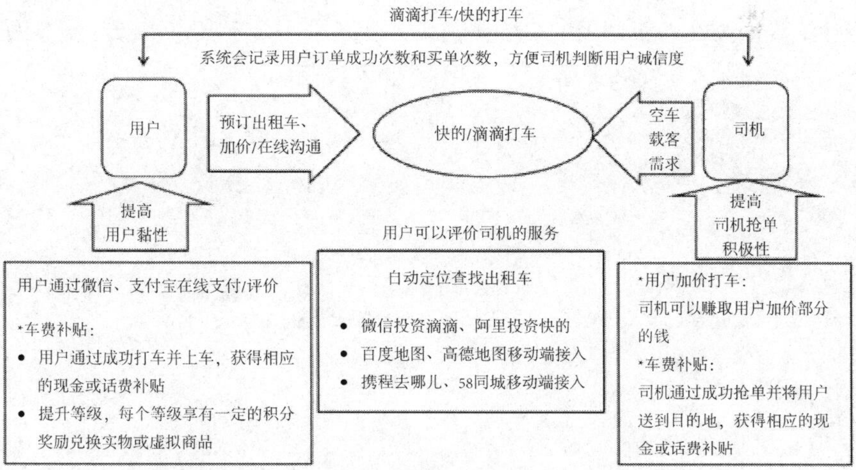

图 8-5　滴滴打车工作流程（数据来源：互联网）

滴滴打车的模式同样可以应用到个性化定制的商业模式中，如用户和工厂的双向选择和交易达成，都可以采用类似的模式。制造价值环中不同团队的协作过程也可以采用类似的模式，并不需要建立专门的管理制度。通过建立规则，系统自治实现将是未来的一种常态，传统上的管理活动将会被固化为技术平台的一种商业模式设计。技术自治来代替管理的模式已经很常见，还有很多例子，如微信公众号、维基百科、团购、预售、云制造等。总之，基于技术的自治管理将是未来管理的基本问题，把管理融入到技术平台当中是企业设计技术平台时必须要考虑的要素。

8.4 企业将是资源和服务共享的自治体协作组织

在企业全面创客化之后，企业将会如同一个多蛋黄的鸡蛋，孵化出的无数创客构成一个智慧工业世界的局部协作网络。蛋清则是企业能够提供的共享资源和服务。而蛋壳就是企业资源和服务的边界，因为包括合作伙伴的资源和服务，所以这个边界应该大于企业资产的边界。从整体上看，创客化的企业就如同摊在电饼铛上的多蛋黄煎蛋，将是一个基于共享资源和服务的自治体协作组织，如图 8-6 所示。

图 8-6 集团企业资源和服务共享

在煎蛋模型中，所有的共享资源和服务可以分为两种类型：其一，有形的资源和服务，与云计算、大数据、移动互联网结合，形成无处不在的云服务，创客可以利用这些资源，实现连接即计算、连接即生产、连接即数据、连接即流程、连接即创意、连接即网络、连接即采购、连接即社区、连接即金融……一切基于连接的资源服务都在其中。其二，所有无形资源和服务，成为所有创客共享的资源，如企业的价值观、企业的品牌、企业的文化、企业的历史。

前面讨论过，智慧工厂将是智慧工业时代的共享基础设施。在大规模生产模式下，基于社会需要大量的同质产品假设，生产围绕企业的生产计划进行，工厂只要连续不断地生产就可以了。而在用户为中心的个性化定制生产模式下，生产取决于用户的选择，生产需求变得不可预测。如果不能建立与用户需求的有效连接，再智慧的工厂也可能面临停产的窘境，企业也无从按计划组织智慧工厂进行生产活动。同时，任何一个创客也不可能连续占用一个智慧工厂的全部产能，工厂必须与具体的经营活动分开。因此，必须打破智慧工厂从属于一家企业的边界，让智慧工厂成为一个互联网上的共享制造资源。把智慧生产的组织者和智慧工厂解耦合，让大规模社会化的智慧生产组织者能够利用所有互联网开放的制造资源。只有这样，才能在整个虚实世界中达到生产和需求的平衡，建立全新生产和用户之间的互动关系。

需要特别强调一点，大数据必须成为共享资源和服务的一部分。大数据不仅仅是消除创客化世界熵增的工具，还是数据驱动的自治管理来源，也是一切创新活动的基础。即使没有好的数据分析工具可以使用，企业至少也得建立一个数据湖，能够把足够多的元数据采集起来和存储起来，以便随时取用数据。数据服务应该让需求者感受到的是数据的无处不在，所需即得。由于自治体是很小的一部分，不具有能力获取全局数据，企业的共享资源和服务平台是提供数据海洋服务的责任方，只有它能够获得全局性数据，并为需要方提供数据服务。

并不是所有的创客都在企业共享资源和服务的边界范围内，还有一部分创客可能部分使用了企业提供的共享资源和服务，同时也有一些外部资源力量的参与；还有一些创客没有使用企业内部的共享资源和服务，但与企业边界内的企业存在协作关系，相关关联数据会被存储利用起来，成为共享资源和服务的一部分。

共享资源和服务是自治体的生存基础，它的价值也在不断增长中。如果它永远如初始状态一样，那它也会逐渐失去价值。所有生存其中的自治体不仅仅从其中获取资源，而且自治体的所有创意、运营、数据、产品等创新性活动都会最终沉淀到平台之中，成为全新的共享资源和服务。无形的资源也是如此，自治体的价值成长也会让平台的无形资源变得更强大。海尔集团雷神游戏笔记本创客团队就是一个很好的例子。在刚开始发展时，雷神游戏笔记本创客团队使用了海尔的品牌资源和服务，当它成长起来之后，也会使海尔的品牌资源和服务增值。所以，企业提供的共享资源和服务也会随着服务自治体的增多和增强而自身变得更加强大。其实，这种机制也类似于数据飞轮效应，提供服务的数据越多，增加的新数据也会越多，进而能够提供服务的数据也会更多。

所有的共享资源和服务，一般通过若干平台方式展现出来，创客通过注册成为平台的一员，享受相关的服务，并通过效用价值的方式支付费用。在笔者撰写的《智慧的维度：工业 4.0 时代的智慧制造》一书中，把这种多平台的资源服务机制命名为“场”，就如同电磁场一样，为运行在其中的自治体提供无形的力量。“场”是立体的，不是一个平面，其中的自治体能够无处不在地感受它的力量。“场”既是束缚，也是能量。这种束缚是一个软性的力量，对其中的创客进行正确的导向。当其中一个自治体的能量足够强大时，它就可以脱离“场”的束缚，成为一种独立的力量，从而构建出新的“场”。例如，在海尔集团创客化实践中，就建立了多个平台，包括创意孵化的平台、投资平台、创客交流平台、服务平台等。无处不在的平台就是一个“场”，企业变为一个由众多自治体构成的工“场”。

总体来说，未来的企业将是一个建立在松耦合之上的自治体协作组织，所有的自治体能够获得充分的共享资源和服务，以便用来创新和发展。

8.5　接受无管理的自治就是接受未来

前面 4 个小节从不同层面探讨了企业无管理自治化管理的未来蓝图。**在主干上，或者说在第一层次上，通过建立一个分利机制，激活创客的活力，从而建立创客团队的自治管理框架。在创客业务运营和协作层次，即第二个层次上，通过数据驱动让创客能够在创新管理、运营管理层面上实现自治。第三个层次是管理细节，或者说在执行层面，将会通过新技术、智能机器、技术平台等融合管理理念的方式实现管理自治。**

在每个自治化管理层面上，都具有自驱动机制，如图 8-7 所示。在第一层次上，通过利益分配机制和创客自主化实现自我驱动；在第二层次上，通过数据的飞轮效应，产生数据的自驱动机制。在第三层次上，通过技术实现与管理的融合，实现技术层面的自治。借由各个层次自驱动机制及三个层次从上到下的互驱动关系，创新动力从创客团队自身传递到运营过程，进而传递到执行层次，最后一些成功的创新活动被沉淀到共享资源和服务平台上，增强了共享资源和服务平台的力量。而利益的实现恰恰相反，从技术执行层次开始产生，经过运营管理环节，最终实现创客和投资人的利益分配。

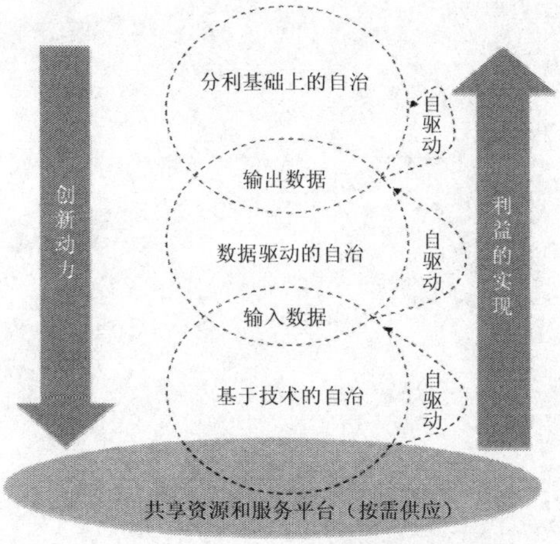

图 8-7　无管理企业的三层自治体系

这个过程的实质就是，创客以自身的知识资本为基础，以满足用户的效用最大化为创意出发点，通过分利机制激发活力，充分利用数据驱动进行创意和运营，并通过智能技术提供产品或服务来满足用户需要。在这个过程中，创客通过分利获取了价值，用户通过创客服务获得了效用最大化的产品和服务，企业也通过与创客的分利获得了自身的价值。无管理的自治机制，就是让创客、用户、企业三方都能获益的机制。

总之，无管理的自治机制，就是通过激活企业全员活力创新创造财富的机制，也是一个知识资本配置资源创造财富的机制，更是一个满足用户效用最大化的机制。接受无管理的自治机制，就是接受了智慧工业创造财富的机制，也就是接受了未来的管理。企业也需要明白，形式上的无管理本身就是一种全新的管理模式。

第 9 章
Chapter 9
基于能力而不是规模的新竞争战略

2010 年，诺基亚净销售额为 424 亿欧元，而同一年雷军的小米公司才刚刚注册成立。按照传统的竞争理论，雷军根本没有必要做手机，也不可能会在手机行业有任何机会。但问题是，到 2014 年，诺基亚手机已经在市场上消失了，而小米手机的能量还在不断增强。诺基亚是传统工业的代表，不缺熟练工人、不缺技术、不缺专利、不缺工厂、不缺资金，唯一缺的就是对互联网及智慧工业的洞察；而小米手机在虚拟时空中构造了全新的竞争优势框架，从而释放了巨大的能量。同理，虽然一个创客团队规模可能很小，但是它可以整合资源形成巨大的能力，从而建立前所未有的爆发性优势。新工业实体的竞争优势的形成，不在于庞大的身躯，而在于虚实世界的能量的构造能力。

9.1 凭空塑造的力量："双 11"的竞争力解读

11 月 11 日，本来只是一个普通的日子，把这一天称为"光棍节"，也不过是20世纪90年代高校中年轻人的一个趣味性叫法。可能的原因只有一个，就是11月11日有四个孤单的“1”，和光棍们形单影只的形象很贴切，因而被富于创意地称为光棍节。最早只是一小群人这么称呼这一天，但因为有趣，被热情的年轻人迅速传播开来。即便如此，在2009年以前，只在单身年轻人中有这个说法，还不是一个正式节日。但从2009年以后，“双11”不再是单身年轻人的节日，而逐渐成为一个全民购物的狂欢日。到2015年的“双11”，仅阿里巴巴旗下天猫的销售额就达到912亿元（见图9-1），很多超大型工业企业一年的销售额也不过如此。

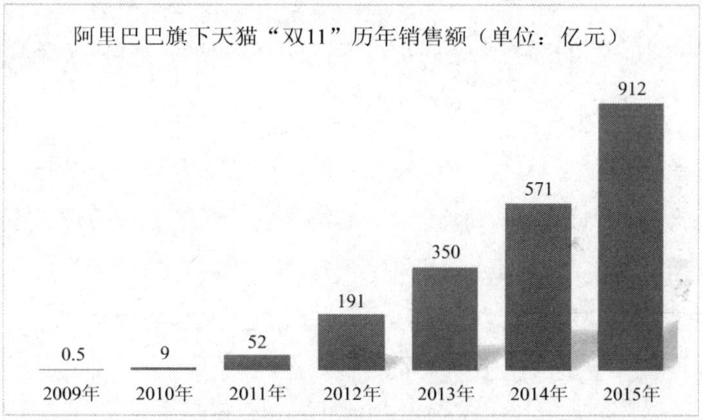

图 9-1　阿里巴巴旗下天猫“双 11”历年销售额

奇迹到底是如何发生的，背后有着怎样的逻辑？首先来看一段在2015年天猫“双11”活动启动仪式上阿里巴巴CEO张勇的演讲实录：

“在刚开始的时候，我们认识到，也许第四季度非常合适，为什么呢？原因很简单，因为第四季度是传统的消费旺季，不仅是在中国，在全球也是如此。并且我们也相信，11月是一个非常好的选择，为什么呢？因为在中国，10月有中国国庆黄金周，中国人民会在十月第一周享受假期，这对于中国零售业来说是一个黄金期。12月，我们的消费者会享受到年末清仓的优惠。而在11月，有一个安静的窗口。对我们来说，我们可以在11月举行这样的促销活动，因为消费者有非常强大的需求。在中国北部，很多人已经开始购买换季产品，在南部也是如此，人们会在 11 月消费。因此，我们综合考量后，认为 11 月是非常好的时期。”

“接下来的问题就是，选择哪一天呢？我记得，我还让我的团队做了一些研究，去找一些中国的节日，来推广活动。我的团队非常努力，最后他们过来和我说，在 11 月找不到节日，在 11 月中国并没有一个很大的节日。我说，有没有西方节日呢？所以我的团队就继续去寻找，他们回来后说我们现在发现了，在黑色星期五和感恩节之外，还有一个新的节日，对我们来说都是很新鲜的，那就是光棍节。事实上，那是我第一次听说光棍节这个节日，人们认为这一个节日是专门为单身人士所准备的。如果有人单身了，我们可以给他们提供一些商品的选择，他们可以通过购物来打发时间。于是我们就决定如此行动，这就是‘双 11’的由来[5]。”

实质上，到现在为止，“双 11”本身已经不完全是一个节日，更不仅仅是单身人士的购物狂欢日，而是线上购物在这一天的集体引爆。不仅仅是天猫，几乎所有的电商都在这一天采取了行动，就连阿里巴巴注册了“双 11”的商标也不能改变这一点。就这样，仅仅经过了几年的时间，“双 11”这个简短的字眼就凭空塑造出了巨大的能量。

力量来源于哪里？这就是我们要探讨的问题。早期的力量来源，在阿里巴巴 CEO 张勇的演讲中已经部分回答了这个问题，那就是在 11 月中存在一个购物空档，这段时间没有线下的节日，但又存在购物的潜在需求，这是一个机会窗口，转瞬即逝。最早选择“双 11”这一天只是为了找到一个释放购物潜在需求的依托，当然还有一个可以引爆的基础人群——单身群体。在 2009 年，阿里只是做了这样一件事，为潜在购物需求与阿里天猫之间建立了一个连接，让潜在的购物需求找到一个出口，从而释放市场的能量。依此看来，“双 11”的能量来源建立在用户潜在购物需求之上，只不过阿里依托“双 11”这个符号释放了它。

---

5 http://www.25pp.com/news/news_78684.html

但从现在的眼光来看，问题已经不是这么简单了。在线上购物流行以前，传统购物活动的爆发只能依赖于传统的节日：“五一”、“十一”、春节。在这些节日里，人们才能从忙碌的工作中脱离出来，而商城、超市通过大量的促销活动，吸引全民购物，从而形成巨大的市场规模。因此，早期的天猫只能从线下购物的空当中找到机会，所以就创造出了“双 11”的符号。

2010 年以后，随着智能终端的普及，人们从物理的时间、空间的绑定中被释放出来，在虚实的时空中可以随时随地发起购物行动，促使在线购物逐渐普及起来。根据 2015 年 7 月 23 日中国互联网络信息中心（CNNIC）发布的第 36 次《中国互联网络发展状况统计报告》，截至 2015 年 6 月，我国手机网民规模达 5.94 亿人，较 2014 年 12 月增加了 3 679 万人，网民中使用手机上网的人群占比由 2014 年 12 月的 85.8%提升至 88.9%。2015 年上半年，手机支付、手机网购用户规模分别达到 2.76 亿、2.70 亿人。在线购物的时空自由特性，一方面挤压了线下购物的空间，传统零售业关店潮已经在发生；另一方面，在线购物没有空间约束，时间可以任意选择。从这一点上看，“双 11”的早期意义已经没有了，现在留下来的更重要的是一个社会共识的符号意义。对很多人来说，现在的“双 11”符号等同于在大家头脑中形成的一个观念，即商家促销活动众多，价格更加便宜，在这一天可以以很大的折扣购物。所以，现在的状况是，大家把平时的需求挤压下来，等待在这一天释放。商家为了在这一天形成巨大的流量，也释放了大量的让利空间，从而维持了“双 11”的符号价值。但换个角度，如果另外一天能够同样让海量的商家释放同样的让利空间，那么如同“双 11”的效果同样会发生。现在，一些电商以“双 11”为参照，推出的“双 12”、“6·18”活动就是这个道理。但问题在于，刚需是无穷多的吗？很显然不是，如果“双 11”释放过了，那么其他的日子就不会实现同样的效果。

从营销模式来说，“双 11”新意也并不多，看起来就是线下营销模式的线上版本，同样以打折、返券、送礼物三大模式为主。“双 11”也没有改变后台的生产方式，更与智慧工业无关。它的成功在于大势所趋，也就是在线购物的崛起。“双 11”通过互联网的方式，把用户的购物行为进行了颠覆，由重大的实体节日购物，变为在线的虚拟节日购物。“双 11”发挥了虚实时空的扁平化优势，所有在互联网中的供需双方在这一虚拟时间点发生巨大的共振，从而产生了巨大的能量。所以对过去而言，“双 11”模式是一种进步，它让我们认识到虚实时空中，任何时间点都可以成为一个购物节日。

按照前面谈到的虚实时空中的节点模型，我们对“双 11”做一个分析。“双 11”塑造了一个虚实时空的场景，并在这个场景中对供需双方进行了连接，从而产生了共振效应。“双 11”的虚实时空描述如图 9-2 所示。

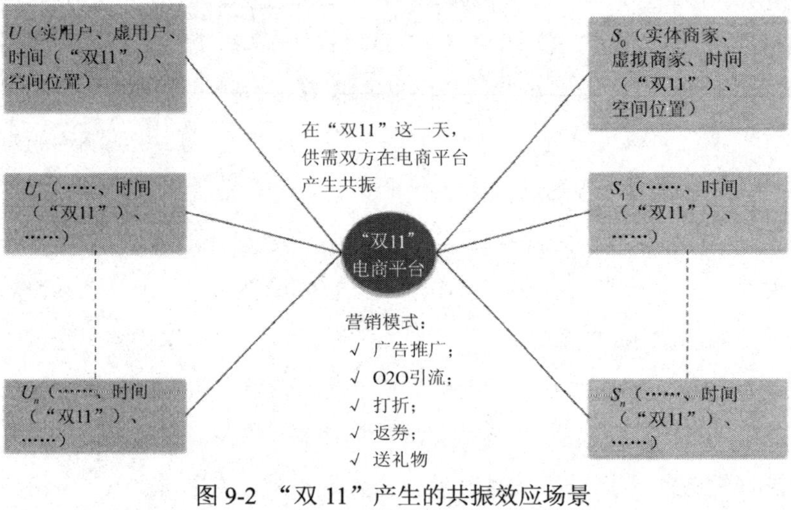

图 9-2 “双 11”产生的共振效应场景

“双 11”的问题在于，虽然它促进了人们生活方式从线下生活到线上生活的转变，但它并没有实质性改变传统的以促销推广大规模生产的产品的方式。在线下的促销方式转移到线上后，线上规模更加庞大了，但线下的规模却缩小了。它让大家购物更加便利，但它无形中打击了实体零售。它把这一天的规模做大了，但其余 364 天的规模就变小了。最近的一些舆论认为，电商的崛起打击了实体经济，尤其针对零售业，这一现象毫无疑问正在发生。整体社会都在转型过程中，肯定会面临问题，我们不能急于转型，但也不能止步不前，“双 11”模式注定会引起争议。

不论“双 11”是否存在争议，它对我们构建面向未来的竞争模式是有意义的，主要表现在 3 个方面：（1）由于在虚实时空中实现了所有相关方的时空自由，任何时间点都可以塑造出巨大的能量。（2）巨大的能量的形成，与平台本身没有直接的关系，本质上取决于供需双方形成的共振能量。平台只是建立了连接，但由于连接数量的剧增，平台自身也具备了巨大的能量。连接就是能量，与平台自身规模无关。（3）充分利用虚实时空的扁平特性和聚合作用，它能够跨时空把人和物聚合在一起，从而做到实体经济做不到的事情。

“双 11”只是基于一个时间点的虚实时空聚合就创造了巨大的能量，那么还有没有其他的聚合方式呢？

9.2　流行三原则——引爆虚实世界

2015 年天猫“双 11”实现了 912 亿元的销售额，这比 7 年前的 2009 年的 5 000 万元成长了 2 000 倍。一个传统企业要从年销售额 5 000 万元做到 912 亿元需要几十年的时间，如果是一年的时间，或许也可能会有奇迹发生，但这只是一天的销售额。在这 7 年当中，“双 11”是如何流行起来，并被大家广泛接受的呢？

就“双 11”而言，它深入人心的过程是一个综合性因素，包括随处可见的广告、朋友圈的传播、家人的参与，逐渐地把我们带入到“双 11”大促销的情境当中，从而成为它的一员。它的传播过程符合社群引爆的规律：由开始的少数人知道，通过社交传播，迅速变成指数式成长。那么，对于更多的平台、产品或服务，没有资金来打促销广告，有没有规律也能够引爆流行，实现如天猫一样的爆发式增长呢？

美国《纽约客》的专职专栏作家马尔科姆·格拉德威尔撰写了一本叫作《引爆点》的书，指出无论是时尚潮，还是流行病的传播，都是流行三原则影响的结果。

1. 个别人物法则

当任何一场流行时尚到来时，总能发现几个非常关键的人物，他们独有的特点和社会关系，再加上他们自己的热情和个人魅力，能够高效、快速地将信息在一定范围内散播开来。企业能否引爆潮流的第一步，就是要从人群中找出这些个别关键人物，利用他们来传播营销信息，点燃流行潮。个别人物可分为三类：有传播信息的“联系员”、提供信息的“内行”、说服别人接受信息的“推销员”。马尔科姆·格拉德威尔在其著作《引爆流行》中告诉读者的是，至少企业一线的销售人员完全可以扮演个别人物。但是，要给予相当精确的行为规范，从而真的可以起到联系员、内行的作用。现在，我们看到在重要的产品发布时，如小米手机、360、阿里、锤子手机、苹果手机等，开始的时候都会由有影响力的高级管理层在微博、微信等社交圈发布相关信息，借助个人庞大的粉丝力量引起关注，这就是所说的个别人物法则。

2. 附着力因素法则

这条法则关注的是理解及记忆的过程，通过有意识地创造一个理解新事物的过程，并通过各种形式来帮助受众记住要点。也就是说，企业在传播自己产品的过程中，要关注受众的理解能力。一个新的技术要点，一个全新的概念是否可以得到目标市场的理解，是影响该产品未来前景的关键因素之一。理解的同时要想办法来强化受众的记忆。《引爆点》指出，“在适当情况下，总是存在一种简单的信息包装方法，使信息变得令人难以抗拒”。

这条法则的重要性在于，在信息和时间碎片化的今天，你只有在有限的时间碎片和信息碎片中被大家发现，才有可能让大家记住信息，而且由于信息的爆炸，人们天然对于信息具有抗拒心理，削弱了信息的附着力。笔者的一些朋友也谈到，在10年前，即使在平面媒体上写一篇文章，也可能会收到一些读者反馈，但现在以正统的方式发布一个产品广告信息，却几乎引起不了任何关注，在社交圈中发信息也是如此。所以，在微信圈我们可以看到很多标题党。例如，公众号发布了一篇文章，标题为“大家都没有说对工业 4.0”，那么对于关注工业 4.0 的人就希望打开看一看到底有什么新观点，然后就有可能订阅该公众号，成为粉丝。这就是附着力因素法则，我们不仅仅要传播信息，关键还在于让大家记住信息。

3. 环境威力法则

环境威力法则是指消费者深受自己周围环境和周围人的影响。营销人员在社会网络容量极限之内，通过掌握外部环境的细小改变，就可以直接引爆一场流行风潮的到来。环境威力法则与破窗理论的说法基本类似。

破窗理论：“开始的时候，一幢建筑有少许破窗，如果那些窗不被修理好，可能将会有破坏者破坏更多的窗户。最终他们甚至会闯入建筑内，如果发现无人居住，也许就在那里定居或者纵火。一面墙，如果出现一些涂鸦没有被清洗掉，很快地，墙上就布满了乱七八糟、不堪入目的东西。一条人行道有些许纸屑，不久后就会有更多垃圾，最终人们会视若理所当然地将垃圾顺手丢弃在地上”。从破窗理论可以看出环境影响的巨大威力，好的环境形成正向的威力，坏的环境形成更具有破坏性的威力。

“双 11”也是这三大流行原则影响的结果。每次“双 11”启动前期，我们都会看到阿里巴巴高层为活动的传播不遗余力，符合个别人物法则。在传播过程中，阿里巴巴连年不断突出“双 11”的符号化意义，甚至阿里巴巴专门为“双 11”申请了商标注册，就是强化阿里巴巴与“双 11”符号之间的信息附着力因素。通过社群传播、口碑传播，以及每年公布的天猫“双 11”销售额，就是一个环境威力法则的反映。每年发布天猫“双 11”销售额，留给大众的一个潜在问题就是：“大家都在“双 11”购物，你为什么还没有去？”从而产生了环境威力，使得更多的人参与到“双 11”当中。同样，小米手机也是如此，它建立了草根思维的观念，把小米手机与普通人关联起来，再通过社群和社交传播形成环境威力。

当然，问题的核心不在流行本身，而是在于引爆点。如果引爆点有效，轻轻着力就能点燃流行潮；反之，不管如何采取流行三原则也不会有效。比如“双 11”，针对的就是 11 月的采购空档，那么这个引爆点就是有效的引爆点。还有本书前面谈到的效用产品，价值不在于如何推广，而在于产品效用本身。只有效用突出，才会存在这个引爆点，流行三原则才可能发挥作用。《引爆点》也指出了这一点：“要发起流行，就得把资源集中在引爆点上，换个视角看待这个似乎雷打不动、无法改变的世界。只要找对了一个点，轻轻一触，这个世界必然能够动起来。”

流行三原则可以给企业一个启示，具备创造流行的能力就是虚实时空中的一个竞争优势。如果能够有办法让一个好产品、一个好观念流行起来，并在一个足够大的群体中产生环境威力，物尽其用，那么这个产品或观念就成功了。同样，这与企业的规模无关，只与成长速度相关。流行会让企业的规模呈现加速度的倍增，哪怕开始的规模还比较小。

9.3 流量思维是一个创富逻辑

互联网思维中有一个重要的思维方法，那就是流量思维。流量思维认为互联网模式下流量是形成规模经济的关键。

做互联网的人都知道，流量是一个网站生存最基本的指标。做流量的过程其实也是积累用户的过程，流量越大，潜在用户越大。做互联网往往都是先烧钱做流量，然后在流量的基础上再考虑商业模式赚钱。最近听到一个幽默是关于滴滴打车和快的打车的，说它们创造了历史，把互联网免费送流量的时代提升到直接送钱做流量的时代。互联网时代，为了流量，可以说是不惜血本。很多传统企业也做了电子商务门户，为什么很多都失败了？因为它们中很少有企业认认真真做过流量这件事，然后就准备从网站开始赚钱。从滴滴打车和快的打车开始，免费获取流量也过时了，流量需要付费，这也说明流量思维对于互联网商业模式成功与否的重要性。

互联网流量是充分发挥互联网的连接聚合价值的表征。通过流量聚起庞大用户规模，如果是信息产品或软件产品，分摊到每个用户身上的边际成本就接近于零，服务商就能够发展更多用户而不用担负任何成本。在用户规模庞大的基础上，只要一小部分转化为付费的客户，也就产生了产能需求。通过这个过程，把不确定的用户变成确定的生产需求，生产和服务的任务就会显性化，从而更加精准和有效。同时，用户流量越大，转化产生的产能需求越多类，服务商选择空间就越大，规模经济和范围经济就越明显。所以说，流量思维是对的，它蕴含着一个潜在的创富逻辑，如图 9-3 所示。流量就意味着财富，这也是新兴模式不惜血本获取流量的原因。我们也看到很多创意很好，但由于流量不足导致的商业失败。流量是未来竞争的必争之地，这是毫无疑问的。

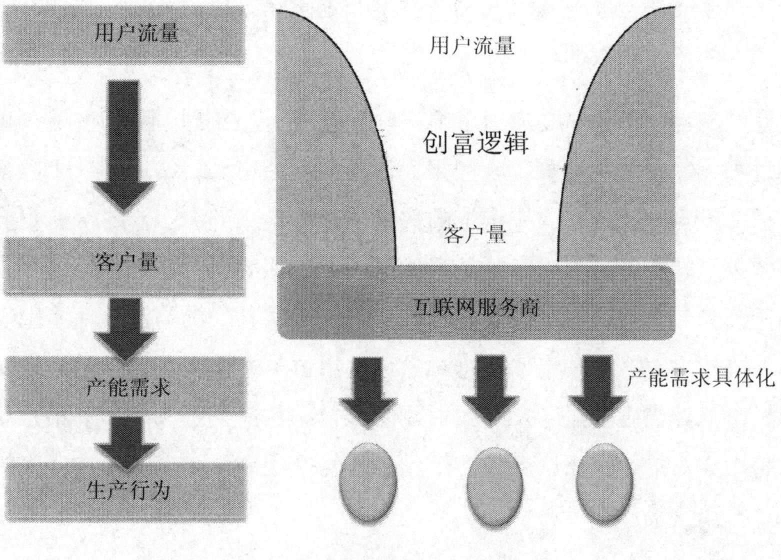

图 9-3　流量思维的创富逻辑

有一句网络流行语：“羊毛出在狗身上，猪来买单”，清晰地描述了流量的价值。关于这一点，大家可以从网上找到这样一个故事：一家做女士睡衣产品的品牌，它用免费送睡衣的方式推广产品，用户只需要支付 23 元的快递费就可以得到产品。这款产品在商城售价为 188 元，而用户只需要花 23 元，当然会非常受欢迎，也愿意帮它做口碑宣传。因为有很多人购买，品牌商就省掉了渠道、商城等中间环节，而且需求量巨大，所以可以进一步给工厂施加压力，只用 8 元就由代工厂生产出来了。在剩余的 15 元当中，再拿出 3 元做流量推广，5 元做快递费，还会剩下 7 元。如果能够送出 1 000 万件，那么品牌商就能够赚到 7 000 万元。在这个故事当中，品牌商拿出 3 元做流量推广，所有网站都很配合做推广，而且用户也只用 23 元就买到了 188 元的产品，也乐意传播，从而在短时间内就形成了巨大的用户流量。这种流量规模所产生的产能需求对于代工厂和快递来说也是一笔巨大的财富，从而愿意给出更大的折扣，在折扣当中就产生了品牌商的利润。利润看起来是快递和代工厂给省出来的，但实质上也是用户流量创造出来的。再用这个例子去看 360 杀毒、滴滴打车、小米手机等成功的互联网公司，是否也有类似的感觉？总体来说，一个互联网服务商获取利益并不一定是从直接的流量获取的，也可能是从间接的流量获取的。

互联网商业模式需要流量思维，但实质上流量思维并不新颖，随处可见，只不过被大家平时忽略掉了。如果大家经常去超市买日常用品，一般都会在超市门口看到一个印在大张纸上的关于当日大促销的海报，这个海报会吸引大多数人到超市中看一看，这就形成了流量。但实质上，大促销的只是有限的几种商品，但用户进到超市之后，就可能购买其他的商品，而不限于促销商品。其实这个逻辑和互联网思维的流量思维基本一致，那就是通过促销形成流量，流量当中会进一步形成实际的客户，从而创造利益。只不过问题在于，超市面对的是一小片区域，受到地理时空限制，不可能形成巨大的流量而已。

在朋友所住社区的门口，有两只可爱的小兔子，这也是一个典型的关于流量思维的故事。在这个社区的门口有一个年轻人，管理一个报亭，还有几辆儿童摇摇车。从几年前开始，每天早晨，这个年轻人总会把一个装有可爱的小兔子的笼子放在儿童摇摇车不远处。每当有小孩路过时，总忍不住去和小兔子玩，小孩也会自己从家里带一些蔬菜来喂小兔子。每个小孩喂一点，一天有很多小孩喂下来，基本上不需要店主喂养，小兔子就会喂得很好了。自从有了这只小兔子后，几乎社区所有的孩子都会在小兔子那儿停留一会儿。和小兔子玩儿完做什么去呢？摇摇车，而且完全不用店主推销，很多孩子就会为这个小店贡献一点财富。年轻人管理的摇摇车在增多，小孩子们也都很快乐，并没有觉得有什么不好。每年到春节的时候，这个年轻人就可以拥有两只基本上不用喂养成本的兔子。在第二年的开始，又会重新带来两只小兔子，这个故事可以一直重复下去。在这个故事当中，小兔子扮演了形成流量的质点，小孩子围绕小兔子形成了流量，其中只要有部分小孩愿意去玩一玩摇摇车，就会给店主带来财富。

以上讲的这两个故事说明了一个道理，流量思维并不新颖，可以在互联网虚拟世界采用，也可以在现实世界采用，关键在于我们明白流量思维所蕴藏的财富机制。

前面讨论了互联网世界的流量思维，也介绍了现实世界的流量思维，二者之间有什么相通之处呢？这就是我们将在虚实时空中建立的新流量思维。传统的互联网所提的流量思维是把人引导到一个网站或 APP，所有的商业模式都基于网站或 APP 实现，这是一个纯粹虚拟世界的流量思维。基于虚拟世界的流量思维，有很多人提出对于入口的争夺。比如，争夺电视端、手机、智能汽车的控制权，因为掌握这些东西就意味着掌握了虚拟世界的流量入口。但实质上，我们还有更多的活动并不在虚拟世界中，流量财富还远远没有覆盖实体世界的一切。我们大多数人的活动都是如超市、小兔子那样的实体世界，实体世界是不能随时空移动的，不能像虚拟世界一样跨时空建立连接。现在要把所有这一切整合在一起，这就是虚实时空中的流量思维，不仅仅关注虚拟世界，还要关注实体世界。

在虚实时空当中，不仅仅关注传统虚拟世界的流量，更重要的是要构造场景中的流量。既然我们无法改变实体世界，那就必须把实体世界和虚拟世界结合在一起，场景就是这样的结合点。我们的生活构筑在一个个的生活、工作、娱乐、学习场景当中，需要在场景当中构建流量思维，才是面向虚实时空的解决办法。

前面讨论过虚实时空思维，场景就是虚实时空中的一个能量聚点。能量聚点的意思就是在一个时间和空间位置上能够实现连接和价值的最大化。通过一个合理的场景服务设计，让在同一位置的服务商和用户实现价值上的连接共振，从而实现价值最大化。也就是说，基于虚实时空的流量是由在特定的场景中建立的有效连接产生的，它与时间和空间有关系。比如，滴滴打车的流量就是基于时空场景的，同样的一个人，12 点在海龙大厦打车和 12:30 在海龙大厦打车所建立的连接是不同的。同样，在一个在线社区的场景当中，不同时刻登录的用户不同，建立的连接也就不同，流量的指向和规模也是不同的。因此，虚实时空的流量是与时间、空间位置，以及具体服务相关的流量。

基于虚实时空，不同场景中建立的流量来源可能有几种情形（见图 9-4）：同一位置，不同时间的场景积累形成的流量；同一时间，不同位置的场景积累形成的流量；同一时间和同一位置的场景形成的流量；同一用户不同时间和不同位置的场景形成的流量。不同的情形产生的价值转化就会不同，这也是个性化需求产生的原因。这与传统的流量思维是不同的，传统的流量思维转化最终会转变为对一个特定产品和服务的产能需求，而场景中建立的流量会形成源源不断的个性化产品和服务需求。同样，虽然场景流量建立在个性化需求之上，但在价值转化上与传统的流量思维基本相近，就是由用户流量转化为客户需求量，进而转化为生产需求。传统互联网思维最终导致规模经济，可以与大规模生产模式对接。而基于场景流量思维最终会导致范围经济，可以与个性化生产模式对接。

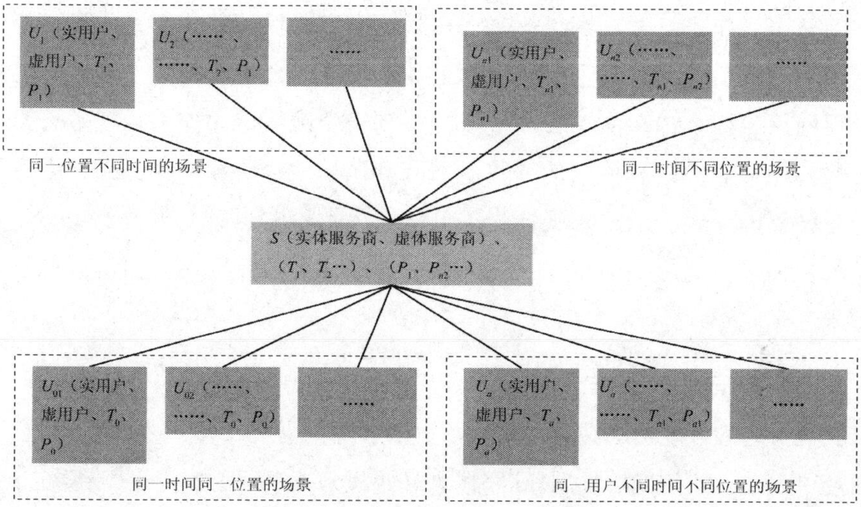

图 9-4　不同类型场景产生的流量

不论是纯虚拟世界的流量思维，还是基于虚实时空中场景的流量思维，最终都要转化为用户价值和服务商价值，企业构建流量的能力无疑也是未来竞争能力的一个要素。同样，这种构筑流量的能力也与传统的企业规模无关。只要有能力产生巨大的流量，就意味着拥有巨大的财富。

9.4　$n+n=4n^2$：生态圈构造的能量

2015 年 6 月，在互联网新秀乐视和小米之间爆发了一场争议，引起了舆论的广泛关注。

2015 年小米成立了内容“大联盟”，联合了超过 100 家网站联盟成员，并与国内前 12 大视频网站中的 10 家建立了合作关系。2015 年 6 月 10 日下午，小米在一场发布会上对乐视模式展开评论，宣布总体内容比“友商”多一倍，并邀请公证处进行了公正。小米认为生态圈作为自然环境，应该是松散的状态，如果只有一家，那么它和其他内容提供商的关系是生意。指出乐视的“开放的闭环”，已经表明自己是个封闭的环境，是个盆景。随后乐视回应，称小米不懂生态，与乐视不在一个维度，并提出乐视生态是由垂直的闭环生态链和横向的开放生态圈共同构成的完整生态系统。生态是一种强烈的化学反应。乐视认为，单从内容上，它也有全方位的生态，包括版权内容、自制内容和第三方合作内容；而小米仅有第三方合作内容，小米处于劣势。

小米和乐视，两家公司都是非常优秀的公司，各有优劣势，也都是近年来快速崛起的互联网新秀。仅从这场争论来说，也难以说谁胜谁负。但因为这场引人注目的争议，“生态”这个概念开始成为大众讨论的焦点。问题在于，究竟什么是产业生态，什么样的状态才算是生态建设完成？它有何能量让产品服务商要一争高下？

从生物学角度说，生态圈是一个生物圈和自然环境构成的自我调节系统，它开放且复杂。从整体上，生物需要从外部环境获取必要的能量和物质，如阳光和水。生物需要适应环境，环境发生了变化，又反过来推动生物的适应性，这种反作用促进了整个生物界持续不断的变化。在生物圈内部，生物的生命活动促进了能量的流动和物质循环，在这个过程中，生命活动也会完成自我进化。生态圈是一个横纵交错的网络化系统，既有垂直的食物链关系，也有同生共长的横向协作关系。围绕生物圈的概念，在20世纪，已经有学者把它引入到产业竞争理论当中来，认为生态圈竞争是波特提出价值链竞争之后最为重要的竞争形式。

1996年，美国学者詹姆士·穆尔撰写出版了《竞争的衰亡》一书，把生物学中的生态系统概念引入到产业竞争的范畴当中。书中以生物学中的生态系统，这一独特的视角来描述当今市场中的企业活动，但又不同于将生物学的原理运用于商业研究的狭隘观念。詹姆士·穆尔认为，在传统的市场经济中，达尔文的自然选择似乎仅仅表现为最合适的公司或产品才能生存，经济运行的过程就是驱逐弱者。而穆尔提出了“商业生态系统”这一全新的概念，打破了传统的以行业划分为前提的竞争战略理论的限制，力求“共同进化”。根据詹姆士·穆尔的观点，所谓的商业生态系统，就是由组织和个人所组成的经济联合体，其成员包括核心企业、消费者、市场中介、供应商、风险承担者等，在一定程度上还包括竞争者。这些成员之间构成了价值链，不同的链之间相互交织形成了价值网，物质、能量和信息等通过价值网在联合体成员间流动和循环。不过，与自然生态系统的食物链不同的是，价值链上各环节之间不是吃与被吃的关系，而是价值或利益交换的关系。也就是说，他们更像是共生关系，多个共生关系形成了商业生态系统的价值网。

生态圈与传统的价值链理论是完全不同的，主要体现在三个方面：(1) 生态圈更加强调共生关系，共同进化；而价值链强调价值整合，以建立强大的竞争力为核心。(2) 生态圈是一个横纵交错的网络，可以是跨行业的松耦合协作，如汽车和视频内容、电视和游戏；而价值链强调的是一个链条，不同环节之间强调价值一致，是一种紧耦合关系。(3) 生态圈强调开放和共享，以生态价值最大化为核心，共同的目的是让用户价值最大化，从而实现价值目标。生态圈不单纯是为某一家企业的利益，某一家企业的利益可由生态系统中协作关系自动产生。而价值链往往是封闭的，各个价值环节有强连接关系，以核心企业价值最大化为目标。

生态圈的提出是人类对企业间关系和社会关系认识的一大进步，从早期的企业间竞争，到整合价值链竞争，企业间都在强调商战的残酷。而生态圈强调和谐共生，以满足用户的价值最大化为目标，更加强调价值，而不是竞争。利益是从给用户提供的价值中产生的，而不是通过残酷的竞争产生的。与地球生物圈类似，产业生物圈是一个相互影响、共同生长、共生共赢的系统，它产生的能量是暴增的，而不是线性增长。

那么生态圈的价值潜力到底有多大？根据梅特卡夫定律，一个网络的价值与节点数量的平方成正比，那么两个网络合起来就会产生两个网络节点之和的平方的价值潜力。比如说，一家企业有 n 个用户网络节点，另外一家企业也有 n 个用户网络节点，组合成生态网络后，将会产生 $4n^2$ 的价值潜力，而不是 2n 的价值。看起来算式很不合理，但这就是生态圈所构建的价值网络的威力。当然，所有的潜在价值未必都能发挥出来，可能永远都实现不了 4n^2 的价值，但我们知道最大化的价值潜力在哪里，只需要不断努力即可。

生态圈的价值潜力算式如下：

$$n+n=4n^2$$

产业生态圈与生物圈类似，它有天然的自我更新机制。生态圈是一个开放共享的协作体，并没有强制性的约束关系。生态圈价值越大，就会有越多的成员加入，成为一个利益共同体。如果每个成员都能从中获益，就会吸引更多的成员加入，形成生态循环。如果一些成员没有获益，它也可以选择离开然后加入其他的生态圈。当然，一个成员也可以加入多个生态圈。比如，intel 就是 PC、手机、工业机器人等若干个生态圈的组织成分，并没有人会排斥它。生态圈没有绝对的边界，甚至传统意义上的竞争者也可以成为其中一员，生态圈之间也没有绝对的边界，只要不妨碍生态圈价值的最大化就是可行的。当然，生态圈失去了动力机制、没有共同的利益，也会消亡，原有的生态圈成员可以进化出全新的生态圈，这是一个动态优化的过程。

以苹果公司 iOS 为核心，就构筑了一个庞大的生态圈。iOS 是由苹果公司开发的手持设备操作系统，最早在 2007 年 1 月 9 日的 Macworld 大会上发布这个系统。原本这个系统名为 iPhone OS，直到 2010 年 6 月 7 日 WWDC 大会上宣布改名为 iOS。最初是设计给 iPhone 使用的，后来陆续套用到 iPod Touch、iPad、Apple TV、Apple Watch 等苹果产品上。根据截至 2014 年 7 月的数据显示，iOS 拥有 44.19%的移动市场占有率。iOS 这个强大的力量不仅仅是因为苹果自身产品的力量，更重要的是生态圈的力量。这个生态圈建立在 iOS 之上，通过提供平台、开发工具，大量的基于 iOS 开发的应用、游戏、音乐、视频内容等才是苹果真正的力量。这些开发者可以是公司，也可以是个人，但只要以 iOS 为平台，就成为苹果公司生态圈的一员。

苹果 App Store 就是苹果公司的一个局部生态圈，它为第三方软件的提供者提供了方便而又高效的一个软件销售平台，既适应了手机用户们对个性化软件的需求，也实现了第三方软件提供者的价值。因此，第三方软件的提供者参与其中的积极性非常高，很多公司和个人会以加入苹果的 App Store 为荣。在这个实现共生共赢的过程中，也同时增强了苹果公司自身产品的吸引力。从这一点就可以看到生态圈共生共赢的巨大能量。

生态圈中的成员越多，苹果公司 iOS 生态也就越有价值，就会吸引更多的新成员加入。而且，苹果通过制订规则来剔除那些损害生态价值的参与者，让整体生态更加健康和有吸引力。也就是说，苹果公司的力量，不仅仅是来源于做工极致的 iPod Touch、iPad、Apple TV、Apple Watch 等产品，而且还来源于产品背后隐藏的庞大生态力量。苹果公司还可以围绕不同的纵向产品线，构建出全新的产品生态圈。例如，围绕 Apple Watch 构建一个游戏生态圈。一圈套一圈，力量在不断增强。正是因为这些生态圈力量的存在，一荣俱荣，一损俱损，没有生态圈成员会期待苹果公司倒闭，所以苹果公司才会更加强大。

现在，生态圈的概念逐渐被国内关注和引入，小米和乐视就是其中的先行者，没有谁对谁错，可能现阶段探索的意义更大一些。但有一个结论是肯定的，并不一定需要做成和苹果公司一样才叫生态圈。每家企业对生态圈的理解可以完全不同，但只要是围绕用户价值最大化，开放共享、共生共赢，无论规模大小、成员多少，都具有生态圈的价值。对国内企业来说，培育生态圈的意义远大于具体生态圈的价值讨论。因为一切都在发展变化中，谁也不知道未来是什么样子的，只要在向前走就是进步。

在前面效用产品部分讨论过，通过全新的商业模式，构建商业生态圈，能够改善产品的形态和价值，实现效用产品。例如，人们希望能够在电视屏幕、电脑屏幕、平板、手机上都能看到电视内容，而且能够做到无缝切换，这就需要整个电视生态的改变。乐视的超级电视模式就是如此，把电视机和电视内容生态结合在一起。同样，电视也可以与教育服务、游戏软件提供商等其他领域的产业融合在一起，构成全新的电视生态圈。通过这个生态圈的构造，既改变了用户对电视机的产品观念，也改变了用户对服务产品的观念。所以，生态圈的意义不仅仅在于共同赚钱，而是会改变产品的结构，以及给用户的价值体验。

再进一步，由于生态圈对产品结构的改变，使竞争形态也会发生变化。同样以电视机为例，传统的电视机厂商是残酷的成本和价格竞争，电视机厂商更多地在产品的价值链、硬件性能上找办法，试图提高性价比。但基于生态的电视机，由于其利益点并不在电视机本身，所以它可以以很低的成本价或者免费的方式提供给用户，而通过生态圈价值再分配的方式获取价值。传统的电视机厂商比拼成本、比拼价格的竞争模式，瞬间就变得毫无价值。这就是生态圈对竞争形态的改变。而且由于产品借助于生态圈的跨界发展，传统的行业内的竞争，变成了横向的生态竞争，原来不是竞争对手的企业一瞬间就可能变成竞争对手。所以就有很多人感慨，在这个新时代，你已经不能知道竞争对手会是谁。比如，滴滴打车的崛起，出租车行业感受到的困境是，虽然感觉到竞争，但却应对乏力。同样，互联网公司纷纷借助生态圈，进入汽车、电视、安防、电源等传统的制造商领域，而且一瞬间就会把传统产品转变为具有个性化属性的效用产品，且可能会以非常低的价格迅速改变竞争规则。传统的制造业几乎无法提前预知这种变化并采取合适的应对措施，因为根本就不知道竞争对手是谁。

在智慧生产时代，单单满足用户的一部分功能需要是不够的，用户更加关注个性化价值的实现，更加关注自身的体验，已经无法用一个企业、一条价值链的方式满足这种需要，只有构建生态圈才能应对这种变化。而且生态圈必须足够开放和共享，给予用户足够的主导权来重新定义自己的产品，在最终个性化产品交付之前，用户也是这个生态圈的一部分。因此，**生态圈的构造不是可有可无的，而是时代的必然性，也不是苹果公司早期强调的差异化，而是全部企业必须面对的挑战。要么自己组建生态圈，要么加入到别人的生态圈，单打独斗的时代再也不会继续了。**

前面我们讨论过的企业全员创客化，也必须是生态圈的一部分。一部分创客会成为品牌服务商，可能自己组织生态圈；而对于大多数的创客团队来说，必须自主地加入到别人组织的生态圈当中。在企业全员创客化的过程中，应该有意识地形成生态圈的概念，把有共同价值的创客联系在一起，为他们服务，培育他们形成生态圈。外部的创客也是如此，在初期阶段，尽可能地加入到已经成熟的生态圈当中去，而不是游离在外。

构建生态圈的能力，或者在生态圈当中创造价值的能力已经成为新时代企业应对竞争必须具备的能力。通过生态圈的构造或者加盟，塑造出远大于企业自身规模的能力，从而在市场中形成强大的竞争优势。这种竞争优势的形成同样与企业的现有规模无关。

9.5　能力竞争框架与逐级迭代

能力与传统企业所强调的管理、文化、规模、技术等静态的竞争力不同，它是可以逐级迭代的，这也是为什么能够让阿里巴巴的“双 11”、小米手机、乐视电视等新兴商业模式快速成长的原因。

前面 4 个小节分别讨论了智慧工业企业在虚实时空当中必须塑造的 4 种能力：跨时空进行连接用户的能力、创造流行和引爆虚实空间的能力、在场景中构筑流量的能力、构造生态圈或借助生态圈的能力。综合本书其他章节内容，一个智慧工业企业需要塑造的能力优势还包括：提供效用产品的能力、利用知识资本创新的能力、智慧生产的能力、让数据产生飞轮效应的能力、激发创客活力的能力。这九个方面构成了智慧工业企业必须具备的能力体系，如图 9-5 所示，它以满足用户的个性化需求为中心，具备这九方面能力的企业就获得了虚实世界中不可复制的竞争优势。

图 9-5　虚实世界中形成竞争优势的九大能力

在企业熟知的管理思想——戴明循环中，描述了一个闭环机制：计划—执行—检查—处理（Plan-Do-Check-Act）。它有 3 个特征：（1）大环带小环。如果把整个企业的工作作为一个大的戴明循环，那么各个组成部分还有各自小的戴明循环，就像一个行星轮系一样，大环带动小环，一级带一级，有机地构成一个运转的体系。（2）阶梯式上升。戴明循环不是在同一水平上循环，每循环一次，就解决一部分问题，取得一部分成果，工作就前进一步，水平就提高一步。（3）科学管理方法的综合应用。通过闭环机制，能力就可以提升到一个全新的层次上。

与戴明循环类似，虚实世界的这九大能力本身，各自就是一个戴明循环体系，具有自我优化、自我成长的机制。跨时空连接用户、创造流行和引爆虚实空间的能力、流量思维都是通过用户的口碑效应形成闭环机制，从而产生能力提升机制；生态圈通过自我优化和完善实现能力提升；效用产品通过用户体验和反馈形成能力提升闭环；知识资本借助自我学习和完善形成闭环；智慧生产通过自动监测和优化实现能力提升；数据驱动能力通过飞轮效应不断增强；创客通过利益分配机制激发自驱动活力，实现能力的不断提升。这九大方面构成了几个小循环，在企业的整体方面，通过个性化需求的提出、创意设计、智慧生产、用户服务、体验和反馈构成大循环，不断提升整体的能力。当每个独立竞争优势提升一个层次后，整体竞争优势就会提升一点。当九大方面都全面提升一个层次后，企业的整体竞争优势就会提升一个层次，这就是基于能力的竞争优势逐级迭代的过程，如图 9-6 所示。

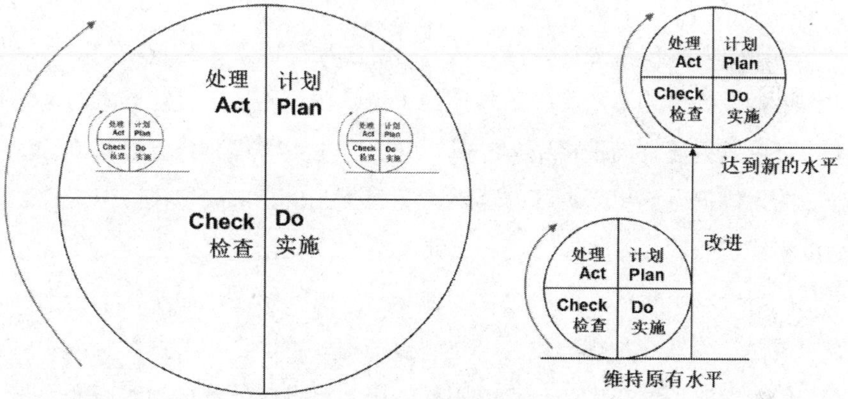

图 9-6　能力迭代循环与升级示意图

虚实世界的九大能力的迭代升级都指向一个方向，那就是用户的个性化效用价值最大化。能力每升一个等级，就意味着与用户个性化需求和体验要求更近一步。能力升级的过程，就是与用户个性化需求形成共振的迭代过程。在能力培育的初期，这种共振的效果主要体现在用户群体数量的快速增加。当用户数量增加到接近顶点时，这种能力的增加就体现在用户体验的提升方面，会让用户产生更多的增值，从而形成用户黏度。随着用户黏度的增加，就会构筑起对其他企业的相对竞争优势。

虽然能力是逐级迭代实现升级的，但与传统的经济形式不同，智慧工业是构建在虚实时空之上，所产生的价值与网络节点数量的平方成正比，如果每次能力升级，能够带来用户节点数量或者用户黏度的增加，那么企业的价值将可能以级数比例成长，而不是线性增长，这也是阿里巴巴、小米手机、乐视等新兴公司能够快速崛起的原因。

9.6 构造重塑虚实世界的能力优势（那一年，诺基亚有 400 多亿欧元，而小米还不存在）

在智慧工业时代，需要企业具备重塑虚实世界的能力，能力优势的价值远大于规模的价值。这种能力意味着我们每个人的个性化需求都能够被满足，我们可以享受到更加美好的生活。

传统工业以大规模生产为核心，无论是主动的因素还是被动的因素，导致的结果就是规模的不断膨胀。规模的逻辑就在于通过规模能够集约资源和成本，可以以更便宜的价格销售产品，从而产生竞争优势。但最终，这种不断膨胀的规模把自己也压垮了。当然，智慧工业也会形成规模，但这种规模不是以集约资源和成本为基础的，而是建立在个性化价值最大化之上，它的规模是用户分享出来的，是社会化利益重新分配的结果，而不是为了规模而形成的规模。当然这种规模也会产生规模经济效用，也会有集约资源和成本作用，但出发点不同决定了一切。不同的出发点可以导致规模瞬间变为零，也可以让规模不断增长。在这个全新的虚实时空世界，规模不再是判断一个企业是否优秀、是否具有竞争力的关键要素，用户将会用购买权来决定谁更优秀和更有竞争力。

我们一起来看看诺基亚和小米手机的例子。

2010 年，诺基亚是手机市场上绝对的霸主，市场占有率达到 32%，虽然比 2009 年稍有下滑，但仍稳居市场占有率第一位。同一年，诺基亚的全球净销售额为 424 亿欧元，大约相当于人民币 3 700 多亿元。

在 2010 年第四季度的财务报告中，诺基亚公司首席执行官这样谈到："2010 年第四季度，我们所有业务部门的表现都非常坚实，并赢得了出色的现金流。移动终端市场的发展势头也一如既往，令人振奋。然而，在竞争态势和执行成效方面，诺基亚仍面临着一些重要挑战。简而言之，我们所处的行业已经改变，对诺基亚来说，现在是加速变化的时候了。"在财务报告中也提到："诺基亚 2010 年第四季度全球移动终端销量年同比下降 3%的主要原因是，激烈的竞争环境和本季度由于元部件供应不足导致的某些元部件短缺和诸多供应及物流方面的挑战。销量下降被整体市场环境年同比的增长稍微弥补。诺基亚全球移动终端销量季度环比 12%的增长主要受益于本季度终端需求的增长，但这在一定程度上被 2010 年第四季度元部件短缺导致的诸多供应和物流方面的挑战所抵消。”在同一份报告中，也提到了 2010 年第四季度的经营亮点：“紧随第三季度开始销售的诺基亚 N8，诺基亚开始销售另两款 Symbian^3 智能手机：诺基亚 C7，一款造型紧致的全触控式智能手机，其外壳由不锈钢和玻璃打造，特别为吸引社交网络爱好者而设计；诺基亚 C6-01，一款更小巧的全触控式智能手机，采用诺基亚悦幕（ClearBlack Display）屏显技术，以提升屏幕的户外显示效果”。“诺基亚开始销售‘触•键双用’诺基亚 C3，一款结合触控式屏幕和传统手机键盘的不锈钢终端”。“得益于经济适用的诺基亚全键盘手机——诺基亚 C3 的销售，预计 2010 年第四季度，按销量计，诺基亚已成为全键盘终端市场的领导者”。“诺基亚继续发展 Ovi 服务，与 2010 年 10 月每天逾 270 万的下载量相比，Ovi 商店目前的日下载量超过 400 万[6]”。

按照上述财务报告的描述，诺基亚具有绝对的竞争优势，不仅仅是规模庞大、资金雄厚，而且还有很多新技术产品推出来，如智能手机，这在当时也是非常稀缺的。诺基亚能够总结的问题就是某些元部件短缺和诸多供应及物流方面的挑战，以及竞争的激烈。仅从这一点上看来，当年诺基亚产品也拥有雄厚的用户基础，产品供不应求，反而是元部件短缺拖了后腿。按照传统的竞争战略理论，诺基亚基本上什么都不需要做，只要弥补一些小问题、巩固优势就能够保持市场领先地位。

2010 年，雷军的小米公司才刚刚注册成立，按照传统的竞争理论，小米公司根本没有必要做手机，也不可能会在手机行业有任何机会。因为除了巨人诺基亚外，还有摩托罗拉、苹果，以及众多的本土手机公司，手机市场在 2010 年的时候完全是一个红海市场，如果此时走进去不仅仅是找死，而且还

6 http://article.pchome.net/content-1270531.html

可能尸骨无存，也就是连老本都赔进去。但是小米公司还是进入了手机市场，更是在2014年取得了年度销售额达743亿元的业绩。在过去的5年当中，还有很多手机界新人也赤手空拳地进入到手机行业，如锤子手机、奇酷手机等。在2014年，传统的手机界巨人——曾经无懈可击的诺基亚正式把设备与服务业务出售给微软，市场上再也看不到诺基亚手机。诺基亚所代表的时代过去了，它不缺熟练工人、不缺技术、不缺专利、不缺工厂、不缺资金，唯一缺的就是在互联网及虚实世界的竞争能力。但就是因为这一点，无论诺基亚规模如何庞大、市场占有率如何高，都不能抵挡互联网所带来的大势所趋。在诺基亚消失的2014年，小米公司的能力还在不断增强，产品线也扩展到小米盒子、空气净化器、小米电视、路由器、智能硬件等诸多领域。曾经貌似强大的诺基亚已经不存在了，而貌似弱小的小米公司还在增长，这是为什么？

根本原因就在于，小米公司的成长并不是建立在规模之上，而是建立在基于虚实时空的全新的竞争战略框架之上，从而释放了巨大的能量。小米公司通过MIUI、米聊、小米手机构建了基础的生态圈框架，采用互联网直销推广的方式，消减中间环节，减少中间成本。通过建立粉丝社区、建立与用户的直接连接和用户参与生态，利用超常的性价比打造流行的效用产品。通过分析社区积累的用户数据，获取用户需求信息，充分利用了数据的飞轮效应。小米公司本身就是创客，创始人也都是技术专家，具有知识资本，所有员工以创客的超强能动性在重塑手机世界。在整个基于能力的竞争框架中，除了智慧生产能力没有涉及外，小米几乎拥有了能力竞争的全部要素。所以，小米公司的成功绝不是偶然，而是它首先具备了拥有重塑虚实世界的能力，而且它把这种能力灵活运用，并转变成了财富。如果有人羡慕小米的成功，那么首先要做的就是把这些能力建立起来。从能力竞争的角度来看，小米公司是不可复制的。

基于诺基亚和小米公司的对比，可以得到一个显而易见的结论：传统工业基于规模建立的竞争优势不再是优势，对虚实世界的重塑能力才构成虚实世界的竞争优势。这种虚实世界的重塑能力包括：**跨时空进行连接用户的能**

力、创造流行和引爆虚实空间的能力、在场景中构筑流量的能力、构造生态圈或借助生态圈的能力、打造效用产品的能力、利用知识资本创新的能力、智慧生产的能力、让数据产生飞轮效用的能力、激发创客活力的能力。具备这九项能力中的任何一项或多项组合，就会形成对传统企业的竞争优势。

9.7　你认为的竞争优势可能都是劣势（传统竞争优势理论的误区）

在传统的大规模时代，形成了很多关于强化企业竞争优势的理论，但随着构建在虚实时空之上的新工业时代的到来，用传统理论分析得出的优劣势，以及根据这些优劣势制订的战略举措，可能会导致企业更大的失误，而不是有助于企业改善运营。随着信息新技术的深入应用，现在到了需要同步理论体系的时候了。但由于理论总是落后于实践，所以还没有那么多成熟的新理论，企业在制订战略时一定认真地站在虚实时空的背景下选择理论应用，否则就有可能导致企业做出重大的错误选择。采用错误的理论方法，就有可能导致一个问题：你认为的竞争优势可能都是劣势。下面列举两种传统理论失效的案例进行分析，以便帮助企业认识到理论滞后问题的严重性。

9.7.1　传统核心竞争力要素评价的失效

现在看来，如果传统企业按照传统的竞争理论进行决策，就可能进入决策误区，导致应对智慧工业挑战软弱无力。原因在于，围绕大规模生产模式建立起来的传统竞争优势理论，已经不能准确地反映出目前企业遇到的现实问题。还是以诺基亚和小米为例，如果按照传统的竞争战略理论，诺基亚什么都不需要做就能够保持竞争优势，但事实上，诺基亚什么都不做的话就会被市场淘汰。同样按照传统的竞争战略理论，小米什么都不需要做了，因为完全没有竞争优势。并不是诺基亚和小米有什么错，只能说我们传统上对竞争力的理论理解不合时宜了。

我们来做两个模拟评价。如果按照传统的核心竞争力分析模型，核心竞争力要素按照价值链的要素一般会分解到品牌、市场推广、生产、渠道、销售等，约 15 项元素。然后，我们针对一个优秀的传统企业和一个优秀的新兴企业（基于互联网的新型工业企业）进行打分，如果以 1～5 分作为打分标准，就会呈现出如表 9-1 所示的状况。优秀的传统企业得到 75 分，几乎满分，具有绝对的竞争优势；而优秀的新兴企业只得到了 30 分，处于不及格水平。如果只看这张表，可以得到一个结论，即这个优秀的新兴企业完全没有竞争优势，很快就会被淘汰。但问题是，优秀的新兴企业不仅仅还活着，而且还在不断壮大中。同样，优秀传统企业接近完美，几乎无须做任何改进，但事实上，这家企业可能面临生存困难。

表 9-1　常规核心竞争力要素的模拟分析

常规核心竞争力要素	优秀传统企业（1～5 打分）	优秀新兴企业（1～5 打分）
品牌	5	1
市场推广	5	5
渠道	5	0
销售	5	2
客户关系	5	不确定关系
供应商关系	5	2
物流	5	5
生产能力	5	0
规模经济	5	0
成本优势	5	不确定
资金	5	1
人力资源	5	2
管理制度	5	2
管理层	5	5
战略	5	5
总计	75	30

但如果我们按照本书所提出的能力竞争框架：跨时空进行连接用户的能力、创造流行和引爆虚实空间的能力、在场景中构筑流量的能力、构造生态圈或借助生态圈的能力、打造效用产品的能力、利用知识资本创新的能力、智慧生产的能力、让数据产生飞轮效用的能力、激发创客活力的能力九个方面的能力要素做分析，我们就会看到事实的真相。同样按照 1～5 分打分，传统优秀企业只得到了 15 分，不及格；而优秀的新兴企业获得了满分 45 分，如表 9-2 所示。

表 9-2　基于能力的竞争力要素的模拟分析

基于能力的竞争力要素	优秀传统企业（1～5 打分）	优秀新兴企业（1～5 打分）
连接用户	1	5
创造流行	2	5
获取流量	1	5
生态圈	2	5
效用产品	2	5
知识资本创新	2	5
智慧生产能力	5	5
数据飞轮效应	0	5
创客活力	0	5
总计	15	45

从上面的模拟分析可以看出，如果一个传统企业按照传统的竞争力要素进行分析的结果进行决策，就可能走向更加错误的方向。所以，传统企业必须抛弃传统竞争优势思路，而采用全新能力要素进行分析，才能正确地理解面对的实际竞争状况，并采取正确的对策。按照能力竞争模型，传统企业认为的竞争优势可能都不是优势，而是竞争劣势。

9.7.2　波特五力分析模型的失效

波特五力分析模型，由哈佛大学商学院的迈克尔·波特教授在 1979 年提出。它把大量不同的因素汇集在一个简便的模型中，用来分析一个行业的基本竞争态势。五种力量模型确定了竞争的五种主要来源，即供应商的议价能力、购买者的议价能力、潜在进入者的威胁、替代品的威胁，以及来自目前在同一行业的公司间的竞争。

供应商的议价能力（Bargaining Power of Suppliers）：供方主要通过其提高投入要素价格与降低单位价值质量的能力，来影响行业中现有企业的盈利能力与产品竞争力。

购买者的议价能力（Bargaining Power of Buyers）：购买者主要通过其压价与要求提供较高的产品或服务质量的能力，来影响行业中现有企业的盈利能力。

新进入者的威胁（Threat of New Entrants）：新进入者在给行业带来新生产能力、新资源的同时，也希望在已被现有企业瓜分完毕的市场中赢得一席之地，这就有可能会与现有企业发生原材料与市场份额的竞争。

替代品的威胁（Substitutes）：两个处于同行业或不同行业中的企业，可能会由于所生产的产品是互为替代品，从而在它们之间产生相互竞争行为。

同业竞争者的竞争程度（Rivalry）：现有企业之间的竞争常常表现在价格、广告、产品介绍、售后服务等方面，其竞争强度与多因素有关。

过去，大多数人认为波特五力分析模型非常合理，常常被企业用来分析所处的竞争环境，并最终导出三大战略选择：总成本领先战略、差别化战略和集中化战略。但问题在于，这个模型建立在传统工业的大规模生产模式之下，导致的结果就是企业更加寻求规模化集约成本、加强大规模生产、构筑行业壁垒形成垄断、强化价值链形成更加紧密耦合的关系。如果用五力模型进行分析，2010 年的诺基亚同样不需要做很多改变，就可以保持优势。

但问题在于，现在的竞争者并不一定是行业内产生的，而是可能来自完全风马牛不相及的跨界行业。跨界进入者借助在虚实时空中形成的能力优势，迅速抓住终端用户，然后再用生态圈的力量，形成价值环，快速形成新产品的替代。在极端情况下，跨界者可能只需要抓住用户这一种力量，再在用户中培育出客户，形成大量的产能需求，就会对供应商产生强有力的议价能力。而且，因为有大量的用户基础，给了跨界者足够的试错空间，总能找到一款产品打动用户，替代品总能排斥在外，从而快速建立强大的竞争优势。而且，跨界者与用户处于同一生态当中，能够提供超出产品本身的生态能力。通过让用户参与产品设计和生产过程，用户的议价能力不再是压力，而是生态共同体的一部分，由双方共同完成。也就是说，当产品开始生产时，用户议价其实已经结束。另外，跨界者借助生态圈的价值提供，把产品以极低价格或者零价格提供给用户，用户议价能力同样不再重要。而且，由于跨界的发生，行业内的竞争者也会跨界出来，进行一场非对称的竞争，行业内的竞争也会变得不再重要。传统的行业内竞争只会导致产品更加便宜，成本更加高昂，产品附加值更少，直到退出竞争为止。未来的竞争只会是跨界者的能力竞争，纯粹行业内的竞争优势意义将会逐渐消亡。能力竞争优势与五力分析模型如图 9-7 所示。

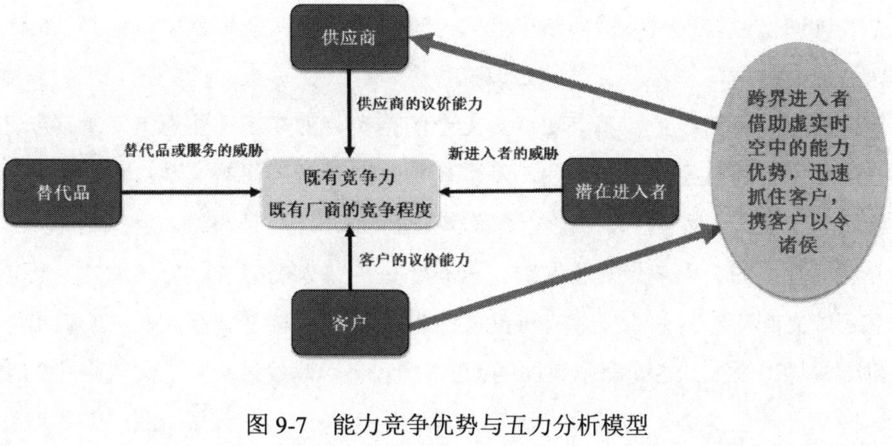

图 9-7　能力竞争优势与五力分析模型

通过以上的分析，我们能够得出一个结论，波特五力分析模型在虚实时空中将会失去价值，用它来作战略分析将会导致战略决策的失误。

9.8 未来归根结底是新工业人和新工业思维的竞争

以智慧工业为核心的新工业文明正在到来，传统企业必须面对环境的新变化，转变思维，塑造能力，适应新时代的要求。前面重点讨论了塑造基于能力的竞争优势的重要性、价值、框架，以及实现思路，提出了虚实世界九大能力优势塑造：**跨时空进行连接用户的能力、创造流行和引爆虚实空间的能力、在场景中构筑流量的能力、构造生态圈或借助生态圈的能力、打造效用产品的能力、利用知识资本创新的能力、智慧生产的能力、让数据产生飞轮效用的能力、激发创客活力的能力。**一般来说，能力塑造也是最难的，远远超出传统工业要素塑造的难度。虽然能力塑造很难，需要花一些时间，但有两方面是能力塑造的基础：新工业人和新工业思维。具备了这两点，假以时日，企业一定能够实现虚实世界的能力塑造。否则，只能在旧工业世界里畅想一下未来，然后看着企业一天天倒下。而且，传统企业的规模越大，受传统优势的拖累也就越大，倒下的速度也会越快。

传统企业向新工业的转型，是一个全方位的转变，没有一个系统工具或者一个简便的方法来实现这个过程，还必须依赖人来实施。我们把推动传统企业向新工业转型的人称为新工业人。这些人在旧工业体系中可能是 CEO，也可能是高层管理者、普通的知识工作者、一线的工人，但关键在于，**只要他有着新工业的视野，具有实现新工业的抱负，熟知新工业思维，掌握新工业的技术，而且愿意花费时间，不惜代价来践行新工业的实践，那么这些人就是新工业人。**新工业人不仅仅了解新工业的未来，而且知道如何抵达未来，并通过自己的努力一步一步实践。只有经过这些人的努力，新工业才有可能真正建立起来，传统企业才有可能实现向新工业的转型。新工业人有没有学习的榜样？个人认为，海尔集团的 CEO 张瑞敏、高级管理层、大大小小的创客们都是新工业群体的一员，还有小米、乐视、360 等新兴企业中，那些正在实践跨界的人也是新工业人。还有那些用 3D 打印生产产品，实施定制化工厂、建设个性化定制商品的网站、把时间碎片和信息碎片利用起来的人，只要他们在为建设虚实空间的新工业做贡献，他们就是新工业人。传统企业需要学习这些人，培养出自己的新工业人，从而为企业的新工业转型构建强大的人才基础。没有这些新工业人，传统企业向新工业的转型就不会成功。一个企业拥有越多的新工业人，尤其是企业 CEO 和高管成为新工业人，那么企业的转型就会成功得更快。

新工业的能力塑造和转型还必须有正确的新工业思维。新工业思维不仅仅是抓住一个局部、抓住用户，或者建设智慧工厂，而是需要全局性系统化的思维，认识到新工业不同能力之间的逻辑关系。比如，要建设智慧工厂，就必须考虑满足什么样的智慧生产需要，进而就需要考虑智慧生产实现什么样的效用产品、满足什么样时空中的用户个性化需要、用户在哪里，以及如何创新来满足用户的个性化需求。其他必要的思考还包括：组织、管理、竞争能力如何与智慧生产和智慧工厂相协调。因此，新工业绝不等同于建设一个智慧工厂，更不是简单的机器换人，而是全方位、系统化重构。本书讨论的全部内容就是来完成对新工业所有元素的构造思路和关系的梳理，以便给企业导入一个完整的新工业思维逻辑，帮助传统企业更科学地向新工业转型。本书提出的新工业思维，主要包括九大方面：人人用户的我们思维、统一虚实时空思维、知识即资本思维、效用产品思维、个性化定制导向的智慧生产思维、共享智慧工厂思维、全员创客化思维、分利替代分工的自治无管理思维、能力竞争思维。其中，能力竞争思维是基于其他的思维方法之上的综合性思维，其他的思维方法最终反映在竞争优势方面都是能力优势的形成。如果读者能够认真读完这本书的每一个章节，就会明白本书希望告诉读者的新工业思维是什么。只有用科学的新工业思维做指导，才能够塑造全面的竞争优势，否则可能只会形成局部优势或者慢慢自我淘汰。

总之，未来的竞争优势的形成，归根结底还是新工业人和新工业思维的竞争。

参考文献

[1] 杨青峰. 智慧的维度：工业 4.0 时代的智慧制造. 北京：电子工业出版社，2015.

[2] 杨青峰. 信息化 2.0+：云计算时代的信息化体系. 北京：电子工业出版社，2013.

[3] 杨青峰. 业务高管信息化领导力的 16 项修炼. 北京：电子工业出版社，2010.

[4] [美]丹尼尔・A・雷恩，阿瑟・G・贝德安. 管理思想史. 孙健敏，黄小勇，李原，译. 北京：中国人民大学出版社，2014.

[5] [德]奥拓・布劳克曼. 智能制造. 张潇，郁汲，译. 北京：机械工业出版社，2015.

[6] [美]彼得・马什. 新工业革命. 赛迪研究院，译. 北京：中信出版社，2013.

[7] [美]克里斯・安德森. 长尾理论. 乔江涛，石晓燕，译. 北京：中信出版社，2012.

[8] [美]马尔科姆・格拉德威尔. 引爆点. 钱清，覃爱冬，译. 北京：中信出版社，2014.

[9] [美]李杰．工业大数据：工业 4.0 时代的工业转型与价值创造．邱伯华，译．北京：机械工业出版社，2015．

[10] 刘润．互联网+小米案例版．北京：北京联合出版公司，2015．

[11] [美]布赖恩·罗伯逊．重新定义管理：合弄制改变世界．潘千，译．北京：中信出版社，2015．

[12] [美]艾伯特-拉斯洛·巴拉巴西．爆发．马慧，译．北京：中国人民大学出版社，2014．

[13] 吕本富，刘颖．飞轮效应．北京：电子工业出版社，2015．

[14] [美]亚力克·福奇．工匠精神：缔造传奇的重要力量．陈劲，译．浙江：浙江人民出版社，2014．

[15] 周鸿祎．周鸿祎自述我的互联网方法论．北京：中信出版社，2014．

[16] [美]克里斯·安德森．创客：新工业革命．北京：中信出版社，2015．

反侵权盗版声明

举报电话：（010）88254396；（010）88258888

传　　真：（010）88254397

E-mail：dbqq@phei.com.cn

通信地址：北京市万寿路 173 信箱

电子工业出版社总编办公室

邮　　编：100036